上海蓝皮书
BLUE BOOK OF SHANGHAI

总编／权 衡 王德忠

上海经济发展报告（2025）

ANNUAL REPORT OF ECONOMIC DEVELOPMENT OF SHANGHAI (2025)

发展新质生产力

主 编／沈开艳
副主编／李培鑫

社会科学文献出版社
SOCIAL SCIENCES ACADEMIC PRESS (CHINA)

图书在版编目(CIP)数据

上海经济发展报告．2025：发展新质生产力 / 沈开艳主编．--北京：社会科学文献出版社，2025.1.
（上海蓝皮书）．--ISBN 978-7-5228-4978-2

Ⅰ．F127.51

中国国家版本馆 CIP 数据核字第 202591W7L0 号

上海蓝皮书
上海经济发展报告（2025）
——发展新质生产力

总　　编 / 权　衡　王德忠
主　　编 / 沈开艳
副 主 编 / 李培鑫

出 版 人 / 冀祥德
责任编辑 / 吴　敏　侯曦轩
责任印制 / 王京美

出　　版 / 社会科学文献出版社·皮书分社（010）59367127
　　　　地址：北京市北三环中路甲 29 号院华龙大厦　邮编：100029
　　　　网址：www.ssap.com.cn
发　　行 / 社会科学文献出版社（010）59367028
印　　装 / 三河市东方印刷有限公司

规　　格 / 开 本：787mm×1092mm　1/16
　　　　印 张：15.25　字 数：228 千字
版　　次 / 2025 年 1 月第 1 版　2025 年 1 月第 1 次印刷
书　　号 / ISBN 978-7-5228-4978-2
定　　价 / 249.00 元

读者服务电话：4008918866

权威 · 前沿 · 原创

皮书系列为

“十二五”“十三五”“十四五”时期国家重点出版物出版专项规划项目

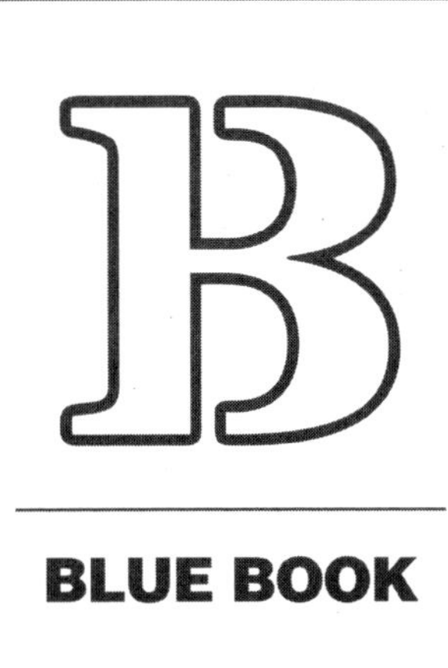

智库成果出版与传播平台

上海蓝皮书编委会

主要编撰者简介

沈开艳　上海社会科学院经济研究所所长、二级研究员、博士生导师。1986年毕业于南京大学经济系，获经济学学士学位；1991年、2001年毕业于上海社会科学院，分别获经济学硕士、博士学位。先后在美国麻省理工学院、印度尼赫鲁大学、英国剑桥大学、德国西图克工业咨询有限公司作访问研究。上海市领军人才，上海市政协委员，兼任上海市经济学会副会长，上海市妇女学学会副会长。

主要研究领域为社会主义政治经济学、中国经济改革与发展战略、区域经济与长三角一体化、印度经济等。主持国家社科基金项目、上海市社科基金项目、上海市决策咨询项目等省部级以上课题40余项，发表经济学学术论文百余篇，出版学术专著30余部。代表作有《上海经济发展报告》《上海浦东经济发展报告》《中国期货市场运行与发展》《中国特色社会主义政治经济学》《印度经济改革发展二十年：理论、实证与比较（1991—2010）》《结构调整与经济发展方式转变》《印度产业政策演进与重点产业发展》《西藏经济跨越式发展研究》等。特别是作为主编，自2010年起已连续组织编撰了15年的《上海蓝皮书：上海经济发展报告》，社会影响力较大。科研成果先后获全国优秀皮书一二三等奖、上海市邓小平理论研究优秀成果论文一等奖、上海市中国特色社会主义理论优秀论文一等奖、上海市中国特色社会主义理论优秀著作一等奖、上海市哲学社会科学优秀成果著作二等奖等。曾获上海市先进女职工标兵、上海市三八红旗手、上海市侨界杰出人物提名奖、上海市宣传系统优秀党务工作者、上海市优秀网络评论员、上海社科院优秀研究生导师等荣誉称号。

李培鑫 上海社会科学院经济研究所副研究员，经济学博士，毕业于上海财经大学区域经济学专业，美国东密歇根大学联合培养博士。主要从事区域经济、城市经济特别是城市群和区域一体化发展的相关研究，在《管理世界》、《经济学（季刊）》、《经济学动态》、《上海经济研究》、《兰州大学学报（社会科学版）》、《安徽大学学报（哲学社会科学版）》、《探索与争鸣》、《文汇报》理论版、《解放日报》理论版、*Growth and Change*、*Journal of the Asia Pacific Economy* 等国内外核心期刊发表多篇论文。出版专著《从城市到城市群：集聚空间拓展及其经济效应研究》。主持国家自然科学基金青年项目、上海市哲学社会科学基金青年项目、上海市决策咨询专项课题、上海社会科学院重大系列课题、上海社会科学院创新工程课题、城市群系统演化与可持续发展的决策模拟研究北京市重点实验室开放基金课题等十余项课题。完成的多篇专报获得省部级及以上领导肯定性批示。获得上海社会科学院张仲礼学术奖、中国区域科学协会年会青年学者论文一等奖、上海青年经济学者优秀论文三等奖等。

摘　要

《上海经济发展报告（2025）》以“发展新质生产力”为主题，共由12篇报告组成。

新质生产力是推动高质量发展的内在要求，不同于传统的要素投入和经济增长方式，新质生产力主要由技术革命性突破、生产要素创新性配置、产业深度转型升级驱动，以劳动者、劳动资料、劳动对象及其优化组合的跃升为基本内涵，以全要素生产率提升为核心标志。上海作为我国经济中心城市，培育发展新质生产力，是实现城市高质量发展的关键所在，也关系到龙头带动和示范引领作用的发挥。对此要发挥“五个中心”联动发展、耦合共生、相互赋能的优势，推进创新链、产业链、资金链、人才链深度融合，促进新质生产力发展。一方面，上海着力构建“（2+2）+（3+6）+（4+5）”现代化产业体系，推动先进制造业和现代服务业深度融合，推动产业数字化转型和绿色低碳转型，加快发展集成电路、生物医药、人工智能三大先导产业，推进六大重点产业集群发展，同时积极布局新赛道，抢占未来产业发展先机。另一方面，上海进一步强化科技创新策源功能，推动科技创新与产业创新深度融合，深化跨学科交叉基础研究，推进关键核心技术攻关，增强创新主体和战略科技力量，不断优化创新资源布局，大力促进科技金融、科技人才的高效配置，提升创新体系整体效能。此外，新质生产力内在地也需要加强区域联动合作来释放新的动能，上海的发展要融入长三角一体化国家战略，统筹龙头带动和各扬所长，因地制宜做好资源对接与优势互补工作，跨区域协同培育新质生产力。

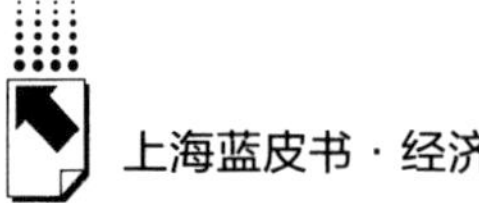

在此背景下，本书聚焦新质生产力发展，总报告主要围绕进一步优化上海营商环境的宏观主题展开，分报告则从新质生产力的内涵和要求出发，针对上海现代化产业体系构建、科技创新能力提升和长三角一体化合作三个方面进行专题分析。其中现代化产业体系篇由五篇报告构成，从“（2+2）+（3+6）+（4+5）”产业体系出发，重点对上海人工智能大模型产业发展、数字化转型和数字经济发展以及推动文旅产业和现代都市农业新质生产力发展等进行了分析。科技创新篇由四篇报告构成，从不同视角切入，对人工智能对基础研究的赋能作用、国资创投促进科技成果转化、整合海内外创新资源以及强化创新财税政策支持等方面展开研究。长三角一体化篇有两篇报告，分析了通过加强长三角产业与创新合作来推动新质生产力发展的内在逻辑和主要路径，并重点就G60科创走廊高科技产业的融合发展进行了阐述。

关键词： 新质生产力　现代化产业体系　科技创新　上海

目录

Ⅰ 总报告

Ⅱ 现代化产业体系篇

Ⅲ 科技创新篇

Ⅳ 长三角一体化篇

皮书数据库阅读**使用指南**

总报告

B.1 优化外资营商环境，助力推进新型工业化

王　佳*

摘　要： 上海在新型工业化进程中肩负着重要的使命，其优化外资营商环境的必要性和重要性不容忽视，进一步优化外资营商环境，不仅是吸引外资、推进新型工业化的迫切需要，更是建设国际化大都市的战略要求。上海在吸引外资和优化营商环境方面取得显著进展，但在进一步优化营商环境过程中仍面临外资政策存在复杂性，政府服务水平有待提升；部分领域存在市场准入限制；土地、人力等运营成本过高；创新生态体系仍需完善等问题。对此，本文提出要提高政策执行透明度，优化审批流程；放宽市场准入条件，推动公平竞争；优化资源配置，降低运营成本；优化创新资源配置，完善创新服务体系等优化外资营商环境的政策建议。

关键词： 外商投资　营商环境　新型工业化　上海

* 王佳，博士，上海社会科学院经济研究所助理研究员，主要研究领域为制度经济学、国际经贸规则、土地财政制度等。

实现新型工业化是党中央统筹中华民族伟大复兴战略全局和世界百年未有之大变局作出的重大决策，是以中国式现代化全面推进强国建设、民族复兴伟业的关键任务。上海要强化使命担当，锚定建设制造强国目标，聚力推动上海工业高质量发展，努力走在全国新型工业化前列。①

上海是我国经济最发达的城市之一，要建设成为国际经济中心、国际金融中心、国际贸易中心、国际航运中心、国际科技创新中心，就需要持续吸引外资，推动全球资源与中国市场的深度融合。上海在新型工业化进程中肩负着重要的使命，优化外资营商环境的必要性和重要性不容忽视。外资不仅是技术和资本的来源，更是推动经济高质量发展的重要力量。通过吸引更多外资参与高端制造、科技创新等，上海可以有效推动产业结构优化和技术创新，促进“双碳”目标和数字化转型的实现。上海进一步优化外资营商环境，不仅是吸引外资、推动产业升级的迫切需要，更是提升城市竞争力、建设国际化大都市的战略要求。

一　新型工业化背景下优化外资营商环境的重要性

（一）助力产业结构升级，推动高质量发展

坚持“3+6”产业体系，统筹存量产业与增量产业的发展，是上海推动产业转型升级、实现高质量发展的重要路径，而外资对产业结构优化升级有着重要作用。新型工业化强调产业链的现代化和高端化，需要吸引更多外资参与高端制造、科技创新等。创新是新型工业化的核心驱动力，需要营商环境为创新型企业提供更好的支持，营造良好的创新生态。近年来，上海吸引了众多外资跨国公司设立研发中心和区域总部，涵盖生物医药、集成电路、人工智能等产业领域。截至 2024 年 6 月底，在上海布局的跨国公司地区总

① 龚正：《努力走在全国新型工业化前列 在推进中国式现代化中更好发挥龙头带动和示范引领作用》，《新型工业化》2024 年第 1 期。

部累计认定达到985家，外资研发中心累计认定达到575家，是我国跨国公司地区总部最多的城市。[①] 当前，国际科技竞争日益激烈，上海需要加快科技创新，提升自主创新能力，而外资企业在技术创新方面具有领先优势，能够通过资本、技术和管理经验的输入，推动产业转型升级，特别是在人工智能、生物医药、半导体等前沿领域，外资企业的技术转移和本土创新融合显得尤为重要。[②] 然而，要继续保持这一增长态势并推动上海产业结构优化升级以及经济的高质量发展，优化外资营商环境至关重要。

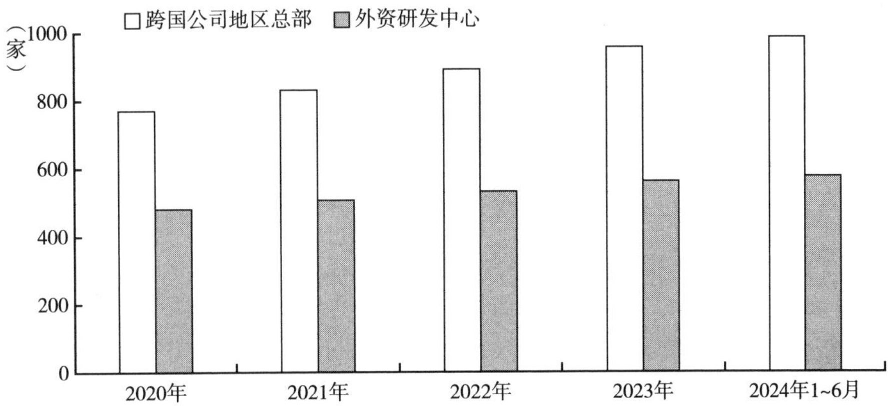

图1　上海跨国公司地区总部与外资研发中心数量

注：根据公开数据绘制。

（二）促进绿色化转型，推动“双碳”目标实现

绿色发展已成为全球共识，新型工业化关注绿色化转型，而外资企业在清洁能源、绿色金融、环保技术等方面拥有较强的技术和管理优势。上海作为我国绿色转型发展的领先城市，已设立多项环保标准和低碳政策，积极推动绿色

① https：//www. shanghai. gov. cn/nw4411/20240726/bcae7f3a1aaf4862bb39b87045409b90. html.

② 上海外资研发中心主要集中在生物医药、信息技术、汽车及零部件、化工等重点产业，占上海外资研发中心的比重超过60%。全球十大生物医药企业中有8家在上海设立了外资研发中心，如强生、诺华、罗氏、阿斯利康等。https：//www. shanghai. gov. cn/nw4411/20240315/a8a778388a71481587bc8314fd90064f. html。

金融和碳市场建设。然而，外资企业在进入这些市场时面临诸多准入与合规挑战，通过进一步优化外资营商环境，上海可以吸引更多绿色外资，支持其在清洁能源、碳交易和环保科技等领域的投入，从而加快实现“双碳”目标。

（三）加快数字化转型，提升城市竞争力

数字经济的快速发展对数据要素的流动提出更高的要求，需要为数字经济发展提供更加开放、透明、便利的营商环境。新型工业化强调数字化和智能化转型，而上海的数字化基础设施和高科技产业集群对外资企业具有很大的吸引力，因此，越来越多的外商投资企业选择在上海建立研发中心，以利用其数字基础设施和丰富的创新资源。通过进一步优化营商环境，如税收优惠政策、简化外资准入流程等，上海可以继续巩固其作为跨国公司地区总部与研发中心集聚地的地位，增强在全球的辐射效应。

（四）应对产业链供应链重构，增强全球产业链供应链韧性

新型工业化背景下的全球产业链供应链格局不断重构，跨国公司面临产业链供应链多元化和分散风险的压力。同时，随着全球竞争加剧，亚洲其他新兴经济体也在加大吸引外资力度。上海的区位优势和完善的配套设施使其成为全球产业链供应链的重要节点，进一步优化外资营商环境，能够吸引更多跨国公司将产业链供应链布局在上海，而外资企业的进入可以促进产业链的完善和升级，提升上海在全球产业链供应链中的地位，从而为全球经济发展贡献力量。

二　上海外资营商环境建设现状

党的二十届三中全会审议通过的《中共中央关于进一步全面深化改革推进中国式现代化的决定》指出，要深化外商投资和对外投资管理体制改革。营造市场化、法治化、国际化一流营商环境，依法保护外商投资权益。《国务院关于进一步优化外商投资环境　加大吸引外商投资力度的意见》指出，要营造市场化、法治化、国际化一流营商环境，充分发挥我国超大规模

市场优势，以更大力度、更加有效吸引和利用外商投资，为推进高水平对外开放、全面建设社会主义现代化国家作出贡献。该意见提出了 6 个方面 24 条政策措施，包括提高利用外资质量、保障外商投资企业国民待遇、持续加强外商投资保护、提高投资运营便利化水平、加大财税支持力度、完善外商投资促进方式等内容。

为落实《国务院关于进一步优化外商投资环境　加大吸引外商投资力度的意见》，上海制定了《关于进一步优化外商投资环境加大吸引外商投资力度的实施方案》，着力营造市场化、法治化、国际化一流营商环境。该实施方案包含提高利用外资质量、提高外商投资运营便利化水平、优化外商投资服务及完善外商投资促进方式等 4 个方面 15 条措施。同时，作为对接国际高标准经贸规则、推进高水平制度型开放的重要举措，《全面对接国际高标准经贸规则推进中国（上海）自由贸易试验区高水平制度型开放总体方案》也有助于优化上海外商投资环境，吸引更多外资投资上海。早在 2020 年上海就在全国率先出台《上海市优化营商环境条例》，为上海营商环境建设打下法治化基础。四年来，这套地方性法规一年一改，形成了常态化的更新机制，新修订的《上海市优化营商环境条例》于 2024 年 11 月 1 日起生效。2024 年 2 月 18 日，上海市召开优化营商环境大会，发布《上海市坚持对标改革持续打造国际一流营商环境行动方案》（营商环境 7.0 版行动方案）。过去 6 年，6 个版本方案共实施 951 项任务举措，全市营商环境显著改善，到 2023 年底，上海企业总数达 289.2 万户，密度居全国前列。① 上海各区也积极响应行动方案，结合实际，落实优化营商环境行动方案的各项具体措施。

（一）利用外资质量稳步提升

第一，上海作为我国改革开放的前沿阵地，一直都是外商投资的热门目的地。上海近年来在提升外资利用质量方面不断创新实践，取得了显著成效。上海的外商投资展现出强劲的韧性，整体呈现出良好的增长态势。新设

① http://finance.people.com.cn/n1/2024/0219/c1004-40178924.html.

外商投资企业数量大幅增长，这表明越来越多的跨国公司选择在上海设立分支机构或开展业务，体现了上海对全球投资者的强大吸引力。2023 年全年上海新设外商投资企业 6017 家，比上年增长 38.3%；2024 年 1~10 月，上海新设外商投资企业 5014 家，比上年同期增长 2.2%。2023 年外商直接投资合同金额 291.20 亿美元，下降 27.6%，全年外商直接投资实际到位金额 240.87 亿美元，增长 0.5%。2024 年 1~10 月，实际使用外资金额为 147.84 亿美元，比上年同期下降 28.8%。①

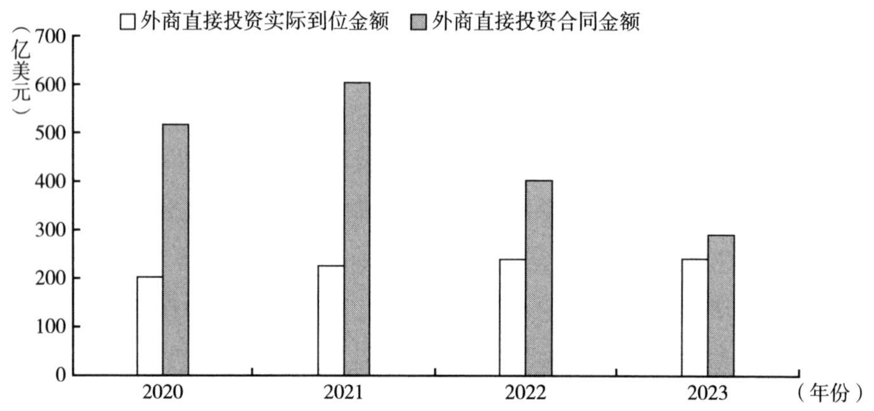

图 2　上海外商直接投资实际到位金额与合同金额

资料来源：根据历年《上海市国民经济和社会发展统计公报》及官方数据绘制。

第二，上海高度重视优化外商投资环境，制定了《关于进一步优化外商投资环境加大吸引外商投资力度的实施方案》，从政策支持、服务创新到监管优化，为外商投资提供了制度保障。同时，上海加快落实落细各版《外商投资准入特别管理措施（负面清单）》和《自由贸易试验区外商投资准入特别管理措施（负面清单）》。2024 年版负面清单全面取消制造业领域外资准入限制措施，全国范围的外资准入限制措施由 31 条压减至 29 条，确保外资准入负面清单以外的领域按照内外资一致的原则管理，给予

① https://tjj.sh.gov.cn/sjxx/20241128/e3642020e96b41dab095875befe4c84b.html.

外资企业国民待遇，让更多外资企业安心在中国长期经营发展。① 全面取消制造业领域外资准入限制措施，是建设现代化产业体系的重要举措，可以助力推动我国新型工业化发展，打造更加开放、更富有韧性的产业链供应链，有助于提升引资质量，有利于进一步引导外资投向先进制造、高新技术等领域，持续优化引资结构，加快发展新质生产力。② 以特斯拉为例，其上海超级工厂成为中国首个由外资独资建设的新能源汽车制造项目，为我国新能源汽车市场注入了新动力，带动了我国新能源汽车产业发展壮大。

第三，上海制定了《上海外资研发中心提升计划》，通过财政资助、税收优惠等方式鼓励外资设立或扩大研发机构，吸引外资研发中心集聚和提升能级，支持外资研发中心开展高水平研发活动，激发科技创新，更好地服务于上海国际科技创新中心建设，推动外资高质量发展。如支持外资研发中心申报上海市财政科技计划项目，鼓励与本市高校、科研机构开展协同创新。③ 科技创新正成为上海外商投资热点，外资企业在人工智能、新能源、半导体等领域布局显著加快，截至 2024 年 6 月底，上海外资研发中心累计认定达到 575 家，推动了科技创新。

第四，上海在利用外资方面注重区域协调发展，依托上海自贸试验区临港新片区、虹桥商务区以及长三角示范区，实现区域功能的差异化布局。特别是临港新片区作为上海自贸试验区的重点发展区域，实施了更高水平的贸易投资自由化便利化政策，吸引了一批全球知名跨国企业落户。《中国（上海）自由贸易试验区临港新片区总体方案》中明确的改革创新任务已基本完成，初步建立以“五自由一便利”为核心的开放型制度体系。各类政策出台 330 余项，形成 138 个突破性创新案例。④ 2020~2023 年，临港实到外资实现年均增长 45.3%，新设外资企业数量从 1205 家增长至 3328 家。2023

① https：//www. gov. cn/zhengce/202409/content_ 6973155. htm.

② https：//www. gov. cn/zhengce/202409/content_ 6973155. htm.

③ https：//www. shanghai. gov. cn/202406bgtwj/20240412/6ae2706c87a741f08a6be7bd29ad25c0. html.

④ https：//export. shobserver. com/baijiahao/html/784674. html.

年，临港新设外资企业数量占全市的1/10，同比增长93%。①

第五，上海外商投资的行业分布更加多元，高新技术产业、服务业等外商投资比重不断提升，表明上海正在积极推动产业转型升级。2024年1~10月，上海实际使用外资金额排名前三的行业分别为租赁和商务服务业、批发和零售业、科学研究和技术服务业，实际使用外资金额分别为46.86亿美元、30.18亿美元和25.50亿美元。② 上海积极稳步扩大服务业对外开放，深入推进国家服务业扩大开放综合试点，制定《上海市服务业扩大开放综合试点总体方案》，围绕电信、互联网、医疗、交通运输、文化、教育等领域，分类放宽准入限制、促进消除行政壁垒、下放审批权限、完善监管体系，提升上海服务业开放水平。如增值电信放宽外资准入一直是上海自贸试验区服务业扩大开放的重要内容。截至2024年9月底，注册地为上海市的增值电信业务经营许可企业共11695家，其中取得增值电信业务经营许可的外资企业占3.75%，共439家。③

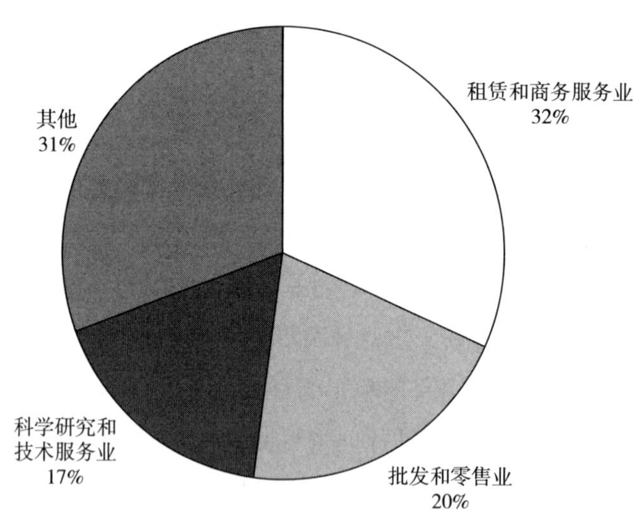

图3　2024年1~10月上海外商直接投资实际到位金额分行业构成

① https：//www. shanghai. gov. cn/nw4411/20240315/a2825cdd79db46a48e04143e7a7acf60. html.

② https：//tjj. sh. gov. cn/sjxx/20241128/e3642020e96b41dab095875befe4c84b. html.

③ https：//shtb. mofcom. gov. cn/hwgsw/sh/art/2024/art_ 2dae3efc70854d2784bc1c0412591174. html.

（二）外商投资运营便利化水平大幅提高

作为我国对外开放的窗口和全球商业活动的重要枢纽，上海在提升外商投资运营便利化水平方面持续探索，成效显著。上海高度重视外商投资的便利化，从政策顶层设计到具体措施实施，形成了全方位的支持体系。优化审批流程，上海推行“一网通办”政务服务平台，实现外商投资企业设立、变更、注销等事项的全流程在线办理，通过“一网通办”实现从审批到税务登记的全程无纸化操作。强化法治保障，上海积极落实《中华人民共和国外商投资法》，加强知识产权保护，为外资企业营造公平竞争的法治环境。

首先，为进一步优化上海外商投资营商环境，提升外资企业政策信息获取便利，上海商务委员会联合多个部门定期发布“政策每月速递”，如 2024 年 3 月由上海市商务委员会、上海市外商投资协会主办的上海市外资企业“政策每月速递”（第五期）在上海市外商投资协会举行，详细介绍“上海企业登记在线平台”以及电子营业执照、经营主体身份码（简称“企业码”）应用，并重点围绕外资市场准入，详细讲解了长三角地区市场准入体系一体化建设合作协议、外资法过渡期、扩大市场准入等内容。[①]

其次，数字技术的广泛应用是上海提升外商投资运营便利化水平的关键驱动因素。上海依托“随申办”平台，为外商投资企业提供在线政务服务和业务办理，涵盖企业设立、合同备案、外汇管理等多个领域，实现全生命周期服务覆盖；区块链技术被广泛应用于跨境贸易结算、税务申报等领域，为外资企业提供高效、安全的操作环境；通过建立跨部门数据共享机制，实现工商、税务、外汇管理的高效协同，为外资企业的合规运营提供便利。

再次，作为国际贸易枢纽城市，上海在通关与物流便利化方面持续优化，为外资企业提供快速高效的运营支持。为提升通关效率，上海全面实施“单一窗口”国际贸易系统，实现通关手续的在线办理和一站式服务，上海

---

① https：//sww. sh. gov. cn/swdt/20240328/2eb2ebef836e4af2a8928e9ac4f16f98. html.

海关以提升企业感受度为核心，出台 36 项便利化措施，如建立跨部门协调机制，建立整体通关时间监测和通报机制，加强超长时间未放行报关单的监测与处置，助力上海口岸通关时效取得进一步提升；提高减免税异地监管办理时效，推动外资研发中心进口减免税研发设备在长三角区域内的便捷流转。[①]

最后，上海作为国际金融中心，在外资金融服务创新方面持续突破，为外资企业提供了强有力的资金支持。上海充分依托自贸试验区及临港新片区金融开放创新先行先试优势，深入开展跨境贸易投资高水平开放试点，便利境外机构投资者投资境内资本市场。2023 年，上海跨境人民币结算量突破 20 万亿元，在全国结算总量中比重超过 43%，继续保持首位。[②] 中外资金融机构加速集聚上海，金融业对外开放重点项目相继落地。全国 6 家新设外商独资公募基金、国内五大行参与设立的外资控股合资理财公司、超过一半的新设外资控股券商全部落户在上海。[③]

（三）外商投资服务进一步优化

首先，上海作为我国开放的窗口，不断推进外商投资服务体系优化，建立覆盖全生命周期的外商投资服务体系，确保外资企业从落户到运营的全过程都能获得高效、便捷的服务。开展“投资上海”境内外投资促进活动、“潮涌浦江”系列投资推介活动，办好上海城市推介大会、全球投资促进大会，积极参与商务部举办的“投资中国年”、中国国际投资贸易洽谈会等招商引资活动。[④] 为加快推进上海外商投资促进统筹调度，加强在沪外资企业与本市政府部门的对话交流，召开政企沟通圆桌会议，如 2024 年 7 月，政企沟通圆桌会议（英资中小企业专场）在中国英国商会（上海）举办，英资企业高管围绕中小企业服务、金融对外开放、人工智能产业、产学研合

① https：//www. jfdaily. com/sgh/detail? id=1328929.

② https：//www. shanghai. gov. cn/nw9820/20240604/1d261da33429483d9cf7754108497414. html.

③ https：//www. shanghai. gov. cn/nw9820/20240604/1d261da33429483d9cf7754108497414. html.

④ 《上海市加大吸引和利用外资若干措施》，2023 年 4 月。

作、数字贸易和丝路电商等提出了相关问题和建议，市商务委、市人才局、静安区等相关单位代表现场进行了回应。[①] 推进“涉外服务专窗 3.0 版”建设，服务境外人士超 50 万人、外资企业超 10 万家。[②] 为重大外资项目和重点企业配备“一对一”服务专员，确保企业的问题能够在第一时间得到解决。

其次，发挥好市、区两级外商投资企业投诉中心的作用，畅通投诉渠道，规范投诉工作程序，及时妥善处理投诉事项。为贯彻落实《外商投资法》《外商投资企业投诉工作办法》《上海市外商投资条例》等相关法律法规，设立上海市外商投资企业投诉中心，上海 16 个区人民政府以及临港新片区管委会、虹桥商务区管委会指定具体部门或机构作为本区的外商投资企业投诉中心。加强对外资企业知识产权的保护，设立上海知识产权法庭，为外资企业提供高效的知识产权纠纷解决服务。加强知识产权快速协同保护机制建设，发挥上海市知识产权保护中心、上海市浦东新区知识产权保护中心的作用，为外商投资企业提供集快速审查、快速确权、快速维权于一体的一站式综合服务。[③]

最后，实施外籍高端人才“绿色通道”政策，缩短签证办理时间，优化居留许可流程。浦东新区出台《关于进一步加强外籍人才便利化服务保障的若干措施》，在通行、工作、创业、生活等方面，共提出 34 条具体举措，为来浦东创新创业的外籍人才提供更加便利化的服务保障。浦东已全域率先试点电子口岸签证，申请时全程网上办理，不受时空限制，不需纸质材料，免交护照原件，免贴纸质签证，入境时可凭护照及电子签证直接从边检通道入境，非常方便快捷。[④]

（四）外商投资促进方式进一步完善

上海作为我国对外开放的先锋城市，在吸引外商投资方面始终扮演着重

① https：//www. shanghai. gov. cn/nw31406/20240715/8c27731b386c4b479ab9404c533ec2ba. html.

② https：//www. comnews. cn/content/2024-01/05/content_ 36193. html.

③ 《上海市加大吸引和利用外资若干措施》，2023 年 4 月。

④ https：//www. shanghai. gov. cn/nw15343/20241209/75cbdedba45c42c2a29840acbf27aa8c. html.

要的角色。上海不断创新外商投资促进方式，优化政策环境，为外资企业提供全方位的支持。

第一，提供清晰的投资导向，出台系列政策文件。如《关于进一步优化外商投资环境加大吸引外商投资力度的实施方案》，明确了促进外商投资的重点领域、具体措施和支持政策，为外资企业提供清晰的投资路径和政策指引。优化市场准入，落实国家层面的外资准入负面清单，在自贸区率先开放更多领域，包括新能源、金融服务和高端制造业等。针对外资研发中心、绿色经济项目等重点领域提供专项资助。

第二，完善多层次投资促进机制。如依托自贸试验区临港新片区，先行先试，为外资企业提供更高水平的开放环境；成立专门的外商投资促进中心，提供投资咨询、项目对接及后续服务支持。

第三，拓展外商投资促进渠道。如制定《上海市促进外商投资全球伙伴计划实施办法》，由全球伙伴引荐并推动落地的外资项目，实到资金和项目运作在上海的，按照产业类、功能性平台等分类，在法定权限内，根据实到外资金额或机构能级给予全球伙伴一定的资金奖励。

第四，国际化宣传，提升上海的全球投资吸引力。如定期举办国际投资促进论坛和产业峰会，上海全球投资促进大会成为外资企业与本地政府和企业的合作平台。借助数字技术，推出“投资上海”平台，提供投资指南、政策解读及项目匹配服务，实现线上线下无缝衔接。

三　上海优化外资营商环境面临的挑战

当前全球产业链供应链受地缘政治等因素的影响较大，外资企业在上海的运营和决策受到一定影响，部分国家对华政策的不确定性也增加了外资企业的风险。同时，随着我国加快推动产业升级，部分传统产业可能面临淘汰，部分外资企业需适应这一趋势，投资高技术、高附加值的领域，这对于尚未做好转型准备的企业来说是较大的挑战。近年来，上海在吸引外资和优化营商环境方面取得显著进展，但在进一步优化营商环境过程中仍存在一些问题。

（一）外资政策存在复杂性，服务水平有待提升

上海推出了多项吸引外资的政策，如外资准入放宽、税收优惠和研发补贴等，但部分政策在具体实施过程中缺乏细化和统一的执行标准，导致企业需要花费更多的时间和资源进行政策解读与操作，增加了企业合规经营的难度，使外资企业难以充分享受政策红利。同时，不同部门对政策解读的不一致，导致外资企业在申请过程中遇到信息不对称问题。外资企业难以及时享受到政策红利，特别是对初创和中小型外资企业来说该问题尤为突出。同时，上海在简化行政审批流程方面做了大量工作，但与国际先进水平相比，仍存在一些冗余环节，增加了企业的办事成本。比如，上海已推出“一网通办”等平台，但部分审批流程仍存在层级过多、效率偏低的问题，尤其是对于跨境项目的审批，不同部门之间政策协调不足，增加了企业负担。流程冗长和协调不畅增加了企业运营的不确定性，削弱了外资项目落地的效率和上海的吸引力。

（二）部分领域存在市场准入限制

部分领域存在市场准入限制，外资准入负面清单仍存在部分限制性条款，限制了外资企业的投资范围。如医疗健康、电信、教育和文化产业，外资仍然面临较高的准入门槛，审批程序更复杂，合规要求更高，外资企业进入上述行业需要额外审批和许可，与本地企业相比耗时更长，这种限制性政策影响了跨国公司在相关行业投资的积极性。《数据安全法》《个人信息保护法》等对数据跨境流动提出严格要求，这对依赖数据共享和跨境服务的外资企业构成挑战。跨国公司需要在全球范围内整合数据以支持决策和运营，对许多外资企业来说，尤其是金融和科技企业等，现有跨境数据流动监管政策亟待优化。跨国科技公司因数据出境限制，数据跨境审批流程复杂，无法有效整合其在全球的业务数据，影响在沪研发中心的运营效率，依赖数据共享的外资企业在技术研发、市场分析和运营协同方面受到严重制约，导致效率下降；因部分敏感数据必须存储在境内，许多企业需要在本地建设数据存储设施，

这增加了外资企业的运营成本和复杂性。外资企业在跨境资金流动时，需遵守严格的外汇管理规定，包括资本流入和流出的审批、外汇风险管理等要求。这些要求虽然能够防范风险，但也导致了资金流转效率的降低。部分外资企业在分红汇出过程中，由于审批手续烦琐，可能会面临现金流延迟，不仅增加了资金周转的时间和成本，也影响了企业的财务灵活性。

（三）土地、人力等运营成本过高

上海的土地和租金成本过高。作为一线城市，上海的土地、办公租金和住宅成本位居全国前列，对于一些传统制造业外资项目而言，上海在运营成本方面的劣势日益明显。许多外资企业为了降低运营成本，选择将投资项目转移至江苏、浙江等二线城市，这些地区不仅提供了较为优惠的税收政策，还能够以更低的土地和劳动力成本吸引外资，尤其是在制造业和劳动密集型行业，这一趋势愈加明显。以办公楼商品房平均销售价格为例，2022 年上海为 40033 元/米^2，北京为 26366 元/米^2，江苏为 10961 元/米^2，浙江为 16503 元/米^2，[①] 上海远远高于北京以及周边长三角城市。而随着生活成本的提高，上海的劳动力成本也不断上升，尤其是技术和管理岗位。同时，人才竞争日益激烈，上海虽然吸引了大量人才，但高端人才的引进仍然面临着较大的竞争压力，部分人才由于薪资待遇、发展空间等原因流向其他城市或国家。上海的城镇单位就业人员平均工资为 212476 元，与之相对，北京为 208977 元，江苏与浙江分别为 121724 元、128825 元。其中上海的信息传输、计算机服务和软件业城镇单位就业人员平均工资为 330126 元，北京为 318742 元，江苏与浙江分别为 194303 元、287088 元；上海的制造业城镇单位就业人员平均工资为 164495 元，江苏与浙江分别为 109342 元、102153 元。[②] 由此可见，上海的土地、劳动力成本远高于周边地区，上海在吸引外资上面临着来自周边地区的竞争压力。

---

① 国家统计局数据。

② 国家统计局数据。

表1 2022年上海、北京、江苏、浙江经营成本状况

单位：元/米^2，元

项目	上海	北京	江苏	浙江
办公楼商品房平均销售价格	40033	26366	10961	16503
城镇单位就业人员平均工资	212476	208977	121724	128825
信息传输、计算机服务和软件业城镇单位就业人员平均工资	330126	318742	194303	287088
制造业城镇单位就业人员平均工资	164495	182324	109342	102153

资料来源：国家统计局。

（四）创新生态体系仍需完善

知识产权保护力度有待加大。知识产权侵权现象时有发生，知识产权保护力度不够，创新成果维权难，影响了企业的创新积极性。科研机构、高校、企业等创新主体之间协同不足，资源共享不畅，科技成果转化效率不高，科技成果转化为生产力的周期较长，制约了科技创新能力的提升。金融服务体系有待完善，融资渠道不畅，金融产品创新不足，金融产品和服务难以满足外资企业的多样化需求。

四 上海优化外资营商环境的政策建议

（一）提高政策执行透明度，优化审批流程

一是依托现有“一网通办”平台，增设“外资政策统一解读”模块，涵盖政策文本、常见问题解答和案例分析。配备更多语种支持，确保外资企业能便捷地获取政策信息。实时更新政策细则，确保企业能够第一时间了解新政策及其适用范围。在发布政策的同时，明确详细的实施细则，包括申请条件、流程和材料要求。各部门需按照统一模板制定实施方案，并通过定期培训确保执行标准的一致性。引入第三方咨询机构参与政策解读，为企业提

供专业指导。

二是建立政策监督与反馈机制。设立政策执行监督部门，定期对各级机构的政策执行情况进行评估和整改。推行外资企业反馈机制，通过匿名问卷、公开听证会等形式收集企业的实际问题，并及时调整政策实施流程。

三是完善“一网通办”平台功能，实现跨部门审批事项的全流程在线办理，减少企业线下跑腿的频次。增加智能化功能，如在线模拟审批流程、实时进度追踪和风险预警，提升企业体验。

四是推动审批权限下放，将部分审批权限下放至区级政府，缩短层级审批时间，特别是金额较小或风险可控的项目。推行“先备案后审批”模式，允许企业在提交简要材料后快速备案，后续补充完整审批内容。建立完善的跨境投资项目绿色通道，针对重点外资项目优化资金、数据流动审批流程。

五是推行数字化政务服务，引入人工智能技术，分析企业提交的材料并自动分发至相关部门，提高审批的精准度和效率。优化审批数据共享平台，确保各部门能够实时获取和更新项目进展信息。制定跨部门联动规程，明确各部门职责分工和协作方式，避免责任推诿。

（二）放宽市场准入条件，推动公平竞争

一是扩大服务业开放范围，针对医疗健康、教育和文化等领域，在自贸区试点取消或减少外资股比限制，逐步放宽外资在各行业的股比限制，实现内外资企业的平等竞争。开展行业准入负面清单动态调整，逐步扩大开放领域，根据经济发展形势和产业升级需求，及时调整负面清单，对保留在负面清单内的行业，应明确具体的准入条件，提高政策的透明度。如积极争取生物医药领域扩大开放措施先行先试，鼓励符合条件的外国投资者在沪设立投资性公司、地区总部、股权投资基金等。

二是推动公平竞争政策落地，明确外资企业与本地企业在准入和经营中的平等待遇，避免差异化监管。在自贸区、临港新片区等重点区域设立外资特定行业试验区，率先探索开放新模式。如对外资教育机构在课程设置、教学资源引进等方面提供灵活支持，以增强其竞争力。在文化产业中，允许外

资企业参与更多类型的内容制作和传播业务。

三是改善数据跨境流动管理，优化数据跨境审批流程。建立统一的跨境数据审批平台，简化审批材料和流程，缩短审批时限，允许企业在备案后快速开始数据跨境传输，降低运营风险。实施数据流动试点项目，在自贸区试点跨境数据流动政策，通过设置数据安全沙盒，探索高效、安全的数据共享机制。允许外资企业在符合国家安全要求的前提下，进行特定场景的数据跨境传输，如研发数据分析和全球供应链管理。支持跨境数据合规服务，提供专业的合规服务平台，为外资企业在数据存储和传输合规方面提供指导。设立跨境数据安全认证机构，简化合规评估和认证流程，降低企业合规成本。增强国际合作与政策协调，主动参与国际数据治理框架的制定，推动建立全球通用的数据流动标准与合规规则。加强与主要贸易伙伴在数据安全、隐私保护等领域的对话与合作，减少外资企业的跨境数据流动障碍，推动建立跨境数据流动合作机制，确保外资企业在符合本地法规的前提下，实现数据的安全传输和存储，如政府可以与主要合作伙伴国家签署数据流动协议，允许企业在特定条件下将数据进行安全传输，从而减少外资企业的本地数据存储需求。推动数据中心基础设施建设，提供财政补贴或税收优惠，支持外资企业在上海建设数据中心，满足本地数据存储需求。同时，建设高效的数据传输网络，降低企业在数据传输和处理中的成本与复杂性。

四是优化外汇管理政策，简化跨境资金流动流程。实行金融监管的容错机制，在外汇管理上，可以试行更具灵活性的政策，允许一些特定条件下的外资汇出资金时，简化审批手续，以提高资金流转效率。推广电子政务平台，整合各种外汇管理服务，为外资企业提供在线申请、实时审批等服务，降低资金流动的审批复杂性，提高企业的资金流转效率。鼓励外资企业在上海设立外汇风险管理部门，通过利用金融工具，如期货、掉期等，管理外汇风险，减少由汇率波动带来的财务风险。推动金融科技在跨境资金流动中的应用，利用区块链、智能合约等技术，简化跨境资金流动的手续，降低资金流转成本和风险。

五是加强与外资企业的沟通，定期与外资企业代表就政策调整、市场准入和数据合规等问题进行磋商，听取企业建议并优化政策。设立针对教育、医疗健康等领域的外资激励专项基金，为符合条件的外资企业提供启动资金和税收减免优惠。

（三）优化资源配置，降低运营成本

一是健全多元化产业用地供应体系。完善长期租赁、先租后让、弹性年期出让等供应方式，满足不同产业项目用地的多样化需求，提高工业用地使用周期和企业生命周期匹配度。加大对标准厂房、产业园区等用地方式的支持力度，提高产业用地供给的弹性和灵活性。推行“产业功能区+规划单元+分类供地”模式，实现产业用地供应的精准匹配。创新小微企业用地供应方式，支持利用集体经营性建设用地发展小微企业众创园。探索研发用地、公共服务设施用地等新类型产业用地供应方式，支持新产业新业态发展。

二是构建区域产业用地供需协作机制。建立完善的区域性产业用地供需信息共享平台，加强产业用地信息共享，促进资源优化配置。探索开展区域产业用地联动供地，统筹安排区域产业用地布局，提高产业用地配置的整体效益。鼓励区域内城市联合共建产业园区，共享基础设施和公共服务，实现产业用地规模化开发。支持企业联合竞买、联合开发产业用地，降低企业用地成本，提高产业用地利用效率。

三是加速健全存量用地盘活机制。探索“多规融合”的存量用地盘活利用机制，打破规划壁垒，提高盘活效率。探索“一事一议”盘活机制，针对不同类型、不同情况的存量用地采取差异化盘活措施。实施差别化的土地出让收益分配政策，对盘活存量用地作出贡献的企业和个人给予政策激励，激励地方政府和企业积极盘活存量用地。鼓励采取收储、整理、转让、租赁、抵押、入股等多种方式盘活存量用地。加快盘活低效用地、闲置土地和工业废弃地，探索利用地下空间。鼓励国有企业以“土地全生命周期”为落脚点，推动存量用地统筹利用，从而构建一套涉及“收、储、让、退”全周期的土地盘活机制，充分推动土地资源市场化配置。

四是提高劳动力市场的灵活性，降低人力成本压力。推动教育培训和职业技能提升，加大对教育和职业技能培训的投入，特别是在高技术领域，如人工智能、物联网等。针对外资企业的用人需求，定制化培训课程，提供更具针对性的技能提升方案。如在数字经济领域加大数字人才引进力度，引进一批行业领军人物、科研技术骨干、高级管理人员等。支持有条件的龙头企业打造数字化转型人才培养教育和实训基地，加速数字人才培养培育。健全创新人才评价机制、技术成果转化激励机制等，优化数字人才服务体系。

（四）优化创新资源配置，完善创新服务体系

一是优化市场化的创新资源配置机制，更多依靠市场机制的作用，提高资源配置效率。加大对重大战略项目、重点产业链和创新链的财政支持力度，为创新活动提供资金保障。建立多元化的创新投融资机制，吸引更多社会资本投入科技创新领域。进一步完善产学研合作机制，鼓励高校、科研院所与企业加强合作，打通科技成果转化通道。依法保护企业知识产权，鼓励企业将职务科技成果转化为市场产品，提高企业创新成果的转化效率。

二是优化政策环境，鼓励金融机构发展科技金融业务。优化支持金融机构发展科技金融业务的政策措施，明确发展方向、鼓励范围、优惠政策等。开发更多服务于科技企业的信贷产品，如科技创新贷款、知识产权质押贷款、科技成果转化贷款等。发展股权投资、债权融资、租赁融资等多元化科技金融产品，满足科技企业不同阶段的融资需求。

三是进一步完善知识产权融资机制。健全知识产权价值评估制度，制定科学合理的评估标准和方法；鼓励金融机构与知识产权评估机构合作，提高知识产权质押融资的专业化水平。拓宽知识产权质押品范围，允许将专利、商标、著作权、地理标志等多种知识产权单独质押或组合质押。鼓励金融机构推出更多知识产权质押融资产品，提供优惠利率，满足不同类型科技型企业和创新创业者的融资需求。支持知识产权信托、知识产权证券化等融资方式创新，拓宽知识产权融资渠道。

现代化产业体系篇

B.2

上海大模型产业发展中的主要瓶颈与政策建议

张伯超　陈　澍*

摘　要：　大模型作为人工智能产业和技术的重要发展方向，是上海培育新质生产力的重要抓手。本文重点梳理总结国内外大模型产业发展现状和相关技术发展趋势，对大模型技术的经济社会效应进行研判，认为其具备助推产业发展加快迈进智能时代、极大提升民生公共服务效率与质量、与文化融合发展助推文化产业繁荣、进一步加快社会治理现代化进程的积极作用，同时带来内容监管和合规使用、流程重塑和岗位重构、技术革新和基础设施等方面的风险与挑战。当前上海大模型企业发展面临自主研发成本高和融资量级低、高质量语料获取难、技术商业化进程慢、行业沟通交流少等瓶颈，本文在系统梳理上述问题的基础上，从打造全链条股权投资体系，搭建公共技术服务平台；强化数据流通与跨区域合作；开展大模型科技与场景创新；打造

* 张伯超，博士，上海社会科学院经济研究所副研究员，主要研究方向为数字经济与企业创新发展；陈澍，上海社会科学院经济研究所，主要研究方向为人工智能与劳动经济学。

多层次交流平台和“多园汇聚”产业业态等角度，提出促进上海大模型产业高质量发展的政策建议。

关键词： 大模型　新质生产力　上海市

党的二十届三中全会公报发布，提出了一系列新概念、新观点、新论断。其中，作为热词的“新质生产力”被多次提及，强调要健全因地制宜发展新质生产力体制机制。当前，以 ChatGPT 为代表的生成式人工智能（AIGC）迅猛发展，尤其是 OpenAI 首个视频 AI 模型 Sora 的发布，引发了新一轮人工智能大模型产业化热潮，形成了新的产业风口，也是培育新质生产力的重要突破口和着力点。前瞻性布局大模型产业，是上海因地制宜发展新质生产力的应有之举。本文重点梳理总结国内外大模型产业发展现状和相关技术发展趋势，对大模型技术的经济社会效应进行研判，在分析上海大模型产业发展现状的基础上总结其主要问题，并提出对策建议。

一　大模型相关技术的国内外发展现状

从国际上看，以 ChatGPT 为代表的大模型相关技术受到了国际各大企业及资本的关注，并在办公、学习、云计算、公共治理等多个领域得到了落地应用。在办公领域，微软已经于 2023 年 3 月将 ChatGPT 技术整合到其旗下办公软件套装 Office 应用程序中，从而帮助改善搜索建议以及更高效地使用软件功能；在学习领域，全球知名学习软件 Quizlet 利用大模型生成技术推出了 AI 导师 Q-Chat，可提供有趣的聊天体验并推荐相关学习材料；在云计算领域，全球最大的云服务提供商之一 Azure 整合了 ChatGPT 并允许开发者通过访问 AI 模型进行落地应用；在公共治理领域，迪拜水电局整合了大规模语言模型技术以增强为客户和员工服务的能力。除此之外，谷歌、Meta（原 Facebook）、英伟达等头部企业分别研究推出了各自的大模型架构及应用产品（见表 1）。

表 1　国际大模型技术相关研究、应用机构

名称	简介
OpenAI	美国头部人工智能研究公司，主要由微软提供资金支持。旗下 AIGC 大模型产品包括 DALL-E2、Jukebox、ChatGPT、Whisper 等
谷歌	美国的跨国科技巨头，旗下 AIGC 大模型产品包括 T5、PaLI、BERT、Imagen、Dream fusion、Minerva、LaMDA、Muse、Phenaki、AudioLM 等
Meta	由美国头部媒体平台 Facebook 部分品牌面向元宇宙转化而来，旗下 AIGC 大 Meta 模型产品包括 LLaMA、OPT-IML、PEER、Speech from Brain、Galactica 等
英伟达	美国的人工智能计算公司，是底层算力显卡的主要提供商，发布了 NVIDIA NeMo 大型语言模型服务和 NVIDIA BioNeMo LLM 服务，以及面向医疗边缘 AI 用例的 NVIDIAIGX 平台
DeepMind	Google 旗下的前沿人工智能企业，是 AlphaGo 的研发团队，旗下 AIGC 大模型产品包括 Flamingo、Alphatensor、Alphacode、GATO 等
runway	美国的图片和视频 AI 编辑软件头部提供商，旗下 AIGC 大模型产品包括 Stable Diffusion、Soundify 等

从国内看，据艾瑞咨询估算，2023 年中国大模型产业规模约为 143 亿元，2030 年产业规模有望突破万亿元。截至 2023 年底，我国累计发布了 200 多个人工智能大模型。从大模型地域分布上来看，主要集中在北京、上海、广东、浙江等经济发达地区，百度、华为、腾讯、阿里、科大讯飞等头部企业的引领推动作用明显。自 ChatGPT 推出以来，国内学术界和科技企业相继或即将推出相关应用产品，主要有腾讯的混元、阿里巴巴的通义、华为与鹏城实验室联合开发的盘古、百度的文心一言、复旦大学的 MOSS 等（见表 2）。

表 2　国内大模型技术相关研究、应用机构

名称	简介
阿里巴巴达摩院	致力于开展基础科学和颠覆式技术创新研究的企业驱动型“新型研发机构”，推出全球最大规模 10 万亿参数多模态大模型 M6
腾讯	发布了混元 AI 大模型，针对类 ChatGPT 对话式产品已成立“混元助手”（HunyuanAide）项目组

续表

名称	简介
华为	全球领先的信息与通信技术(ICT)解决方案供应商,联合鹏城实验室发布了鹏城盘古大模型,是业界首个全开源2000亿参数的中文预训练语言模型
鹏城实验室	又称深圳网络空间科学与技术广东省实验室,是中央批准成立的突破型、引领型、平台型一体化的网络通信领域的新型科研机构,发布了鹏城盘古,是业界首个全开源2000亿参数的中文预训练语言模型
百度	国内最大的互联网检索服务公司。面向大模型产业落地开发了百度文心大模型产品,吸引了超400家企业加入其智能生态。推出了生成式对话产品文心一言,号称"中国版ChatGPT",于2023年3月16日正式发布
北京智源人工智能研究院	由科技部和北京市支持,联合北京人工智能领域优势单位共建的新型研发机构。与多家企业、高校和科研机构共建了FlagOpen(飞智)大模型技术开源体系
上海数字大脑研究院	以科技创新与资本联动方式加速科技成果商业化的新型科研机构。推出首个数字大脑多模态决策大模型(简称"DB1")
清华大学	建有知识工程、NLP等多个研究团队,以孙茂松、唐杰、李娟子、刘知远、黄民烈等为代表,联合智源研究院发布了万亿参数的大模型悟道
复旦大学	设立了我国最早一批开展自然语言处理和信息检索研究的自然语言处理实验室,发布了国内第一个对话式大型语言模型MOSS,代表人物有邱锡鹏、黄萱箐等
浙江大学	是我国人工智能和软件领域的国家队,相关代表性专家有潘云鹤、沈春华、杨易、何晓飞、尹建伟、高云君等,设有三个国家重点实验室,推出了多模态预训练视觉语言大模型OmModel、OpenKS天枢、无人集卡驾驶系统、俪知机器人等业界领先算法和开源工具

国内已有不少AIGC大模型，但相比美国落后一至两代。根据公开资料，复旦大学的MOSS收录了约3000亿个英文单词和300亿个中文单词，但实际表现尚不稳定，部分回答或存在事实性差错、逻辑不通等问题；腾讯混元AI大模型主要对大规模预训练进行了优化加速，具体细节并未披露，据称已被广泛应用到广告创作、广告检索、广告推荐等腾讯业务场景；阿里通义更多的是关注多模态数据，也就是文本+图像，但是其训练数据为300GB文本加上2TB图像，相比于GPT3的45TB文本数据集明显偏少，实际效果欠佳；华为鹏城的盘古起步较晚，其使用了40TB的中文文本数据训练了2000亿模型参数，数据量和规模达到了2020年发布的GPT3水平，但

在底层 RLHF（人类反馈强化学习）等技术方面依然存在不足，效果也不及ChatGPT；百度文心一言在传统大模型上引入了知识图谱的外部信息，对比GPT3 在知识问答数据集上的效果有所提升，但从各方面表现来看，与GPT4 相比还有较大差距。

二　大模型技术对经济社会发展的影响

（一）大模型技术将助推产业发展，加快迈进智能时代

ChatGPT 等大模型技术在制造业中的应用，包含研发设计、车间管理、电商与销售、法律、会计、金融、供应链、物流、办公管理、知识产权等多个场景，将大幅提升制造业效能，促进制造产业发展。在研发设计领域，大模型技术可用于支持辅助智能设计、数据分析、技术性写作及工程开发，相关技术可以实现产品设计方案、设计图纸的自动化生成，大幅提升研发设计的效率。在制造与管理领域，大模型技术可以快速生成决策，使得车间作业调度更加精准，也可用于控制各类工业机器人，使得机器人更加智能，提高生产效率。在电商与销售领域，大模型技术可用于支持智能客服、个性化购物体验以及生成高质量的产品描述和营销信息，丰富销售手段，提高用户消费体验，也可帮助销售人员自动、精准地处理销售邮件等信息，更加高效地捕获商机。在法律服务领域，大模型技术未来可进行法律信息检索，向用户提供智能法律服务，包括企业法律文案撰写、法律咨询服务等。在财务会计领域，大模型技术可提供基本的财务咨询服务，也可与流程自动化技术结合，提高财务流程的执行效率。在金融领域，可以通过大模型技术实现金融资讯、金融产品介绍内容的自动生成，提升金融机构的内容生产效率；同时，也可打造虚拟理财顾问，让金融服务更普惠。在供应链领域，大模型技术可用于优化供应链运营，如预测需求、交货时间和优化库存。在物流领域，大模型技术可用于支持物流领域的高级仓储和运输管理，提供路线规划并生成高质量的物流报告，也可使得各类物流机器人更加智能。在办公领

域，大模型技术可用于提供交互式智能文本服务，涵盖智能会议记录生成、工作邮件草案生成等多个方面，从而提升办公效率。

（二）大模型技术将极大地提升民生公共服务的效率与质量

以 ChatGPT 为代表的大模型技术，将在教育、健康、养老、育幼、物业、家政等领域发挥作用，提供虚拟教师、医疗知识融合、陪伴老年人智能家政服务等，改变教育内容和方法，优化医疗诊疗流程，降低康养服务压力，实现社会领域各项民生公共服务的智能化、精细化、个性化。在教育领域，ChatGPT 等大模型技术可以作为虚拟教师，提供全新的教学工具，及时解答每个学生的疑惑，学生也可以通过自主提问的方式快速查漏补缺；同时也会改变教育的内容，很多知识将不必传授，创造类知识和学习技能将成为教育的主要内容。在健康领域，ChatGPT 等大模型技术和医疗知识融合，可提供一般的健康宣教服务，回答一般的健康咨询问题，满足诊疗过程中的常识性问题咨询需求，提高健康服务的效率，实现优质医疗服务的普惠。ChatGPT 等大模型技术具备决策能力，有利于优化医疗诊断流程，提高医疗就诊的效率；ChatGPT 等大模型技术不仅可以学习人类的语言，也可以学习计算机的语言，学习基因、氨基酸的语言，实现 DNA、蛋白质的智能设计，改变生物合成、新药发现的基本范式。在养老领域，将会出现陪老人聊天的机器人、老人个人信息助理，消除老人的信息使用障碍，提供新型养老服务，助力缓解我国康养服务压力。在育幼、物业、家政等领域，ChatGPT 等大模型技术可用于家长信息助手、儿童成长伴侣、家政智能客服，并在生活服务业的应用中取代部分人工劳动，促使现有服务流程重构，向用户提供更智能、高效的生活服务。

（三）大模型技术将与文化融合发展助推文化产业繁荣

以 ChatGPT 为代表的大模型技术作为新的数字内容生产模式，具有内容多样、可控性强与生产效率高的优点，符合传媒、电商、影视、娱乐等文化行业内容数字化程度高、内容多样以及内容更新快的要求，其在文化建设中的应用可以促进内容生成、文化交流和文化普及，对推动文化建设和文化产业发展有着积极的影响。在文化内容生成方面，自动写新闻、自动生成图像、自动谱曲、自动生成虚拟人已经不是新闻，未来自动写剧本、自动生成动漫也极有可能实现，这有助于缓解文化创作人员不足的问题，同时也可以为文化创新提供更多的灵感和可能。在文化数字化建设方面，ChatGPT 的应用将大大提高数字内容生成的效率、时效性等，数字内容的生成方式将发生革命性变化。在文化交流方面，ChatGPT 可以用于语言翻译和跨文化沟通，为跨文化的艺术展览、演出和文化交流提供支持，从而促进文化多样性和文化融通，使得文化之间的互鉴和理解更加顺畅。在文化惠民方面，ChatGPT 还可以通过自动化生成的文化课程、历史介绍和博物馆导览等内容，让公众深化对文化的认知，提高全体公民的文化素养。

（四）大模型技术将进一步加快社会治理现代化进程

大模型技术不仅可以生成文本，而且可以生成策略，有利于提高社会治理的效率和水平。在交通管理方面，大模型技术可以用于优化城市交通规划、预测拥堵状况、制定交通路线规划以及智能控制信号灯等方面，帮助提升城市交通管理效率。在环境治理方面，大模型技术可以分析城市环保数据，提供环境监测、预测空气质量、建立环保管控模型等，从而帮助提高城市环境管理水平。在安全治理方面，大模型技术可以通过视频监控系统智能分析和报警，提高城市治安预防和应对能力。在政务服务方面，大模型技术可以为政府提供智能化的政务服务，例如具有自然语言处理功能的智能问答机器、自动化生成文书等，提高政府工作效率。

三　大模型技术带来的主要风险和挑战

（一）内容监管和合规使用的挑战

ChatGPT 大模型技术可大幅提升数字内容的生成效率，但同时对监管也提出了更高的要求。一是合规风险。ChatGPT 可能被用于生成包含攻击性或不适当、不合规的内容，如诈骗文本等，难以遵守相关的法律法规。二是国家及个人安全风险。所有人都使用一个集中大模型或平台，则该大模型和平台可以掌握用户的信息，带来安全风险。三是质量风险。模型不一定每次都能给出准确的答案，这种不确定性造成了模型的置信度过低，可能带来不良后果；人类在与 AI 交流时往往会更加具有“攻击性”，通过使用许多暗示以诱导模型生成不安全的内容；由于训练数据的不全面，ChatGPT 也会产生有社会偏见和对某些群体不公正性的内容。四是侵权风险。ChatGPT 的训练数据可能包含个人或组织的敏感信息，导致其输出内容可能存在对隐私和版权的侵犯与滥用。五是伦理风险。对模型输入和输出的“毒害性”（包括冒犯性言论、辱骂、仇恨言论等）是自动检测和审核的，一旦检测失败就会导致非常严重的社会问题；对隐私和敏感内容缺乏警惕性，较易掉入人为设置的陷阱中。六是监管规模风险。传统基于人工的审查已经无法跟上大量自动化智能内容产生的速度和规模，内容识别与合规监管等面临挑战。

（二）流程重塑和岗位重构的挑战

根据知名科技媒体 Business Insider 的预测，受以 ChatGPT 为代表的大模型技术直接冲击的十大职业，包括技术工、媒体工作者、法律行业工作者、市场分析师、教师、财务、交易员、平面设计师、会计、客服。ChatGPT 大模型技术的应用，必将重塑业务流程、重构岗位结构。在流程重塑方面，按照 ChatGPT 的能力来重新定义业务流程，以达到最佳的人机协同效果，而优化业务流程存在不少挑战，涉及任务的划分和权责的分配。在岗位重构方面，业务流程优化必将减少现有的一些岗位，带来一定程度的失业风险，但同时也会产生更多的新岗位，对再教育、再就业提出新的要求。

（三）技术革新与基础设施的挑战

ChatGPT 可胜任许多自然语言处理任务，但大规模训练技术本身存在算力、数据、网络、透明度等问题，这使其在资源有限以及公正、隐私保护、透明度要求高的应用场景存在一定风险。在基础算力方面，ChatGPT大模型技术对算力要求高，需要大量的计算资源来支撑训练和运行，因此，其难以被部署于低功耗设备或内存有限的云端系统，且模型过大也会导致速度较慢，这对于快速响应至关重要的应用场景，如实时翻译等是难以接受的。在训练数据方面，ChatGPT 大模型技术对数据质量要求高，如果训练数据包含偏见，比如特定人群犯罪率更高，这些偏见会在模型生成的输出中被放大，使其在需要保持中立或公正的场景中的应用存在风险。在网络安全方面，ChatGPT 大模型技术对网络要求高，更容易遭受网络攻击，特别是当其被部署在面向公众的应用程序上处理隐私数据，如金融或个人隐私信息时。在安全责任方面，ChatGPT 大模型技术通常是“黑箱”模型，这意味着很难理解和解释其输出背后的逻辑，也使得其在透明度和责任感很重要的场景中的应用存在风险。

四　上海大模型产业发展情况分析

2023 年 9 月，上海“模速空间”创新生态社区暨人工智能大模型产业生态集聚区在徐汇西岸揭牌，在一期近万方载体被率先投入使用，未来二、三期将在西岸、漕开发等地区持续推出大模型生态空间，总规模预计将达 10 万方，从孵化培育到成长扶持再到发展壮大，为企业构建全生命周期梯次培育体系。2024 年 7 月，在“2024 世界人工智能大会”举办期间，在浦东新区人工智能产业生态推介会上浦东张江“模力社区”正式启用。作为浦东新区人工智能产业生态的重要组成部分，“模力社区”将为人工智能领域的创新团队和企业提供更加便捷的交流合作平台，推动产学研用深度融合，加速形成大模型创新生态。“模力社区”是浦东新区面对新一轮人工智能发展浪潮重点打造的聚焦垂类模型应用的大模型产业生态集聚区，项目坐落于张江科学城城市副中心，总建筑面积达 20 万平方米，其中核心承载区面积为 6.1 万平方米。在前沿聚焦方面，“模力社区”聚焦生物医药、合成生物、高端制造、智能生产、科技金融、生活文娱等领域的垂类模型应用创新发展。上海已经形成西有徐汇“模速空间”、东有浦东“模力社区”的大模型产业空间布局。其大模型产业总体发展情况总结如下。

（一）内容上，坚持全过程创新、全链条布局

上海徐汇区的“模速空间”与“大院大所大校大企大园”密切联动，着眼于转化—孵化—产业化，努力构建上下游结构完备、技术前沿的全产业链。基础层面，支持浦江实验室、期智研究院、上海科学智能研究院、中国科学院脑智卓越中心等，开展大模型、类脑智能等基础理论和关键技术研究。应用层面，结合徐汇产业基础，通过“人工智能+”，全面赋能工业、能源、生命健康、数字文娱、金融科技等重点产业，积极开辟元宇宙、具身智能、智能网联汽车、区块链等新赛道。要素层面，与头部云厂商、智算芯片研发企业、语料公司合作，打造专业孵化器，引入创投基金，全方位保障人工智能创新发展。浦东的“模力社区”也正在打造自身的全链条产业发展格局，未来在场景驱动方面，“模力社区”将以张江科学城作为超级场景，推动垂类模型赋能具身智能、生命科学、智能生产、科技金融、科学研究、生活文娱、城市管理等浦东优势场景应用，并逐步将成果经验扩展到其他行业；在平台支撑方面，“模力社区”通过打造“一体三平台”超级底座，向入驻企业提供最有力的功能平台支撑；在生态集聚方面，“模力社区”已集聚大模型上下游生态企业逾 30 家，将集中化布局垂类模型发展生态，打造 AI 新的制高点，并与徐汇西岸东西呼应、与临港新片区南北联动，形成错位发展的产业空间布局。

（二）空间上，突出集聚度、提升显示度

上海徐汇区以“西岸数字谷”为品牌，联动西岸滨江、漕开发、华泾等重点区域，推出“双 T”载体——AI Tower 西岸智塔、AI Town 北杨人工智能创新中心，打造漕开发“元创未来”元宇宙产业创新园。其中，西岸智塔总建筑面积超 50 万方，2020 年投用以来，吸引了 1 位图灵奖得主、8 位院士、150 余位博士和近 3000 名专业技术人才，累计产生专利、商标、

软件著作权等知识产权 1 万余项，被誉为“垂直硅谷”。北杨人工智能创新中心总建筑面积 114 万平方米，地上 74 万方，整个项目将于 2026~2027 年全面竣工，成为涵盖商业、办公、住宅、教育、生态绿地等的产业重镇。一方面培育产业生态，实现“产业园就是产业链，上下楼就是上下游”。另一方面集成服务功能，嵌入概念验证、检验检测、合规指导等公共平台，为企业提供全生命周期支持保障。目前，上海徐汇区已初步构建起“1+3+N”的科技创新体系：“1”是浦江实验室；“3”是上海科学智能研究院、交大人工智能学院、浦芯研究院；“N”是期智研究院、树图研究院、华为鲲鹏生态创新中心、AWS 数字化赋能中心等高能级科研机构和创新赋能机构。集聚人工智能相关企业 900 余家，包括亚马逊、安谋、腾讯、阿里、商汤等世界 500 强和行业龙头，澜起科技、星环科技、新相微电子 3 家科创板上市企业，阶跃星辰、稀宇科技、无问芯穹等创新标杆。近期，国家人工智能学院、清华大学电子系上海校友会电子信息专委会也相继落地。

五　上海大模型产业发展面临的主要问题

（一）大模型企业自主研发成本高，获取直接融资量级低

大模型企业的研发成本主要包括硬件成本、能源消耗以及语料购置费用等。阶跃星辰等企业负责人反映，大模型训练所需的高性能计算设备占据成本大头，目前只能靠创新算法架构等策略提升训练效率和降低训练成本。尽管大模型产业高度集聚的徐汇区成立了 4 只创投基金，并已累计向企业提供 3919 万元算力补贴等资金支持，但是仍然杯水车薪，无法完全缓解大模型企业研发成本高企压力，上述瓶颈只能通过畅通直接融资渠道来解决，然而，从上海大模型企业获取直接融资的情况来看，其量级明显偏低。2024 年上半年中国大模型企业超千万元融资共计 89 起，其中，北京企业有 42 起、杭州企业有 12 起、广东三大城市（广州、深圳和珠海）企业有 12 起，上海企业仅有 11 起，其直接融资数量和规模均与北京存在较大差距。

（二）大模型企业高质量语料获取难，降低大模型训练实效

大模型成功与否，20%由算法决定，80%由数据质量决定。通过调研“模速空间”，众多大模型创业团队和企业负责人反映，高质量语料获取渠道受限、成本高昂是影响大模型训练实效的重要因素。语料公司库帕思科技已经落地运营，其提供的语料质量较高，且大多为垂域数据，但是量少且价高。为此，很多大模型企业偏向于从网络公开语料或者公开数据中获取和整理语料用于大模型训练。尽管网络公开语料的通用性较好、数据量大，但数据质量难以保证、数据格式难以统一，影响了大模型训练实效和产品竞争力。

（三）大模型领域技术商业化进程慢，落地应用场景稀少

上海市区两级政府积极搭建供需对接平台，通过专项资金补贴和政府购买服务等形式，支持企业在应用落地上探索突破，部分大模型企业已经与相关企业机构在金融、能源、医疗和智能终端等领域强化合作。但是，上海真正落地并实现商业化运营的大模型应用场景仍然较少。部分大模型企业负责人反映，由于通晓大模型技术与应用的复合型人才匮乏，企业往往对可能催生的用户需求不明确，影响了技术商业化和潜在场景挖掘。另有企业反映，大模型技术商业化进程缓慢，还与数据安全、隐私保护、过程可解释性等问题相关的法律制度完善度关系密切，上海必须加快完善法律法规和体制机制等，以加快破解上述障碍。

（四）大模型行业沟通交流少，双创孵化服务体系待完善

一是人才短缺制约行业内交流合作。上海已经集聚近 25 万人工智能人才，但是人工智能人才供需比仍然低于 1，人才短缺不仅影响了大模型的研发进度，也在一定程度上限制了行业内专家和学者之间的交流与合作。二是行业交流平台不足。目前，上海除一年一度的全球人工智能大会这一全球性行业交流平台之外，还缺乏具有日常性、高频率、小快灵等特征的人工智能

行业交流平台。三是垂类大模型企业间“隔行如隔山”，交流有阻碍。上海大模型企业中，除少数聚焦通用型大模型研发外，大部分侧重于细分行业垂类大模型的研发应用，不同细分行业领域的垂类大模型企业之间缺少共同语言，导致其在技术研发和行业应用方面的交流不足，进一步影响行业内沟通。四是双创孵化服务体系待完善。目前上海聚焦人工智能产业的特色、高质量孵化器企业较少，以人工智能产业集聚区浦东为例，5 家高质量孵化器中没有一家侧重于人工智能；建有公共技术服务平台的孵化器主要侧重于生物医药、半导体和信息科技，市级层面并未针对大模型产业的发展特征开展孵化服务体系的顶层设计。

六　推动上海大模型产业高质量发展的政策建议

（一）打造全链条股权投资体系，搭建公共技术服务平台

一是持续发挥政府投资基金的引导作用，围绕人工智能大模型领域新设和引入产业基金，引导社会资本加大人工智能大模型领域的成果转化和产业化投资力度，建立从天使投资、风险投资到股权投资的全链条股权投资体系。通过整体设计、分期实施，促进资本与技术、人才等创新要素有机融合，为产业发展提供稳定、持续的资本供给。二是搭建公共技术服务平台。建议由上海算力运营主体仪电智算牵头，基于大模型企业共性硬件技术设备需求，搭建服务于大模型企业的公共技术服务平台，提供可供行业企业共享使用的 CPU、GPU、TPU、FPGA 等高性能计算设备，降低大模型企业高昂的设备购置成本。

（二）强化数据流通与跨区域合作，破解语料供给瓶颈

一是提升数据流通能力。联合重点央企、市属国企、数商企业、科研院所等搭建数据开放平台，推动高质量与高可用数据的汇集、访问、共享、处理和使用；鼓励本市数据机构开放脱敏高质量数据，建设运营数据训练基

地、人工智能数据标注平台，形成开放数据资源集聚引力；支持有能力的大模型企业和相关市场主体建设大模型训练数据安全屋、预训练语料库。二是发挥长三角一体化优势，强化区域协作破解语料和算力难题。建议将语料和算力跨区域协同纳入长三角一体化年度议题，尽快形成工作方案并落地推进，以充分发挥长三角地区各省市在数据资源和算力资源上的互补优势，打造数据跨区域交易流通平台，强化语料资源共享，建立和完善算力跨区域调配与成本收益分担机制等，形成长三角区域合力，破解大模型产业发展瓶颈，增强区域产业竞争力。

（三）开展大模型科技与场景创新，打造标志性应用场景

一是设立上海 AIGC 重大科技专项。围绕 GPT 通用模型理论及领域大模型、大模型应用等技术，开展领域大模型和应用场景技术的攻关，以解决当前大模型技术在垂直领域应用中的关键问题。二是基于“小切口、深应用”打造一批标志性应用场景。由上海市经信委牵头，选取人才储备丰富、数字化和智能化水平高的个别优势产业进行深层次升级改造，凸显大模型技术带来的产业变革优势，可重点面向以下三大领域开展大模型应用场景创新。面向制造业，聚焦新材料、电动汽车等行业，围绕智能研发设计、未来工厂、跨境电商、普惠金融、工业互联网、自动驾驶、办公管理等多个场景开展示范应用，提高制造效能，孵化新型生产服务产业；面向社会民生，选择“一老一小”、未来社区、职业教育、智慧医疗等多个场景开展示范应用，改善金融投顾，提升金融服务体验，创建智慧课堂，推动普惠教育，打造虚拟心理医生，强化社会心理疗愈支持，推进智慧服务；面向文化科技和社会治理，聚焦智慧城市、智慧旅游、乡村振兴、生态治理等多个场景，协同利用数字孪生、元宇宙技术等，开展场景创新。

（四）打造多层次交流平台，形成“多园汇聚”产业业态

一是用好现有交流平台资源。始终把高端会展论坛作为行业对话的“新平台”、投资环境的“放大器”和优质资源的“引力场”。继续用好世

界人工智能大会、全球开发者先锋大会、中国具身智能大会等现有国际级、国家级平台，打响上海大模型产业品牌，吸引全球高能级大模型产业要素汇聚上海。二是打造常态化交流平台，活跃行业创新氛围。持续推动品牌升级，重点围绕生成式人工智能、开源生态建设等主题，支持本市科研院所、企业、行业协会等各类创新主体办好峰会、论坛和常态化品牌活动，提供跨界交流、商业合作的舞台，打造更加活跃、包容的创新创业生态。三是以“一横一纵”策略深化产业合作。横向推进徐汇“模速空间”与浦东“模力社区”两大大模型产业集聚区合作，促进人才交流与合作，强化行业攻关实力。纵向推进大模型产业集聚区与本市工业互联网产业园、数字经济产业园、教育科技产业园、文创产业园、生物医药产业园等合作，促进各行业加快智能化转型的同时，为大模型技术商业化落地应用提供潜在的场景选项。

B.3
上海市数据要素流通市场发展现状、瓶颈与建议

詹宇波　程广昊*

摘　要：　本报告聚焦上海市数据要素流通市场发展现状及其所面临的挑战，并借鉴国际经验，旨在为上海数字经济建设及全国数据要素市场化发展提供参考样本和实践指引。上海正从政策完善、交易模式创新和基础设施建设等方面加快推动数据要素市场发展，已形成产业集聚效应。然而，市场主体参与度低、标准化水平不足、交易机制不畅和资产化程度偏低等问题仍制约着市场潜力的释放。为此，借鉴欧美等国家的先进实践经验，从标准体系构建、市场机制完善到数据资产化路径探索，为上海乃至全国数据要素市场化提供了系统性建议，通过优化数据要素流通生态链，提升数据要素配置效率，助力数字经济高质量发展。

关键词：　数据要素市场　数据流通　上海市

随着信息科技革命的推进，数据已成为各国发展数字经济的关键资源，被誉为国家基础性战略资源。作为新型生产要素，数据被喻为“信息时代的石油”，对一个国家而言，它已成为至关重要的基础性、战略性资源。2024年1月，国家数据局发布了《“数据要素×”三年行动计划（2024—2026年）》，强调要充分发挥数据要素的放大、叠加、倍增作用，构建以数

* 詹宇波，博士，上海社会科学院经济研究所研究员，主要研究方向为宏观经济、产业经济、劳动经济；程广昊，上海社会科学院经济研究所，主要研究方向为经济学。

据为关键要素的数据经济。上海作为我国数据要素市场的排头兵，在促进数据要素流通交易、推动培育数据交易市场、引领数据交易制度建设等方面都取得了重要进展。但是，鉴于当前我国整体数据要素流通还处于起步阶段，包括上海在内的各地数据要素市场发展仍不成熟，数据权属、数据登记、数据资产评估、数据定价、数据交易、数据监管等方面的体制机制还不完善。在国内横向比较来看，上海数据要素交易市场已处于领先地位，但形态还较为初级，监管规范有诸多不足，仍存在参与对象少、数据流通不活跃、数据价值体现不足等问题，“确权难、定价难、互信难、入场难、监管难”被公认为是实现场内数据交易的五大难点。可以预计在今后较长一段时期内，数据要素供需失衡、数据要素流通不畅和数据跨领域跨区域流通壁垒仍将成为制约上海数据要素社会化、市场化开放应用和开发利用的重大挑战。如何基于标准化布局更加充分地保障数据核心生产要素的高速、有序、安全流通，充分释放数据潜在价值，为上海乃至全国千行百业赋能，成为数字经济时代上海必须认真思考的问题。

一　上海数据要素流通市场现状

（一）数据要素流通市场进入提速阶段，助力打造经济发展新引擎

上海作为国家大数据综合示范区，始终致力于推动数据产业发展、数据要素市场培育、数字经济红利释放，数据要素市场发展迅速，从 2018 年 4 月上海市大数据中心正式揭牌，到 2021 年 11 月上海数据交易所揭牌成立，再到 2022 年 9 月上海数据集团有限公司正式揭牌成立，已形成上海数据要素的“三驾马车”，整合承担上海市公共数据和国企数据的授权运营。上海市经济和信息化委员会公布的数据显示，2023 年全市数据核心企业突破 1200 家，核心产业规模超 3800 亿元；作为率先提出数商体系的上海数据交易所，截至 2024 年底交易额突破 40 亿元，挂牌数据产品超 4500 种。依托上海数据交易所，浦东新区正在张江科学城加快建设全国首个数据要素产业

集聚区。拼多多、依图科技、商汤集团中国总部暨全球研发总部华为鲲鹏产业生态创新中心、京东人工智能（上海）研究中心、腾讯华东总部等纷纷落户上海，亚马逊、微软等海外科技巨头也在上海设立功能型总部或研发中心，大量数据企业和人工智能企业为大数据的收集、确权、流通、交易提供了坚实的基础。

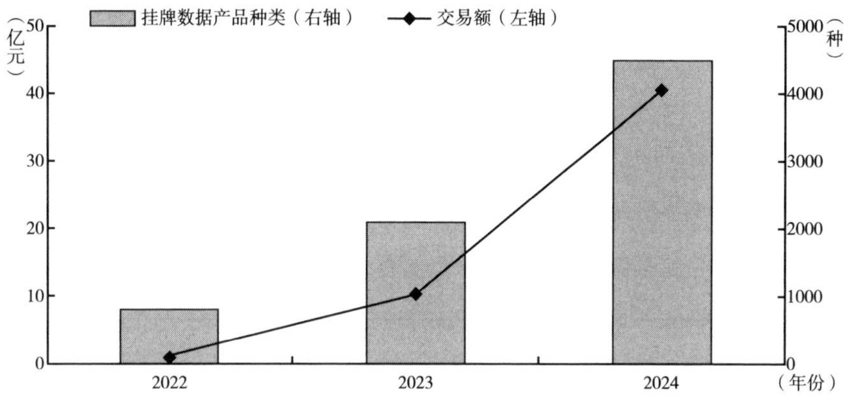

图 1　上海数交所交易额及挂牌数据产品种类情况

资料来源：上海市国资委。

（二）市场制度逐渐完善，保障数据战略稳实施

上海市数据要素政策呈现立法先行的特点，通过“立法+管理办法+规定+行动方案+指南”的方式建立完善的数据要素市场化配置制度体系。2021 年 11 月发布《上海市数据条例》，涉及数据权益、公共数据、市场、资源开发应用、浦东新区数据改革、长三角区域合作、安全及法律责任等。2022 年 3 月上海数据交易所立足于“不合规不挂牌，无场景不交易”这一基本原则，发布了上海数据交易所交易相关的七项规范（试行）与六项指引（试行）（见表 1）。12 月公布《上海市公共数据开放实施细则》。2023 年 3 月出台《上海市公共数据共享实施办法（试行）》和《上海市数据交易场所管理实施暂行办法》，分别规范公共数据共享和数据交易场所运营。

同年6月发布《中国（上海）自由贸易试验区专项发展资金支持数据要素市场发展实施细则》，明确资金支持政策。7月公布《立足数字经济新赛道推动数据要素产业创新发展行动方案（2023—2025年）》，目标是到2025年建成数据要素市场体系，确立国家级数据交易所地位，数据产业规模达5000亿元，年均增长15%，并计划引育1000家数商企业。7月《上海市促进浦东新区数据流通交易若干规定（草案）》公开征求意见。8月上海审议《上海市促进浦东新区数据流通交易若干规定》，保护数据产权人权益，明确数据三权，并要求建立数据交易链登记平台。2024年8月发布《浦东新区公共数据授权运营管理若干规定（草案）》，强化数据安全和运营管理，明确运营主体权益保障、数据产品市场应用和沙盒监管机制。

表1　七项规范（试行）与六项指引（试行）

项目	序号	内容
七项规范（试行）	1	《上海数据交易所数据交易规范（试行）》
	2	《上海数据交易所数据产品登记规范（试行）》
	3	《上海数据交易所数据交易合规管理规范（试行）》
	4	《上海数据交易所数据交易安全规范（试行）》
	5	《上海数据交易所信息披露规范（试行）》
	6	《上海数据交易所数商管理规范（试行）》
	7	《上海数据交易所专业板块管理规范（试行）》
六项指引（试行）	1	《上海数据交易所数据产品合规评估指引（试行）》
	2	《上海数据交易所数据产品挂牌指引（试行）》
	3	《上海数据交易所数据产品交易合约指引（试行）》
	4	《上海数据交易所数据产品交付指引（试行）》
	5	《上海数据交易所数据产品交易结算指引（试行）》
	6	《上海数据交易所交易凭证申请指引（试行）》

（三）交易模式逐渐成形，构筑要素集聚新高地

数据要素流通交易市场是推动数据要素市场化配置的核心环节，推动数

据高效流通、促进数据应用。上海数据交易所正在全力打造全数字化的新一代数据交易平台，建立标准化的可交易数据资产登记确权及数据产品登记、挂牌、交易、交付、清结算、完结的全流程数据交易服务链，并建立制度保障有力、交易规则透明、流通对象丰富的数据交易体系；汇聚数据交易全参与方和全要素，建立保障流通可控、责任可追溯、合规性可监督的交易环境；构建全链条数据交易生态，统筹培育和发展包括数据经纪、合规评估、质量评估、资产评估、数据交付等的数据交易全链条参与者的“数商生态体系”。上海数据交易所的交易流程包括：准备阶段，数据产品需通过合规和数据质量评估后线上挂牌；合约阶段，交易双方根据规则确定价格并完成合约，随后进行数据交付和结算，交易所提供交易凭证；交付阶段，根据敏感度数据分为 S1~S4 级，采用不同的交付方式，交付可协商且安全，旨在优化监督管理和建设智能系统，促进数据流通和产业创新。

（四）数据要素流通基础设施相对完备，支撑要素价值交换

上海正在加速建设算力网络和数据中心，重点发展 5G、算力网络和智慧中台，以促进数据流动。截至 2023 年 9 月，上海数据中心机架数量达 42.3 万个，上架率约 65%，算力总规模超 14EFLOPS，排全国第三名。上海还与西部地区合作，建设高品质直连网络服务，提升传输能力至 T 级。新启用的上海市人工智能公共算力服务平台，作为全国算力调度平台之一，旨在满足科研和企业算力需求，并探索新模式。近五年，上海“双千兆”网络发展迅速，在网络建设、应用和创新业务融合等方面取得显著进步，已率先实现“5G+千兆光网”全市双千兆全覆盖，成为全国“双千兆第一城”。据上海市通信管理局的统计，截至 2023 年底，上海建成 9.2 万个 5G 基站，占移动电话基站的 38.5%，为全国领先。5G 基站密度为每平方公里 14.5 个，每万人拥有 36.9 个，均居全国前三。上海还培育了 3 家国家级标杆智能工厂、19 家示范性智能工厂，以及 60 家单位的 111 个智能制造优秀场景。预计到 2025 年，上海将建成 200 家示范性智能工厂、20 家标杆性智能工厂，并评选出 1000 个智能制造优秀场景，以支持数据要素市场化配置改革。

二　上海数据要素流通市场发展面临的困境与挑战

上海正在快速推进数据市场建设，但存在以下问题，包括：数据所有权、定价和利益分配不明确；数据安全风险和激励措施缺乏，影响数据供给；缺乏成熟应用场景，难以刺激买方需求；数据标准化和运营体系不完善，增值服务不足；数据的复制和传输特性使得深层次处理和交易问题难以被监管，影响数据信任机制的建立。这些体制、技术和市场因素限制了上海数据市场的发展。本报告从市场主体参与度、数据标准化水平、数据交易机制与数据资产化程度四个角度分析当前上海数据要素流通市场面临的挑战。

（一）市场主体参与有限

现阶段，上海数据资源化、资产化等过程尚未完成，在数据产品尚不丰富、数据流通生态尚未成熟的大环境下，上海数据交易平台作为数据要素流通产业链的中间环节，对数据产品开发的促进作用有限，无法从根本上解决数据产品种类少、同质化程度高、附加价值低、数据资源深加工和场景应用能力不足等问题。另外，数据作为资产或商品直接进行流通的理论基础不扎实，激励市场各方参与数据要素流通的体制机制尚不完备，保障参与各方权益的共识还未形成，参与方之间信任的建立缺乏规则指引。在数据供给环节，数据供方往往不愿提供数据，不仅是出于对合规风险的担忧，也是因为激励机制缺乏。供需对接时，权责利的共识缺乏，市场参与方之间存在信任问题。供方担心需方超出约定数据使用范畴，需方则担心数据来源的真实性与合规性。无论是点对点模式还是交易所模式，都缺少标准化规则，企业内部评估和数据交易机构的审核机制分散，且主要关注企业经营情况，对数据来源和用途缺乏具体的评估标准。在需方应用环节，数据流通的审计监督机制不完善，事前信任约束有限，数据提供方难以确认需求方是否按协议处理数据。目前，审计主要依赖系统日志记录，但这些记录主要用于计费和清算，难以核验数据应用方式，导致数据流通后的审计监督难以实现。数据要素流通市场参与各方存在顾虑，导致上海数据交易市场参与主体数量有限。

（二）数据标准化水平低

数据要素流通标准体系旨在规范数据资源的市场化流通，本质上是为了实现数据要素的社会化配置，并挖掘数据流通的价值。随着数据要素市场化进程的快速推进，为了抓住国家推动数据价值化的新机遇并培育数据要素市场，上海市已在数据资产评估、数据交换共享等领域展开了标准研制工作，相关标准已初步建立。例如，《公共数据共享交换工作规范 第 1 部分：平台建设和运行管理要求》（DB31/T 1240.1-2020）和《公共数据共享交换工作规范 第 2 部分：平台接入技术要求》（DB31/T 1240.2-2020）。然而，结合数据要素流通整体市场的发展需求与规模分析，一是当前大数据标准化研究尚处于起步阶段，与产业发展水平和需求之间存在较大差距。二是在数据要素流通的各个环节细分领域，缺乏深度的标准研究，已发布的标准也较为单一，缺乏体系化。三是目前上海的数据要素流通标准基本上还处于技术标准研发阶段，整体标准化工作与区块链、隐私计算等技术的耦合度较低，与产业发展的关联度不强，市场化进程还存在一定的滞后。

（三）数据交易机制不畅

从客观角度分析，上海数据要素市场交易机制存在不足，主要体现在数据市场中统一的产权制度、差异化的定价机制和多元化的交易平台等尚需进一步完善。这些因素导致数据要素在确权、定价和交易过程中遭遇难题，不利于数据资源的顺畅循环和高效配置。

当前的数据确权制度安排与上海数字经济的发展需求并不完全匹配。一方面，部分数据产权的法律界定仍然模糊，市场主体对数据产权的理解存在偏差，这阻碍了原始数据向数据要素的有效转化。因此，迫切需要对数据要素所有权、数据加工使用权和数据产品经营权的界定进行更加科学合理的制度设计。另一方面，现有的数据交易规则和制度机制未能清晰界定市场主体

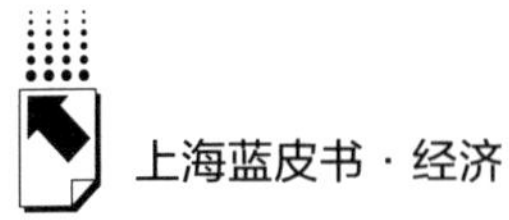

的权利和义务，这不利于提高数据要素市场运行效率和治理效能，进而阻碍了高质量数据要素的供给。

缺乏完善的数据价格形成机制。一方面，尽管数据要素的价格应由市场决定，但实际上，由于信息掌握状况和市场竞争地位的差异，数据的最终交易价格在很大程度上取决于买卖双方的价格谈判。交易双方需要根据实际情况采取不同的定价方式、交易方式和盈利模式，这无形中增加了交易成本。另一方面，由于规则设计和政策举措缺乏对个人数据的关注，更多地聚焦企业数据要素和社会数据要素市场交易平台的治理，这阻碍了数据要素市场化配置红利的全面释放。

缺乏合规高效的数据要素流通交易规则。具体来说，一是数据价值链在数据采集、存储、管理、分析和应用等环节存在缺陷，导致难以判断数据要素的准确来源，也难以追溯数据要素的流通过程，更无法界定数据要素的使用范围；二是市场主体为了规避数据窃取、隐私泄露等风险，对数据要素的交易对象和时空范围加以限制，导致潜在的数据价值无法得到充分挖掘。

（四）数据资产化程度低

在2023年中国数字经济创新发展大会上，挪威工程院院士、IEEE计算机协会区块链技术专委会主席容淳铭强调，在数字经济的发展过程中，关键在于将数据要素资产化。当前，业界普遍将数据资产化分为以下几个阶段：原始数据、数据产品、数据资产以及数据生态。在这些阶段中，可以概括出三个核心步骤：数据资源化、产品化和资产化。个人生活、企业生产、政府运作等多方产生的原始数据，通常可被数据治理公司采集并转化为数据资源。这些数据资源经过确权、计量、估值等流程，可以进一步升级为数据资产。随着上海“一网通办”工作的不断推进，政府内部公共数据的采集变得更加规范，公共数据的整合程度、应用水平以及数据治理能力都有了显著提升。然而，目前在数据要素的确权、定价、交易、监管等配套制度方面尚未成熟，数据交易的确权和定价问题依然存在挑战。在市场化过程中，数据分级分类水平不足、数据质量不高，以及市场化、商业化的数据服务标准与政府内部治理服务标准不一致等问题，也在一定程度上限制了上海数据资源价值的挖掘和数据资源资产化的进程。

三　数据要素流通市场管理实践探索的国际经验借鉴

根据《全球数字经济发展指数 2024》，2023 年全球数字经济规模已超过 40 万亿美元，其中中国数字经济规模占全球的比重超过 17%。全球数字经济核心产业的发明专利授权量已超过 80 万件，中国的占比超过 40%。数字经济与实体经济的融合加速，中国的产业数字化规模已超过 43 万亿元，占中国数字经济规模的 81.3%。然而，在数据交易市场规模方面，我国仍小于北美和欧洲，北美占据了近一半的市场份额，欧洲占据了 1/4，而中国仅占 1/8。数据要素流通市场的不完善制约数字经济与实体经济的深度融合，阻碍了我国经济的高质量发展。因此，有必要深化对数据要素市场价值和作用的认识，本部分将总结发达国家在数据要素市场化配置中的有益举措，为建设具有中国特色的数据要素流通市场提供方向指引和路径参考。

（一）搭建互通互助系统，引导多方共同参与

欧美等发达国家视政府为数据市场的“守夜人”和“教练员”，特别强调企业、行业协会、科研院校在数据要素流通市场中的主导作用，积极培育与本国特色相契合的数据中介主体，显著推动了结构化、标准化和高质量的数据供给与流通。欧盟于 2022 年颁布了《数据治理法案》，启动了对“利他主义”数据机构的认证工作，并支持它们参与数据流通与共享。例如，德国提倡在数据空间的虚拟世界中发展包括核心参与者、中介、软件与服务提供者、治理监管机构在内的四类主体，共同构建一个相对完整的数据生态系统，并在其中寻找适合自身的商业模式。核心参与者涵盖了数据所有者、数据提供者、数据使用者、数据消费者以及数据应用（App）提供者。中介由数据代理人、数据交易结算所、身份提供者、数据应用商城和词汇提供者构成。软件

与服务提供者主要根据客户的特定需求定制数据软件，其服务范围广泛，包括数据分析、数据集成、数据清洗和丰富语义等。治理监管机构是系统中的一个亮点，由认证机构、评估机构和国际数据空间联盟组成。评估机构与认证机构共同负责所有主体及其他相关核心成员的“空间准入”审查，评估机构主要进行实质性审查，而认证机构则负责形式审查，并全程监督评估机构的评估工作。国际数据空间联盟是一个非营利组织，支持和管理参考架构模型的开发与迭代更新，参与认证流程，但不直接参与数据交换活动。

（二）加速建立标准体系，优化数据市场生态

为了促进数据行业的健康繁荣并确保在国际数据标准制定中拥有话语权，欧美等发达国家积极引导行业协会、科研院所以及第三方服务机构等非“数商”实体参与数据要素市场构建。各大行业协会和科研院所正致力于数字技术的研发，并推动数据流通领域的标准和规范的建立。一方面，欧美政府重视政务数据标准的统一，为非公共数据标准的制定提供参考。例如，美国在 2019 年通过《开放政府数据法案》，对数据的标准化和可机器读取提出了明确要求。英国则在 2022 年发布了《政府数据资产的管理标准》，为公共数据在不同组织间的安全流通和访问操作提供了标准化指导。另一方面，各类协会团体也在标准制定过程中扮演了重要角色。美国电气与电子工程师协会（IEEE）和瑞士的国际电信联盟标准局在 2021 年共同针对数据多方安全计算技术的框架、安全等级和工作流程进行了规范。同年，以西门子、SAP 等为代表的德、法企业联合 22 家公司成立了盖亚-X 协会，旨在加强各国各界在数据流通中的合作与交流，推动数字基础设施的建设以及标准的统一。

（三）完善市场制度规则，促进数据市场交易

数据要素流通利用涉及众多主体、复杂场景和多个环节，使得原则性保护要求难以完全满足实际操作需求。欧美等国家针对数据权责、处理环节及典型场景制定了配套指南，以细化数据流通的关键环节和典型场景的制度规

则，为数据共享、交易等流通活动提供实操指引。一是明确数据处理角色的权责。欧盟数据保护委员会和法国数据保护监管机构 CNIL 通过详细阐释数据控制者和数据处理者的概念，区分了数据控制者、数据处理者和联合控制者这三种角色，并确定了各自的责任性质和程度，从而明晰了数据处理链条的权责边界。英国则计划通过数据保护法改革，制定详尽的数据控制者正当利益清单，简化人工智能等尖端技术研发的数据使用规定。二是制定数据共享合规指引。英国、法国等国家的数据保护机构推动组织间开展数据保护影响评估（DPIA）和订立数据共享协议，以落实企业、组织的数据保护主体责任，明确数据共享各方的责任与义务。同时，要求安全措施必须与数据的性质、范围、背景和目的以及对个人权利和自由构成的风险相适应，并考虑最新技术和实施成本。三是不断加强对数据价值链关键环节的管理。澳大利亚通过再利用授权及定价收费进行管理，将数据再利用的授权许可类型划分为 4 类，不同类型的政府数据可采用不同的授权模式和收费标准，进行差异化限制或鼓励。新西兰则依托过程管理促进数据资产价值实现，编制了“信息资产目录模板”，信息通信技术部制定了《数据投资框架》，内政部将高价值公共数据再利用的披露流程划分为 7 个阶段，并对不同阶段的工作内容和运行规则进行了可操作性描述，为数据再利用提供了针对性指导。

（四）拓展数据流通模式，提高数据资产化率

各国正致力于加速数据资产化和释放数据要素的潜在价值。除了政策创新，一些国家还在数据供给体系、定价体系、交易体系等方面进行先行先试，积极探索建设数据交易场所，以促进数据资产化并有效释放数据红利。在欧美等发达国家，数据要素流通的新业态和新模式不断涌现，数据交易规模持续增长，数据交易的活力和数据价值的释放能力迅速提升。在美国，以数据经纪商为代表的数据中介组织成为数据价值的主要发现者和数据流通的关键联结者，已经形成了 C2B、B2B、B2B2C 三种数据交易模式。欧盟基于数字主权和数字伦理等因素，建立了数据中介制度，通过政府全程监管的数据中介来促进非公共数据共享。英国将数据纳入信托机制，在受托人、委托

人、受益人之间建立了基于相互信赖和责任的法律机制，并试点通过第三方实现权力平衡的数据信托模式。日本则创新了“数据银行”交易模式，以最大化个人数据价值的释放。依托这些新型数据流通模式，发达国家建立了众多数量庞大、定位不同的数据交易平台。目前，国外已经形成了许多综合性数据交易平台和专注于特定细分领域的平台，例如美国的 BDEX、Crunchbase 和日本的 Data Plaza，以及专注于位置数据的 Factual 和经济金融领域的 Quandl。这些交易平台不仅提供居间撮合服务，还为用户提供各种数据增值服务解决方案。近年来，许多国外 IT 巨头依托自身庞大的云服务和数据资源体系，构建了各自的数据交易平台，如谷歌云、Oracle Datacloud7。总体来看，发达国家的数据交易平台多以企业为主导，并采取市场化模式，以加快数据资源的价值挖掘和数据资源的资产化进程。

四　提升上海数据要素流通市场发展水平的政策建议

（一）丰富数据要素流通政策供给，鼓励市场各类主体协同发力

为促进上海数据要素流通市场建设，政府不仅需要丰富数据要素市场政策供给，还要积极引导多主体共同参与数据要素市场机制和体系建设，全力打通产业链各环节堵点难点，为数据要素流通市场铺路架桥。

1. 增加数据要素流通市场政策供给

数据要素流通市场面临着垄断、信息不对称、反竞争行为和恐慌心理等不利因素，仅凭市场调节机制，难以迅速构建一个秩序井然、健康发展的市场环境。因此，政府在市场调节机制尚未成熟的初期阶段，必须加强顶层设计和基础制度建设，尤其是对于数据资源型企业，需要持续加大政策支持力度。一是政府应制定数据要素收益分配政策，解决数据资源型企业不愿开放流通数据的问题。通过相关政策的制定，确保市场主体能够根据其贡献获得相应的合理收益，推动数据要素根据市场评价贡献来决定报酬，从而最大限度地激发数据资源型企业的积极性。二是完善数据流通开

放全流程的合规规则政策体系和标准规范体系，包括数据确权、数据授权、质量评定、算法规制、使用限制、侵权监测等专门立法和标准规范体系，为数据资源型企业创造一个良好的发展环境，引导更多市场参与者主动参与数据要素市场的建设。三是政府还应制定一系列有效的激励政策、税收优惠、特殊免责、绿色通道等先行先试的扶持政策，以支持数据资源型企业提高数据产品供给能力。例如，制定数据技术人才引进、落户、住房、教育等方面的保障措施。

2. 鼓励数据市场各类主体共商共建

从国际经验来看，数据经纪商等关键参与者在数据要素流通市场中扮演了至关重要的角色。针对数据的场内外交易需求，建议政府发挥引导作用，鼓励国有企业、数据运营商、第三方中介组织、行业协会以及科研院所共同参与数据要素市场的构建。一是政府应充分发挥“数商”在数据价值发现中的核心作用，激励他们参与数据应用场景、流通模式以及定价模式的探索。二是政府可以引导成立数据交易协会和数字技术产业联盟，促进数据流通自律性准则的制定和数商互联互通平台的建设。三是政府还应重视培养符合市场需求的专业人才，设立数据管理委员会，统筹构建一个多元化、立体化的数据分析专业人才培养体系，并支持高校和科研机构参与数字技术的研发以及全民数据素养的提升。

（二）明确数据标准化体系建设总思路，完善数据要素流通标准体系

随着大数据产品和应用的不断涌现，迫切需要标准化方法来统一认识、整合资源，并达成共识，以支持大数据产业的健康成长和新兴服务模式如大数据交易的规范化发展。因此，政府需明确工作思路和具体措施，确保数据流通的标准化目标明确、技术实用，并系统化推进，持续完善数据流通标准体系。

1. 明晰数据标准化体系建设总思路

数据流通标准化建设涵盖基础共性标准、关键技术标准、安全管理标准

以及重点领域标准等多个方面，不仅包括数据体系的基础性、通用性框架，还涉及数据生命周期各环节的规范管理、行业对法律法规的落实以及行业主管部门的管理要求等。因此，政府需要进一步明确整体工作思路和具体推进措施，确保数据流通标准化工作的目标明确、技术可行，并且能够系统化地予以推进。一是建议上海市政府借鉴我国大数据标准体系的构建经验，确保数据流通体系中体现所划分的标准类型，并注重与大数据标准化工作的协调一致。这包括但不限于具有基础特性的数据开放原则、数据方面的元数据标准、技术方面的数据互操作标准、平台方面的数据开放平台标准、管理方面的数据维护标准，以及安全和隐私方面的数据安全风险评估标准等。二是政府应积极探索建立数据登记、定价、交易以及合规监管等安全、可追溯的数据要素流通规则和秩序，明确数据权属链、流通链和价值链，规范和培育数据要素流通市场。三是建议政府将数据要素领域的标准建设交由重点标准化组织牵头，组织相关企事业单位，发挥各方技术力量，共同推进标准的编制、落地及维护工作。

2. 完善数据要素流通标准体系

现行的数据要素领域标准虽然原则性较强，但应用性不足，且主要集中在金融和能源领域，无法充分满足当前市场对海量交易场景的需求。因此，持续完善数据要素流通重点领域的标准体系，加快在数据资产评估、质量评价、交易等关键领域的标准研制工作是必要的。一是政府应根据数据市场的新业态、新模式和新主体，制定一个分类齐全、层次分明的数据行业标准体系，建立以国家标准为主体框架、地方标准为细分补充、团体协会标准为辅助的数据标准体系。二是应重视数据流通平台间的互联互通标准建设，减少区域性及行业性交易所之间的标准差异，构建通用型数据标准体系，并利用区块链等前沿技术构建“数据交易链”，消除各大数据交易平台之间的交易障碍。三是国内外标准互联互通。在国际层面，应推动数据标准的国际突破，参与标准化活动，鼓励企业和机构参与“可信执行环境”和“多方安全计算”等标准建设，加强与海外行业协会的交流合作，建立统一的国际数据交易标准体系。同时，增加和提升国际标准提案的数量和质量，推广

“中国标准”。在国内，应组织工作会议，深入研究数据流通的政策法规、制度模式和技术标准，形成标准化的重点成果。

（三）推进数据管理机制改革创新，促进数据要素市场流通交易

上海正推进数字化转型，关键在于数据开放与流动。建立规范的数据交易制度能促进数据开放和有序流动，因此必须培育规范的数据市场。政府需制定相关规则，探索建立综合交易机制，并进行合规性检查，以完善市场体系。

1. 推进数据流通市场管理机制革新

一个健全且有效的数据市场管理制度，不仅能够规范数据市场的交易行为，保障市场交易的顺畅进行，还能合理地平衡各方利益，确保数据要素利益分配的效率与公平。一是建议政府能够重点协助建立“风险防范机制”，以试点产业联盟为依托，构建事前的“评判机制”、事中的“监测机制”以及事后的“仲裁机制”，共同预防数据产品开发过程中的合规风险，为数据资源型企业消除后顾之忧。同时，建议政府深入挖掘数据要素市场专项试点的“政策价值”，在试点实践中逐步提升政策的针对性，例如实施销售补贴、贷款贴息或税务减免等措施，以强化政策的激励效应，为后续大规模推广试点经验提供有效的引导和示范。二是市场监管部门可以尝试实施数据产品利益相关方的“严格认证”准入制度。例如，针对数据业务经营主体数量有限的市场，可以实行市场准入的“许可制”，避免市场混乱，促进相对封闭的联合创新。三是金融部门可以考虑试点推行“通证交易市场”，加大金融科技的创新力度，开发数据交易损失的先行赔付险种，包括资产流失险、非法交易补偿险等，并设计基于区块链智能合约的银行账户自动划拨业务，以满足不同市场实体的需求。

2. 促进数据要素充分有序流通交易

数据市场作为数字要素流通、场景对接和价值实现的关键平台，是数据融入社会生产过程并成为数字经济核心要素的必经之路。数据必须进入市场，借助数据技术的赋能，转化为可投入生产的数据要素。一是政府应强化数据要素基础设施建设与技术创新，促进数据市场的统一，并发挥数据平台

的桥梁作用。应充分利用“新基建”的机遇期，开发核心数据处理技术，推动人工智能、区块链、大数据等高新技术的融合与创新，促进信息技术的发展，并整合数据产业链。二是政府还应积极发展创新型数据要素商业化模式，适应数字化转型的趋势，通过培育数字经济的新业态和新产业，探索数据商业化定价、交易和利益分配的新模式，明确行业参与者的权利和业务规范，促进数据资源与实体经济及优势领域的深度融合。三是需要持续加强数据要素的应用开发，推动经济社会的数字化转型，拓展数据应用场景，引导数据资源应用的创新，鼓励数据要素与创新产业的深度融合，推动数据驱动的研发，重视高新技术的实际应用，提升数据要素的价值和流动性。四是通过政策引导和扶持，为市场企业提供创新发展的机遇，普及数据流通技术，打造数字化转型的典范，提供公共数据服务，鼓励企业家的创新活动，推动企业间的合作发展，提高数据使用效率。

（四）筑牢数据资产化生态链基础，探索数据价值高效释放路径

数据资产化之所以受到广泛关注，是因为它能提升数据价值并使其成为无形资产，推动数据作为生产要素参与收益分配，展现其在提高生产效率上的乘数效应。然而，数据资产化是社会性的系统工程，需要政府进行顶层设计和战略规划，统筹建设，并协调各方力量，以释放数据的新价值。

1. 夯实数据资产化生态基础

统筹规划不够、数据确权和估值的限制、数据资产评估体系不完整、交易各方信任机制尚不健全、市场监管存在滞后性等都在一定程度上阻碍了数据资产化进程。在确权方面，数据资产涉及多方主体，合规审核后，交易机构应登记企业数据资产的持有权，确保合法持有，以便作为质押物。上海市政府可建立统一的数据资产登记体系和平台，通过电子凭证确保确权的准确、唯一和可查性，并及时披露信息，降低交易成本和信息不对称。数据资产作为质押物时，需在信息平台进行质押登记，保证信息的即时性和易获得性，防止重复质押。在定价方面，数据交易机构或评估商在定价时应提供数据资产的价值区间。为了有效评估数据资产价值，必须研究明确评估指标，提升

评估商的专业能力，并建立动态更新机制。开发客观评估指标有助于减少人为影响，提高估值的客观性和可信度。鉴于数据资产价值评估对数据市场的重要性，培养专业评估能力显得尤为关键。在交易层面，建立场内数据交易机制，要求数据交易所仅提供中介服务，如信息搜集、公布、交互和交易撮合，以确保交易的中立、公平和公正，建立信任机制，解决数据交易的信任问题。此外，利用历史交易信息可为数据资产估值提供参考，推动市场发展。在监管层面，在数据资产化过程中，市场和流动性风险存在，因此可采用第三方回购质押模式，由第三方机构管理并处置担保数据资产。若债务人违约，银行可委托第三方机构出售担保品，优先用所得款项偿还债务，实现数据资产快速处置。同时，政府需建立规范的回购制度，并强化对第三方机构的监管。

2. 探索全产业链数据价值释放路径

发挥数据作为生产要素的潜力，需经历资源化、资产化和资本化三个阶段。资产化既是资源化的成果，也是资本化的起始点，它要求在生产过程中认可数据的价值创造，并提供实现价值的途径。若能掌握从数据资源化、资产化到资本化的全链条数据价值释放路径，我们就能清晰地把握数据价值的生成、传递和实现过程，进而增强“全产业链脉动”的服务能力。我们应坚持技术应用、市场流通、制度创新三管齐下，协同推进数据要素价值的释放。一是以技术应用为核心，提升大数据、隐私计算、区块链等技术在数据生产、采集、存储、加工、分析、安全与隐私保护等环节的通用技术水平和应用能力，探索建设可信数据空间。二是以市场流通为关键，发挥市场在数据开放共享、流通交易中的核心作用，积极培育数据要素市场主体，探索数据确权和数据定价机制，完善数据要素收益分配制度，着力构建和完善多层次的数据要素市场。三是以制度创新为保障，发挥制度在数据要素发展中的指导和引领作用，在数据产权制度、数据流通交易制度、数据安全制度等方面进行布局，逐步构建系统、完整的数据要素制度体系，从而探索出一条高质量、高效率的全产业链数据价值释放路径，为经济发展提供动力。

B.4

上海数字经济新就业的现状、问题与对策

王红霞　贾 彬　顾津鸣*

摘　要：　数字经济等新经济形态持续催生多元化的新就业领域，正在为上海市就业市场注入新活力。本文从数字经济带来的新就业变化入手，梳理了上海市数字经济及数字经济新就业的发展现状，测算了上海市数字经济的就业规模，并基于调研市场数据概括了上海市数字经济新就业的特征，在此基础上剖析了上海市数字经济新就业领域存在的问题，并就促进上海市数字经济与新就业融合发展提出了积极可行的对策与建议。研究发现，上海市数字经济新就业发展迅速，目前在总就业中的占比已超40%；数字经济新就业领域吸纳就业的空间和潜力巨大；亟须尽快破解传统就业观念和体制机制对数字经济新就业发展的束缚和困囿，促进新经济形态与新就业领域共赢发展，促进上海市加快实现高质量充分就业。

关键词：　数字经济　新就业　上海市

就业是最大的民生工程，是社会稳定的保障，党和政府高度重视就业在经济社会发展中的重要地位，持续推进就业优先战略。2008年《就业促进法》的实施标志着我国确立了促进就业的基本政策框架。2018年，国务院发布《关于做好当前和今后一个时期促进就业工作的若干意见》，“就业”

---

* 王红霞，上海社会科学院经济研究所研究员，主要研究方向为城市与区域发展、人口经济学、新空间经济学；贾彬，上海社会科学院经济研究所，主要研究方向为经济学；顾津鸣，上海社会科学院经济研究所，主要研究方向为经济学。

一词共提及 45 次，提出了一系列积极可行的政策措施稳定和扩大就业。2022 年，党的二十大报告关注新就业形态，指出实施就业优先战略，加强灵活就业和新就业形态劳动者权益保障。经济运行与就业形势密切相关，著名的奥肯定律指出，劳动力需求与经济增长呈同向变动，经济增速下降会带来失业率的上升。改革开放以来，我国将经济高速增长放在首位，实现了由农业大国向工业大国的快速转变。当前我国经济已进入增速放缓、结构优化、提升质量的新常态，上海市以“五个中心”建设为使命，经济发展与科技创新双管齐下，数字经济作为科技革命和产业变革的先导力量，正在成为上海市促进新就业扩容提质的中坚力量。

实际上，“新就业形态”在党的十八届五中全会公报中被首次提出后引发了广泛的讨论，体现了新一轮技术革命所引发的就业规模、就业结构、就业质量等多维变化的总和。2023 年，我国新就业形态劳动者达到 8400 万人，占全国职工总数的 21%；预计 2035 年，中国数字经济总就业容量将达到 4.15 亿人。技术特征平台化、用工形式去雇主化、就业方式灵活化、组织管理扁平化等成为“新就业”的典型特征。作为颠覆性的新经济形式，数字经济以差异化机制渗透新就业领域，催生新职业类型，带来新就业岗位，驱动就业观念转变，正在逐步成为上海市实现高质量充分就业的重要支柱。

一　上海数字经济新就业现状和特征

（一）上海数字经济发展背景

1. 数字经济的内涵界定

国际上对数字经济的理解可分为狭义和广义两类。狭义的数字经济聚焦数字技术和数字化产业，以“信息”为生产活动的主体，涵盖电信、视听、互联网、软件、计算机等 ICT 行业。G20 杭州峰会签署的《二十国集团数字经济发展与合作倡议》将广义数字经济视为以数字化信息和

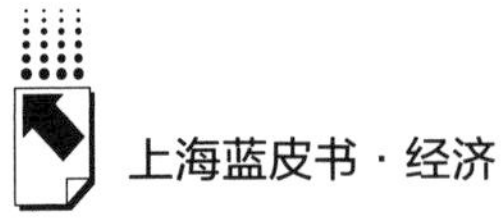

知识为生产要素，以信息化网络为载体，通过 ICT 使用提升效率并优化宏观经济结构的经济活动，此论述得到美国、欧盟、中国等二十国集团成员国的认同。

2021 年，国家统计局公布的《数字经济及其核心产业统计分类(2021)》(以下简称《分类》)中将数字经济界定为：以数据资源为关键生产要素、以现代信息网络为重要载体、以信息通信技术的有效使用为效率提升和经济结构优化的重要推动力的一系列经济活动，该定义是对 G20 杭州峰会所述数字经济内涵的进一步扩充。此外，《分类》基于经济核算视角，将数字经济划分为数字产业化及产业数字化两部分，前者是数字经济的基础性工程，后者反映出数实融合发展趋势，二者代表了数字经济的总量特征。

2. 数字经济的发展概况

2012 年，中国手机网民规模首次超过台式电脑网民规模，移动端网民数量规模化，数字经济步入成熟深化期。2015 年，“互联网+”驱动传统服务行业互联网化，快递、外卖、家政等行业向线上迁移；创新性新业态持续萌生，网络直播、微商带货、共享单车等平台新业态不断涌现。近五年，以 GPT 为代表的生成式人工智能将数字经济推向新高潮，大模型在文生图文、文生音乐及文生视频等通用领域的效能不断优化，行业大模型在工业、医药和金融等专业领域也得到广泛应用。

上海作为“国际数字之都”的实力和路径持续明晰。上海市委、市政府于 2020 年底公布《关于全面推进上海城市数字化转型的意见》，上海市政府于 2022 年印发《上海市数字经济发展“十四五”规划》，发展数字经济是上海市在新一轮生产方式及商业模式变革中的战略选择，数字经济赋能经济社会高质量发展的效用显著，上海数字经济的基本格局已经形成。

上海市数字经济规模不断增长。2021 年，上海的数字经济 GDP 占比已超过 50.0%，成为培育和壮大新质生产力的支柱力量。由图 1 可知，上海市电子及通信设备制造业工业总产值由 2013 年的 2230.8 亿元增长到 2022 年的 4482.0 亿元，占上海市生产总值的比重在 10.0%附近波动，是数字经济发展的核心高技术制造业，成为拉动上海市经济发展的重要引擎。数字经济总规模由数字产业化及产业数字化两部分构成，产业数字化增加值的平均增速及规模均大于数字产业化，数实融合现象显著。数字技术在行业间的渗透呈现马太效应，以行业增加值作为衡量行业发展水平的指标，2020 年金融业、建筑业、制造业（除 ICT 行业外）等少数与数字经济关联密切的行业数字化规模占产业数字化总规模的比重较高，增加数字技术对各行业的渗透效应是促进上海市未来数字经济发展的重要导向。

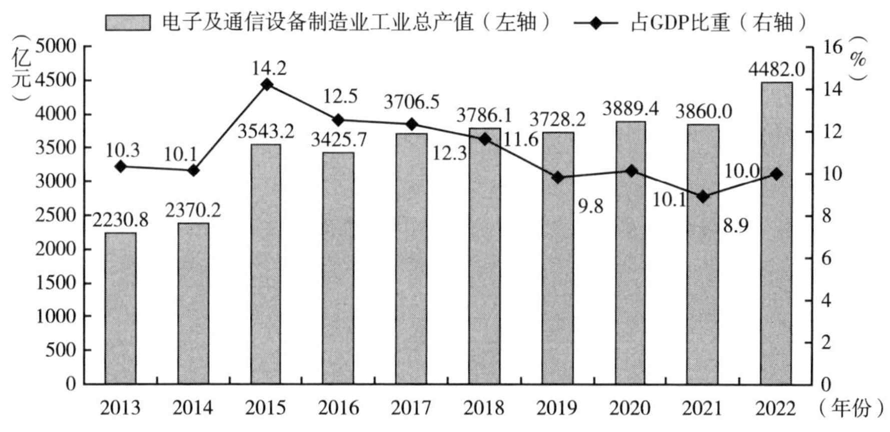

图 1　2013~2022 年上海电子及通信设备制造业工业总产值及比重

资料来源：2014~2023 年《上海统计年鉴》。

（二）上海数字经济新就业发展现状

数字经济对新就业领域的影响可以从共性和特性两个维度分析，数字经济作为一种技术导向型经济，必然遵循技术变革带来新旧职业更替的演变逻辑，同时数字经济具有高创新性、广覆盖性、强渗透性等特点，能够从就业规模、就业结构、就业质量等角度拓展新就业领域。

1. 数字经济新就业规模

上海是全国数字经济的领军城市，数字经济规模列全国首位，带动数字经济相关就业规模持续扩张。课题组基于上海市数字经济就业渗透率，对上海市数字经济带来的就业总体规模进行测算。由图 2 可知，上海市数字经济的就业吸纳作用显著，上海市数字经济就业规模从 2020 年的 499.5 万人持续增至 2023 年的 612.2 万人，年均复合增长率达到 7.0%；2020 年以来上海数字经济就业人员占总体就业人员的比重增长 9.1 个百分点，增速呈现放缓趋势，2021 年上海数字经济就业人员占总体就业人员的比重首次超过 40.0%。

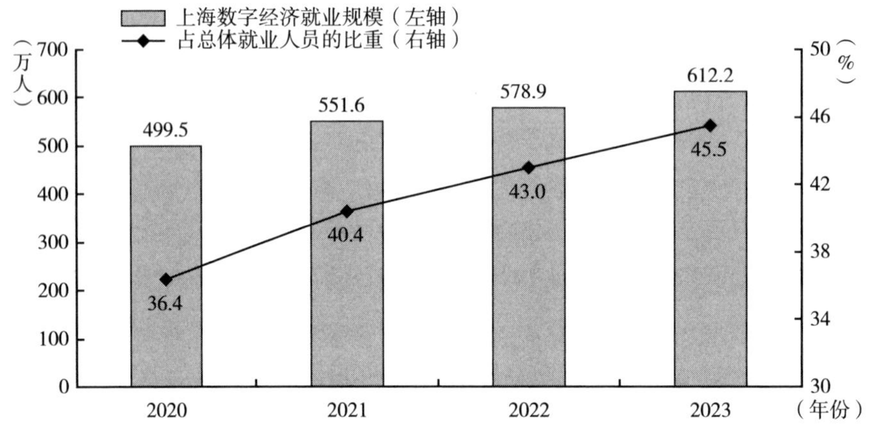

图 2　2020~2023 年上海数字经济就业规模及比重

资料来源：课题组基于 2019~2024 年《中国统计年鉴》、2019~2023 年《上海统计年鉴》及中国信通院数据测算。

上海市数字经济在不同产业的就业规模总体呈增长趋势。课题组基于上海市数字经济在三次产业的渗透率，对上海市不同产业的数字经济就业规模进行测算。由图 3 可知，上海数字经济带来的第一产业从业者数量较为稳定，2020 年以来平均就业规模约为 2.7 万人，智慧农业驱动农业作业数智化；第二产业数字经济就业规模稳步增长，由 2020 年的 101.6 万人增长至 2023 年的 129.2 万人，制造业、运输业的数字化改造使得其对数字技能人才的需求大幅增长；第三产业数字经济就业规模显著高于其他产业，2020 年以来，上海第三产业的数字经济就业规模基本达到 395 万人以上，

2023 年达到 480. 4 万人，数字经济通过数字产业化及产业数字化持续催生新就业。

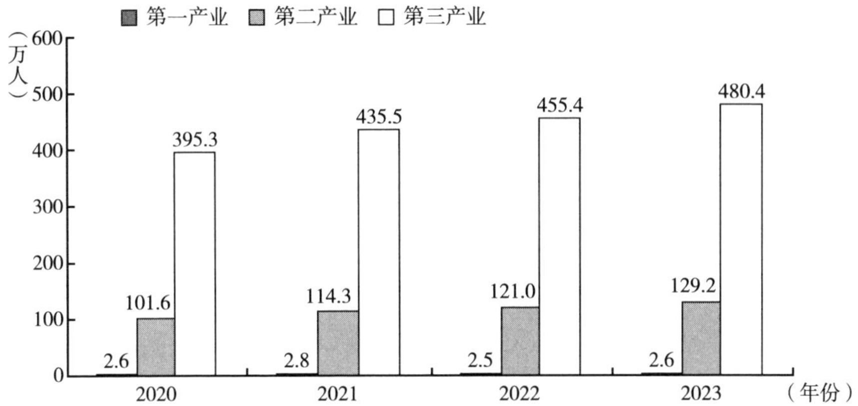

图 3　2020~2023 年上海数字经济三次产业就业规模

资料来源：课题组基于 2019~2024 年《中国统计年鉴》、2019~2023 年《上海统计年鉴》及中国信通院数据测算。

2022 年，我国颁布了新版《中华人民共和国职业分类大典》，并特别标识了 97 个数字职业（标识为 S），占职业总数的 5. 9%。近五年大批新职业不断涌现，2019 年 4 月至 2024 年 7 月，人社部陆续发布六批共计 93 个新职业，其中共标识了 44 个数字职业，表明数字经济已成为催生新职业的中坚力量。由图 4 可知，以职业中类对新数字职业进行描述，信息传输、软件和信息技术服务人员，工程技术人员，生产辅助人员是催生新数字职业的第一梯队，产生的新职业数量分别为 15 个、12 个和 5 个，占数字经济衍生出新职业总量的比重分别为 34. 1%、27. 3%、11. 4%，上述三类人员涵盖了七成以上的新数字职业，表明技术性职业和服务性职业尤其是生产性服务业是拓展数字经济新就业的重点领域。

对就业规模进行类别划分可知，上海市就业主要来源于以下三个方面，分别是传统制造及服务业实体就业、机关事业单位及各组织团体就业，以及灵活就业等新就业形态，数字经济在不同领域的就业扩容效应需要分情况讨论。

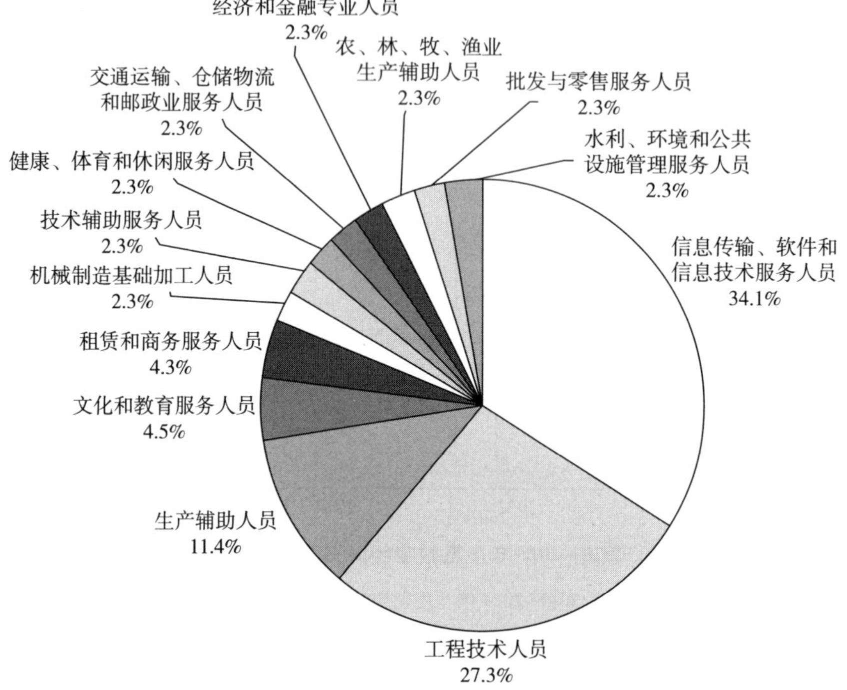

图4 我国数字经济衍生的新职业类别

资料来源：《中华人民共和国职业分类大典》（2022年版）。

（1）传统制造及服务业实体拓展就业规模

数实深度融合加速实体企业的数字化转型，上海劳动力市场对“数字人资”“智慧人资”需求迫切，在传统雇佣关系下迭代出多元化的新职业、新岗位。相关研究数据显示，“十四五”期间上海在线经济人才需求量达120万人，存在40万人的人才缺口；集成电路、生物医药和人工智能三大先导性产业人才需求量达120万人，存在60万人的人才缺口。

大数据、云计算、通用人工智能、现代通信等产业是现阶段数字经济发展所依托的主要技术推动力，量子信息、脑科学与脑机接口、人形机器人、智慧出行、商业航天、低空经济等未来产业是数字经济的发展导向。一批“专精特新”“独角兽”“瞪羚”企业正在形成数字经济的支柱力量，业务聚焦电子信息制造业、基础电信服务、互联网与相关服务领域以及软件和技术服务等行业，并产生了生成式人工智能系统应用员、智能制造系统运维员等高附加值、高技能型新职业。具体来看，自动驾驶技术的应用直接催生了智能网联汽车测试员等职业，对自动驾驶技术进行权责判定和有序管控间接增加了保险、法律等行业的用工需求，在家庭、商业和公共服务等领域广泛分布的服务机器人使得市场对服务机器人应用技术员等职业的需求显著提升，低空经济的试点和布局催生了无人机生产、研发和维护等就业岗位。

（2）机关事业单位及各组织团体稳定就业

机关事业单位及各组织团体的就业规模较为稳定，呈现进出平衡的态势，就业人员更替的过程中数字技术人才的比重逐步增加。智能化管理平台建设不断推进，为应对居民的个性化需求，政府职能部门利用数字化工具，显著提升了工作效率，其中以“一网通办”为代表的电子政务服务和以“一网统管”为代表的数字化公共服务是数智化政务服务的典型案例，助力实现政务服务和城市管理降本增效。政务新媒体是数字传播时代的产物，2024 年上半年，大批政务自媒体账号因运营成效不佳而宣布关停，核心痛点在于账号定位不明确及有效内容产出不足。上海市重视政务新媒体建设，及时推送权威信息，不断加强内容创作；运营专业化是产出内容“出圈”的前提，文案策划、短视频策划等新媒体日常运维和有亮点、有新意的创意工作成为上海市政务部门的新职业需求。

（3）新就业形态持续拓展多元化就业岗位

灵活就业等新形态就业顺应数字经济发展而生，依托其便利性、多元性及灵活性等特点脱颖而出，成为劳动力市场的重要增量来源。平台作为就业稳定器的效用逐步凸显，2021 年，以微信、抖音、快手、京东、淘宝、美团、饿了么等为代表的平台以“从无到有”的内涵式就业创造方式，为我国创造净就业约 2.4 亿人，为当年约 27.0%的中国适龄劳动人口提供了就业机会。

新就业形态可归纳为组织型新就业及自雇型新就业两大类。组织型新就业与传统组织形式类似，表现为“组织—平台—员工”的雇佣形式，呈现“四众”就业（众创、众包、众扶、众筹）及共享用工等形态。众包就业以低技能服务业为主，涵盖外卖骑手、网约车司机、快递员等职业；众创、众扶和众筹等就业形式通常依靠机构、团体和个人互助协作，促进资本流通、信息互联和人才共享，实现创业帮扶或小微企业成长；共享用工在劳动力资源短缺时发挥重要作用，用工单位并不直接拥有或独占劳动力资源，而是通过就业共享平台，将社会中、企业间的员工进行灵活调配，实现跨行用工、灵活就业。自雇型新就业则完全基于“平台—个人”形式进行价值交换，包括自雇就业、自由职业及创业就业。自雇就业往往基于多元化的自雇平台，由个人发布工作任务，个体可以在雇主及雇员的身份间灵活转换；自由职业重视个人的内驱力，存在显著的个体差异，具体包括职业自由撰稿人、独立中介服务工作者等职业；多领域的创业就业也属于自雇型新就业形态。新就业形态符合数字经济发展趋势，赋予了传统岗位新的表现形式，也创造了更加多元的新就业岗位。

2. 数字经济新就业结构

上海市数字经济就业吸纳效应主要聚焦第二、三产业。课题组基于上海市数字经济在三次产业的渗透率，对上海市不同产业的数字经济就业结构进行测算。由图 5 可知，随着“机器换人”等现象在工业制造、生活服务等行业的普及，数字技术在工作和生活中的应用趋于广化和深化，第三产业成为上海数字经济吸纳就业的主要阵地，2020 年以来第三产业数字经济就业人数占总体就业人数的比重均达到七成以上，但占比呈现递减趋势，由 2020 年的 79.1%缩减至 2023 年的 78.5%；第二产业次之，2020 年以来第二产业数字经济就业人数占总体就业人数的比重均超过 20%，历年比重呈现缓慢增长趋势，2023 年达到 21.1%；农业吸纳数字经济就业能力较弱。

数字经济主要从产业结构、技能结构和群体结构等三个维度改善了就业结构。数实融合驱使三次产业结构持续优化，劳动密集型产业升级改造，技术密集型产业规模扩张；数字经济改变了职业任务属性，从而对不同技能水平的劳动者产生差异化需求，劳动力市场的供需错配是劳动者广泛习得数字技能的动力；数字经济模糊了家庭和市场的边界，拓宽了信息获取渠道，促进了女性、老人等弱势群体就业，带来就业群体结构改变。

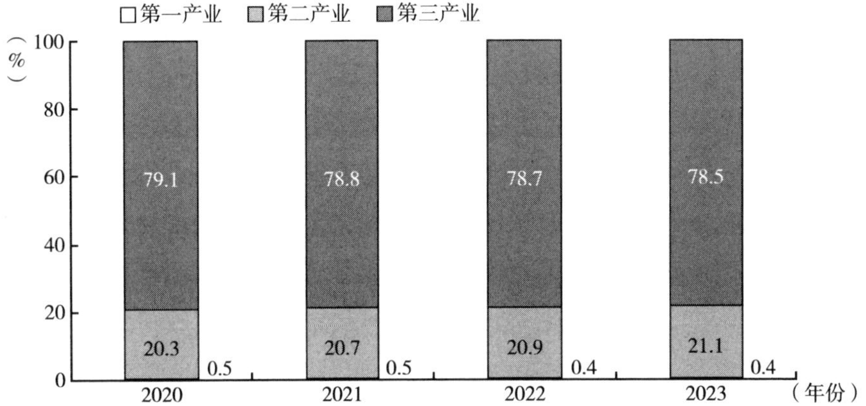

图5　2020~2023年上海数字经济三次产业的就业结构

资料来源：课题组基于2019~2024年《中国统计年鉴》、2019~2023年《上海统计年鉴》及中国信通院数据测算。

(1) 数实融合发展驱使就业产业结构优化

新需求引导新供给，新产业创造新就业。一是信息技术产业及数字创意产业等新兴产业规模扩张，二是农业、钢铁、建材、化工等传统产业的转型提质，二者共同改变了就业存量结构，并提供了新的就业增量方向。数字技术在传统产业的广泛应用推动生产过程的自动化和智能化，自动化设备、无人车间、“黑灯”工厂等生产模式使得资本可执行任务增加，释放了大量生产工人和农业生产者，为农村劳动力非农就业提供了可行性基础，同时也带来劳动力市场的供需错配。传统行业在数字化转型的浪潮中寻求机遇，在农业、制造业等传统就业领域催生了一批新型职业，如农业数字化技术员、工业互联网运维员、智能网联汽车装调运维员等新职业。第三产业中数字产业的就业吸纳能力持续增强，据《中国数字经济就业发展研究报告：新形态、新模式、新趋势（2021年）》，第三产业中的数字经济就业岗位占比已达到60.2%，远高于第二产业的7.1%和第一产业的0.1%。其中，研发性服务业和生活性服务业成为数字经济下新增就业需求的主要领域，大量生产工人流入灵活就业部门，也为农村劳动力非农就业提供了可行渠道。

（2）任务属性变迁促使就业技能结构转变

数字经济的渗透促使就业技能结构发生转变。技术变革理论表明，先进设备应用和高新技术研发提高了高技能、高学历劳动者在市场的稀缺性。短期内，智能机器人和自动化技术的普及在一定程度上对低技能、劳动密集型的岗位产生替代效应，导致低技能劳动者的就业机会减少；长期来看，劳动密集型制造业面临着数智化转型的新机遇，逐步实现人口红利向技术红利的转变，生产率的全面提高能够为全行业创造更多高质量就业的机会。总体上，“技能偏向型技术变革”导致技能人才需求倍率持续走高，形成了对中高技能劳动者的“补偿效应”；基于常规任务及程序化工作易于被 AI 替代的特质，助理医师、文职人员、机修工人等中等技能劳动者的“就业极化”现象显著。从业者可能基于经验积累、人际互动、灵活应变等能力实现“技能升级”，同时存在部分人员适应不充分不及时，转而进入低技能行业的现象，这也提醒劳动者应当积极顺应变革，勤劳创新致富，提升专业技能，避免“内卷”或“躺平”。

（3）拓宽就业渠道促进就业群体结构升级

数字经济对就业群体结构也产生了深刻影响。受到数字性别鸿沟、传统家庭分工等因素的制约，女性在就业市场面临的歧视现象严重。从数字性别鸿沟视角，女性在 STEM 等专业技术领域的教育可及性不足，劳动参与度显著低于男性。大数据打通优质教育资源的获取路径，多平台拓宽女性就业渠道，远程办公、灵活用工等新工作模式的兴起，提升了女性的劳动参与率，助推更多女性实现经济独立。从家庭分工视角，借助电商平台、社交媒体等新型生产资料，家庭劳动与市场化的产品或服务之间的边界逐渐被弱化。就业的灵活自主性不断提高，居家人员可以通过自媒体平台销售商品或提供线上服务，家庭劳务也可以由家政服务人员协助完成，从而实现家庭行为市场化。该过程显化了个体劳动的价值，优化了家庭内部与外部市场间的资源配置，推进家庭成员的角色分工不断调整，也是新质生产力对家庭和社会关系的重塑。

3. 数字经济新就业质量

(1) 数字经济激发就业市场活力及灵活性

数字经济在技术、服务及创新等领域提供更多元化的就业机会，激发了就业市场的活力。依托互联网技术带来的数字化生产工具，跨区域办公、弹性工作等新型就业模式迅速普及，打破了传统工作岗位的空间和时间限制，劳动者能够自主平衡工作和生活。数字经济推动了自组织化和实时化的分工协作，企业组织结构趋于扁平化，“个体”与“组织”的本质差异不断缩小，层级间信息互通更加有效，有利于实现更高水平的价值创造。平台经济创造了大量灵活就业岗位，零工、远程工作、在线服务类工作显著增加，在“长尾效应”的影响下，“职人账号”、网文写手、个人博主等形式的“希望劳动”层出不穷，“零工经济”“斜杠青年”等新就业形式的大量出现产生了就业规模扩容效应。互联网时代人们需求的个性化、差异化、零散化，以及市场分工的细化带来了很多独特需求，新兴职业不断涌现。数字经济还引发了创业就业的浪潮，数字产品、电子商务、网络短剧等形式的低成本小规模团队创业形式受到创业就业者的青睐。

(2) 数字经济提升弱势群体就业质量

依靠技术革命提升效益是经济发展的普遍规律，通过发展生产力来完善收入分配调节机制、促进资源获取均等化。数字金融的发展推动了低资本禀赋主体的创业行为，有利于提高劳动者的收入水平，促进不同群体增收致富；互联网技术能够显著提高地区整体劳动报酬，在经济发展水平较高的国家或地区该效用更为显著。

数字经济的发展降低了女性、老年人口和农村劳动者等弱势群体的就业门槛。数字经济为女性在就业市场提供了更多的机遇，缓解了性别歧视现象，以差异化的技能劳动增强了女性的核心竞争力和议价能力，从而提升了女性工资水平。通过变革农村产业链、发展农村新业态等，数字经济提高了农业生产效率，促进农民增收和农村劳动力的非农就业，为个体农业生产经营者提供了融入数字社会、成为“数字能人”的机会。此外，互联网的使用还能够显著提升老年人持续就业的收入，为灵活就业者创造了更多自雇机会，缩小了其与传统正式就业者之间的工资差距，有利于灵活就业者积累社会资本、提高社会经济地位，在一定程度上弥合了“数字鸿沟”。

（3）数字经济带来就业观念的明显转变

从“打工人”的视角，传统“朝九晚五”的工作模式逐渐被打破，青年劳动者在谋生的同时寻求个人价值的实现，“90后”“00后”的“斜杠青年”比例呈上升趋势，新就业形态更加注重从“千人一面”向“千人千面”转变。数字经济提高了劳动生产率，劳动者更加关注工作与生活的平衡，就业观念的转变不仅改善了劳动者的生活，也有利于劳动力市场的良性发展。同样，技术浪潮的响应滞后会削弱主体竞争力，为此，企业也在积极转变战略，接纳和拥抱数字经济，探索数字经济浪潮中持续迸发活力的新路径。以职人达人为例，连锁品牌拥有海量员工，旅游景区或文娱场所先天具备表演性质，通过平台职人认证建立大批量职人账号，依托收益激励机制及品牌职人联动、个性化IP运营等形式促使账号运营者产出优质内容，从而提高流量及关注度，实现“种草+带货”的盈利模式。

（4）数字经济优化供需匹配、提升市场效率

在传统劳动力市场，由于信息获取渠道不足、评估数据不够全面、信息时效性不足、信息利用率较低等问题，存在大量供求资源错配和市场无效率等问题。数字经济通过改进信息传播方式和优化市场机制，提高了劳动力市场的效率，显著降低信息搜寻成本。从员工角度，求职者能够多渠道实时获取岗位信息，提升了信息的可及性。线上学习平台为劳动者提供了丰富的培训资源，教育资源的拓展有利于劳动者就业能力的提升。从雇主角度，雇主能够通过招聘平台精准筛选符合岗位需求的劳动者，评估求职者的综合素质，提升招聘效率，降低运营成本。此外，数字经济带来市场整体运行效率的提升，有利于创造更多的高质量就业岗位，促进经济全面向好发展。

（三）上海数字经济新就业特征分析

本文基于《中华人民共和国职业分类大典》（2022年版）中的职业信息和招聘网站数据，根据劳动力市场的招聘情况对数字经济新就业领域进行

分析，总结上海市数字经济新就业领域的企业、学历、经验等总体特征，在此基础上分析上海市数字经济新就业的行业特征，并通过时间序列数据分析不同岗位的供给趋势，对掌握劳动力市场供需情况、优化人才配置、促进上海市就业高质量发展具有重要意义。

1. 上海数字经济新就业总体特征分析

本文根据《中华人民共和国职业分类大典》（2022 年版）建立数字经济新就业检索字典，并利用检索词获取数字经济新就业相关的招聘信息。数据采集网站为 BOSS 直聘，采集时间范围为 2024 年 9 月 18 日至 10 月 30 日。本次数据采集共得到 1214 条工作地址位于上海市的招聘信息，其中少部分招聘信息为重复抓取或实习生招聘信息，进行数据剔除处理后保留 1061 条正式员工招聘数据，具体分析结果如下。

企业的融资情况及企业规模能够反映企业的经营周期和就业吸纳能力，依托上海市的高效金融服务体系，数字经济相关企业纾困减负，持续营造开放互惠的数字生态。由图 6 可知，上海市提供新就业岗位的数字经济相关企业中不需要融资的占比最大，达到 34. 5%，这可能表明企业自有资金充足或业务模式具有特殊性；未融资企业次之，占比为 23. 2%，表明相当一部分企业可能处于起步阶段，尚未进入资本市场。超过 1/3 的企业积极参与资本市场，其中已上市企业占比为 16. 2%，处于不同轮次融资的企业共计占比 26. 1%。上海市不同规模的企业对数字经济新岗位的需求呈现极化现象，由图 7 可知，规模在 20~99 人和 100~499 人的中小型企业招聘岗位数最多，均超过 200 个，市场活跃度较高；规模在 1000~9999 人和 10000 人以上的大型企业招聘岗位数也较为可观，均达到 150 个以上，可吸纳就业的总量规模不容忽视；规模在 0~19 人的微型企业也有大量招聘岗位，以上海市“益企赋”等系列专项行动为载体，积极稳岗扩岗、创业创新。

数字经济新职业平均薪资与企业规模呈同向变动趋势，上海市不同规模企业薪资水平总体高于全国平均水平，与企业效益较好、企业集聚带来规模效应、员工薪资采取发放 15 薪及以上方式等因素关联密切。由图 8 可知，上海市员工规模在万人以上的大型企业员工平均年薪达到 44. 71 万

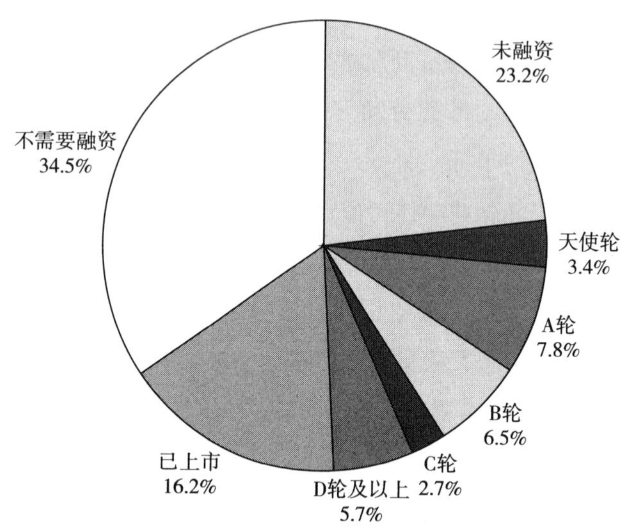

图 6　上海数字经济相关企业融资情况

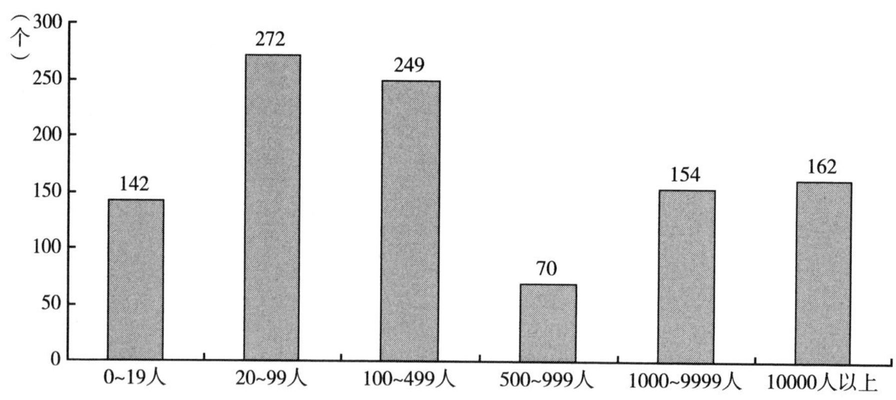

图 7　上海数字经济相关企业规模

注：数据统计时间为 2024 年 9 月 18 日至 10 月 30 日。

资料来源：BOSS 直聘招聘数据汇总，笔者整理。

元，在各类规模企业中居于首位；聚焦小微企业，此类企业往往处于起步和市场拓展阶段，资源积累与市场经验不足，尚未形成规模效应，受到成本约束等因素影响，存在薪资水平较低的情况；小微企业对人才需求强烈，也存在部分企业采用高薪激励的方式聘请高技能人才以驱动自身发展的现象。上海市积极打造数字化转型“小灯塔”企业，提供普惠性金融服务助力中小企业降本增效，并对专精特新等小微企业予以支持奖励。

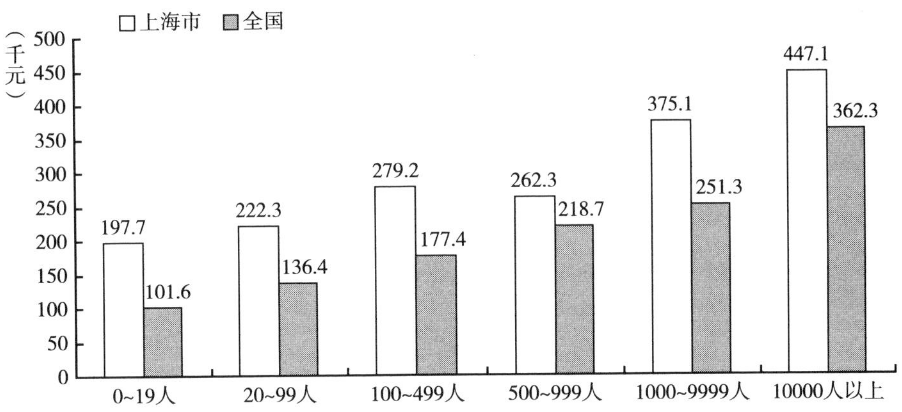

图8　上海及全国不同规模企业员工平均年薪分布情况

注：数据统计时间为2024年9月18日至10月30日。

资料来源：BOSS直聘招聘数据汇总，笔者整理。

上海市数字经济新就业岗位对学历要求较高，各类岗位对工作年限的要求较为平均。由图9可知，本科学历招聘岗位最多，占比为65.2%，本科及以上学历占73.9%，高学历和高技能人才偏好显著。由图10可知，工作经验3~5年、工作经验1~3年及工作经验5~10年的岗位需求居于前三，分别占全部招聘岗位的比重为31.1%、24.5%和21.4%，表明上海市数字经济相关岗位的招聘同时注重劳动者的知识技能水平和工作经验积累。

上海市数字经济相关新就业岗位的学历水平与薪资收入基本呈现阶梯式同步提升的趋势。由图11可知，高中及以上学历的员工平均年薪普遍达到15万元以上，其中本科、硕士及博士研究生学历的员工平均年薪分别为33.25万元、44.44万元、50.45万元。值得关注的是，学历不限的员工薪资收入高于大专及以下学历的员工，其平均年薪达到18.26万元，此类工作多属于技能需求较低、灵活性较高的劳动密集型岗位，侧面反映出数字经济发展带来的“就业极化”现象。

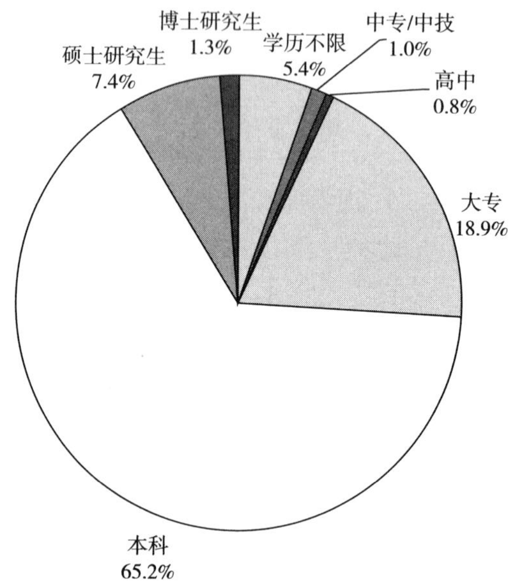

图 9　上海数字经济新就业学历要求

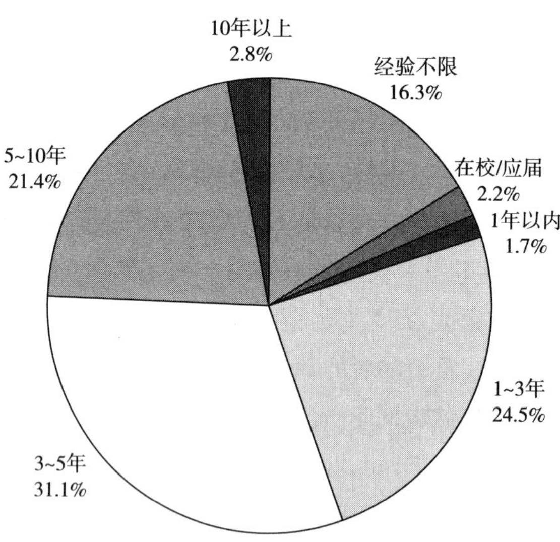

图 10　上海数字经济新就业经验要求

注：数据统计时间为 2024 年 9 月 18 日至 10 月 30 日。

资料来源：BOSS 直聘招聘数据汇总，笔者整理。

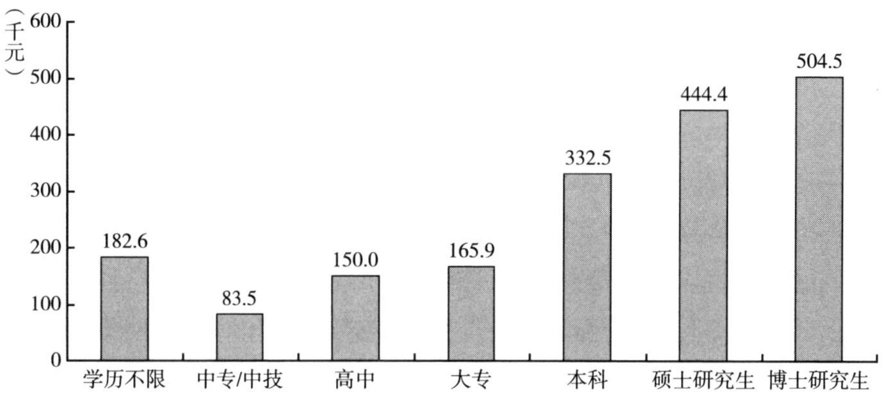

图 11　上海不同学历员工平均年薪分布情况

注：数据统计时间为 2024 年 9 月 18 日至 10 月 30 日。
资料来源：BOSS 直聘招聘数据汇总，笔者整理。

2. 上海数字经济新就业产业及行业特征分析

2023 年，上海市第三产业增加值占地区生产总值的比重为 75.2%，第三产业也是数字经济吸纳就业的主要阵地，不同产业间薪资水平差距显著。本文以招聘企业所属行业划分三次产业，由图 12 可知，数字经济新职业的分布呈现出三产大于二产大于一产的特征，其中服务业企业的劳动力需求最大，占全部招聘岗位的比重达到 88.6%。薪资水平同样呈现三产大于二产大于一产的特征，上海市第三产业新就业员工平均年薪达到 31.0 万元，比总体平均薪资大约高出 1.0 万元，而第一产业和第二产业的平均薪资显著低于总体平均薪资。

上海市数字产业化与产业数字化协同发展，数字技术研发与职业技能需求催生大量数字经济新就业岗位，长尾效应显著。图 13 展示了上海市数字经济新就业岗位招聘最多的前 20 个行业，互联网、计算机软件的岗位需求远高于其他行业，分别占总招聘岗位的比重为 19.2%和 14.4%；上海市积极推进数字商务高质量发展，在主体培育、平台建设、规则优化等维度激发数字经济新动能，电子商务相关岗位占比居第三，为 5.3%。此外，计算机服务、智能硬件、大数据和通信/网络设备等生产性服务领域，以及游戏、

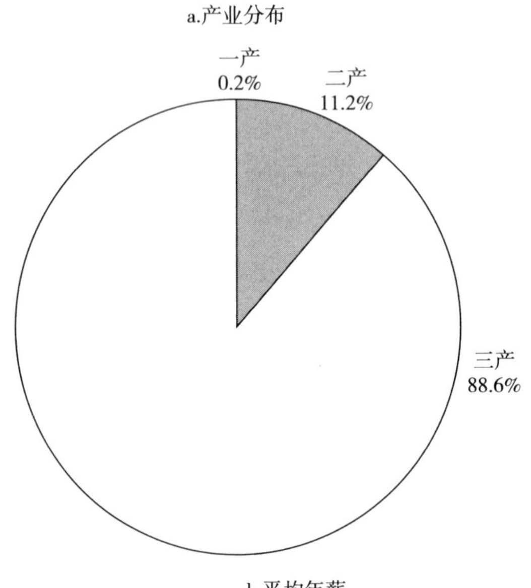

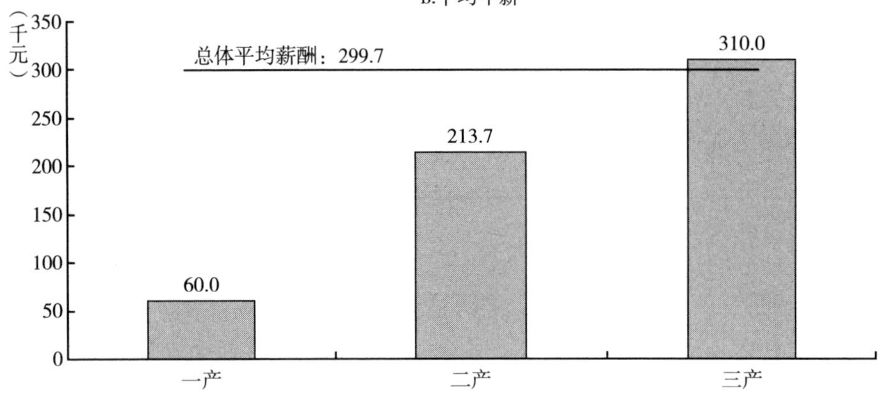

图 12　上海数字经济新就业三次产业及平均薪资分布情况

注：数据统计时间为 2024 年 9 月 18 日至 10 月 30 日。

资料来源：BOSS 直聘招聘数据汇总，笔者整理。

生活服务（O2O）和文化艺术/娱乐等生活性服务领域与数字经济持续融合，带来多样化的新就业岗位。

上海市数字经济相关的高薪岗位多分布于数字技术研发及生活性服务领域，行业薪资水平与行业内收入差距存在一定相关性。图 14 显示了数字经

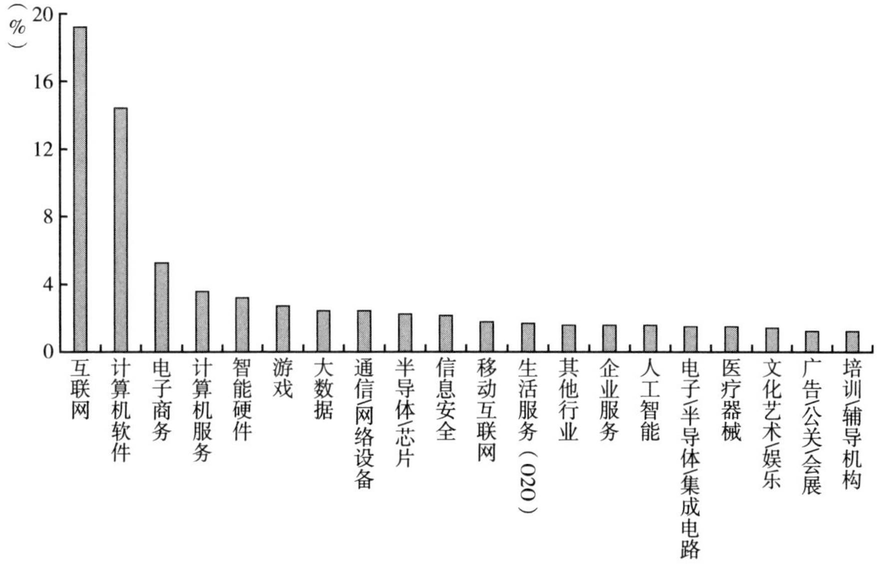

图 13　上海数字经济新就业行业分布情况

注：数据统计时间为 2024 年 9 月 18 日至 10 月 30 日。

资料来源：BOSS 直聘招聘数据汇总，笔者整理。

济下平均年薪最高的 30 个行业，其中半导体/芯片行业平均年薪超过 50 万元，居于各行业首位，平均薪资较高的行业大多属于第三产业，劳动报酬的增加将驱动劳动力在产业间的流动。薪资水平较高行业往往带来更大的行业标准差，电子/半导体/集成电路行业的平均年薪为 46.0 万元，居第三，其标准差达到各行业峰值。此外，电子商务、电力/热力/燃气/水利等行业的标准差也较高。图 14 所示行业中，九成以上的行业标准差超过 100，表明高薪行业内部薪资差距总体较大，收入分配不平等现象显著，上海市应当重点关注行业内部收入分配情况，促进数字经济总量增大的同时注重收入差距扩大可能带来的整体福利损失等问题。

3. 上海数字经济新就业岗位供给趋势分析

本部分采用时间序列数据分析数字经济新就业的岗位更替情况，共获得六批招聘信息数据，数据采集网站为 BOSS 直聘，数据采集范围为上海市，采集时间为 2024 年 9 月 18 日至 10 月 31 日，具体情况见表 1。根据《中华

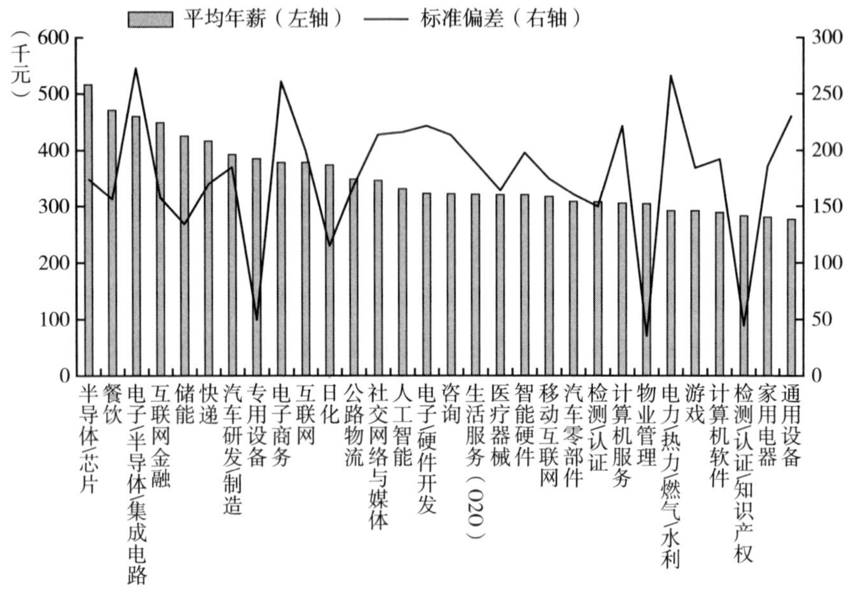

图 14　上海数字经济相关行业年薪分布情况

注：数据统计时间为 2024 年 9 月 18 日至 10 月 30 日。

资料来源：BOSS 直聘招聘数据汇总，笔者整理。

人民共和国职业分类大典》（2022 年版）建立数字经济新就业检索字典，并利用检索词搜索数字经济新就业相关的招聘数据，六批数据采集得到的有效招聘信息数量分别为 465 条、473 条、455 条、451 条、440 条和 428 条。

表 1　数据采集具体信息

单位：条

周次	采集时间	有效数据量
第一周	9 月 18~21 日	465
第二周	9 月 25~26 日	473
第三周	10 月 2~3 日	455
第四周	10 月 16~17 日	451
第五周	10 月 24~25 日	440
第六周	10 月 30~31 日	428

图 15 显示了上海市不同批次招聘岗位随时间推移而变动的情况，反映出数字经济新就业岗位不断涌现，岗位更替较为频繁的趋势。根据岗位变动总体情况可知，每周约有四成以上岗位招聘成功，平均每周招聘成功岗位数在 200 个左右波动；各批次岗位减少比重随周次呈现放缓趋势，以第一批招聘信息为例，第二周岗位变动幅度较大，达到 49.9 个百分点，第三周则仅减少了总量的 11.9 个百分点，可能是由于市场缺乏相关专业技能人才，剩余岗位供需难以匹配。六次数据采集招聘信息总量基本处于同一梯队，表明上海市数字经济新就业市场需求的总量相对稳定，同时存在一定的市场摩擦，“招工难，就业难”的现象持续存在。从微观个体角度，个人应当积极提升技能水平，提高核心竞争力和市场议价能力；从政府部门角度，上海市应当关注劳动力市场流量和存量的变动趋势，重视劳动密集型向知识密集型行业转型阶段中产生的新就业问题，为不同群体劳动者搭建“阶梯”，促进高质量充分就业。

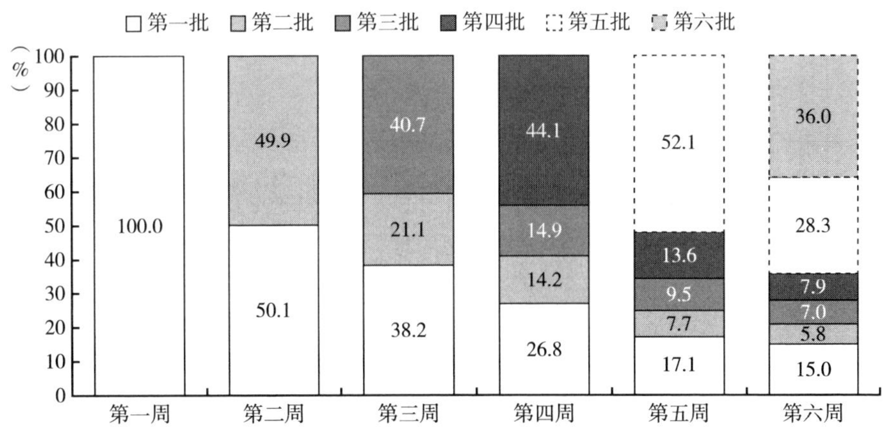

图 15　上海不同批次数字经济新就业岗位更替情况

注：数据统计时间为 2024 年 9 月 18 日至 10 月 31 日。

资料来源：BOSS 直聘招聘数据汇总，笔者整理。

通过对六批招聘信息的重叠部分进行整合分析，得到上海市数字经济新就业的重点招聘行业，此类行业招聘岗位留存时间较长，可能存在岗位供需偏差，缺乏与岗位需求匹配度较高的劳动者，是政府、市场和劳动者三部门需要重点关注的领域。图 16 显示了值得重点关注的前 20 个行业，具体来看，互联网和计算机软件行业位于重点招聘行业的第一梯队，所占岗位比重均达到15%以上；智能硬件、大数据、计算机服务等互联网软硬件建设的技术行业也存在岗位供需匹配不足的现象，合计占比达到10.9%，以电子信息为核心的数字经济基础工程仍然是吸纳和创造就业的重点部门；其余部门在全部招聘岗位中的占比均低于3%，长尾效应显著。值得关注的是，培训/辅导机构行业也存在一定有效劳动力供给短缺的现象，全领域数字化趋势使得家庭日益重视对青少年数字意识的培养，上海市教育机构对计算机、人工智能以及机器人等数字技术领域的教师需求显著增加，但具备系统化专业知识的教育从业者不足，驱动传统科目教师积极朝编程教育、融合教育等方向进行技能转变。

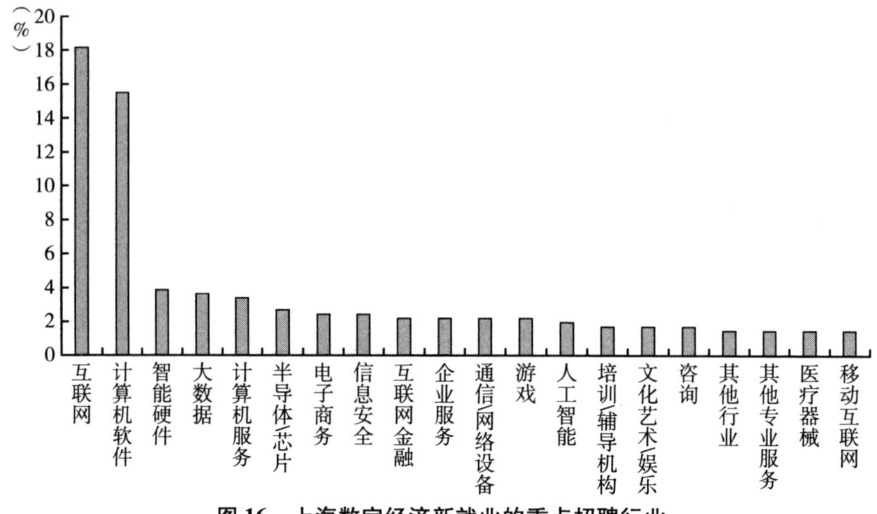

图16　上海数字经济新就业的重点招聘行业

注：数据统计时间为2024年9月18日至10月31日。

资料来源：BOSS直聘招聘数据汇总，笔者整理。

二　上海数字经济新就业领域的问题分析

（一）数字经济“内卷”引发就业焦虑

数字经济的“内卷”表现主要有三类。一是企业与技术的“内卷”，表现为要素投入扩大化。在资本层面表现为过度融资和粗放扩张，在劳动力层面则表现为数字经济从业者实际工作时间的增加和平均工时薪酬的降低。二是企业自身“内卷”，表现为绩效考核层层加码。实现高增长的任务层层加压、数字经济内部的业绩竞争和从业者所面对的不确定性增大，分别形成了企业对员工、员工对员工和员工对自身的业绩层层加码。三是企业之间“内卷”，表现为交叉竞争领域扩大化。数字经济发展成熟后，企业的赛道多元化诉求增加，企业间交叉领域的重叠、扩大引致企业竞争加剧，导致交叉领域劳动者的工作强度和业绩压力增大，如在大模型、生活基础设施等领域的平台竞争，自然语言相关员工转向人工智能垂直应用模块，通过员工身兼多职降低了重新招聘的运营成本，并通过员工较高的适应能力缩短了战略转身时间。

三类“内卷”加速均引发了就业焦虑。一是数字技术发展层面。从业者既要跟上新技术的发展步伐，又要应对新入职员工带来的冲击，即自身能力成长和外部技术输入的双重冲击引发了数字经济从业者的焦虑。二是企业自身经营层面。数字经济企业以轻资产为主，劳动力是企业经营成本的主要构成，也是经营优化的对象。“被优化”的压力引发加班、降薪和裁员焦虑。三是企业间竞争层面。降本增效竞争推升平均工作量、降低单位薪酬或引发裁员，同业绩效竞争面对业绩目标的红线和竞业对象的追赶，调岗混业则面对新岗位适应的困难、多线任务的重压以及职业定位的不确定性，上述三方面共同引发了从业者对于工作压力、降薪裁员、同业竞争和职业规划受挫的多重焦虑。

（二）数字技术迭代引发就业错配

一是经营决策变动，导致职业定价错配。数字技术强化了“短平快”的经营路径，其催生的效率主义和结果主义会驱使企业错配从业者的职业定价。一方面短期成本冲击导致了高技能人员从事低技能工作的结构性错配；另一方面从长期看，非理性引发经营风险，使企业回归对高技能的合理职业定价，形成高低技能的长短期错配。二是人工智能发展，加剧就业供需错配。首先，机器智能化替代人工形成技能劳动者的供需错配。驾驶、审核、识别和翻译等多重领域的机器智能化水平大幅提高，引发更大的技术替代风险，对应领域面临劳动力短期供给过剩的问题。其次，就业市场的供需匹配受到智能算法的单向牵引，缺乏对市场均衡的有效判断，在单一目标的驱动下，加剧市场波动和供需偏离。最后，就业市场的人机伦理冲突激增。企业对机器智能赋权比例大幅提高，对应人类劳动的权限被动缩减，人机伦理的权限替代演变为劳动机会的替代，例如上海的人力资源、银行等行业算法的信息审核权限提高，挤压对等岗位。三是技术迭代加快，冲击就业预期和职业规划。一方面，数字经济存在“职业催熟”现象，劳动者会高估职业收益、低估职业成本，形成就业预期和就业行为的错配。另一方面，数字技术进步加速，缩短了部分职业的生命周期，加速了对新职业超额收益的变现，冲击长期职业规划。职业生命周期的缩短直接导致了职业规划的短期功利性，并降低了员工的岗位黏性，变相增加了企业的用工风险和招工成本。

（三）商业模式包装引发职业认知混乱

数字经济商业模式的演变不断刷新着就业市场对于“劳动”和“职业”等原生概念的认知和理解，也造成了劳动者对于职业的理解偏差、认知模糊甚至概念混乱。一是对劳动价值的认知模糊。部分数字劳动被虚拟化，依赖虚拟生产网络中支付方单方面的价值判断，劳动者无法准确识别支付方的具体价值标准，造成价值认知模糊，如附属于游戏业的代刷职业、二次元领域的定制化服务等。价值标准的模糊使收入的不确定性增加，劳动者会更加关注全生命周期的收入保障，因而将基本收入水平、计薪机制的刚性和薪酬考核的难易度等稳定性因素视作更为重要的职业价值评判标准。二是对劳动关系的认知模糊。由于对劳动的支付不再依赖合同关系，部分数字经济从业者会主动将劳动关系的重要性置后。此外，数字经济新兴业态的雇佣方出于轻资产运作、风险控制等考虑，没有主动确认劳动关系的积极性。三是对职业范畴的认知混乱。在数字经济新就业领域，部分生产活动无法对标传统商业循环，同时劳动价值和劳资关系又比较模糊，容易形成对周期性数字活动与数字职业的混淆，导致“劳动者”对职业范畴的认知混乱。

三　对策与建议

（一）挖掘上海“新增量”，引导劳动力供给端向增量发展领域倾斜

聚焦增量发展领域，梳理增量需求方向，创新劳动力供给机制，引导就业市场供给数字经济发展增量，整合存量淤积，补齐增量缺口，促进人力资源有效供给。一方面要把握增量方向。关注数字经济的技术突破、应用落地和商业验证，重点聚焦人工智能、机器人等前沿技术的产品验证和商业拓展，及时跟进中国企业“出海”、全球贸易格局演变等宏观增量变化，打破结构性存量思维固化，整体把握经济增量发展方向。另一方面要加强政策适配。加强就业政策与增量发展的适配性，强化与企业、就业服务主体的沟通协调，促进政策与市场发展相适应。

（二）提升上海“新效能”，推动税收政策为数字企业减负增效

针对数字经济领域的具体产业项目，在项目综合绩效的一般性评价体系中引入就业增量和存量保持指标，如项目吸纳新就业人数、企业员工保有量等，在已有相关指标的评价体系中，适当增加指标权重，以规则约束和绩效激励增强产业吸纳新就业的主动性。首先要根据新就业形态更新相关就业的认定体系，突破传统框架，以薪酬支付作为新就业的第一认定标准。其次要升级新就业的认定手段，通过人社、财税、银行多维度信息，完善新评价体系的尽调报告模板。再次要拓展新评价体系的适用范围，既要包括新引进的项目，也要覆盖现有项目，更要纳入对领导干部的任期绩效评价。最后要平衡就业的存量保持和增量引入，在确保原有就业规模不缩减的基础上，实现就业净增量。

（三）巩固上海“新定力”，培育劳动力市场的耐心就业和长期就业

通过宣传引导，在全社会倡导健康可持续的人力资源管理理念和职业价

值观。在劳动力需求侧，加强对人力资源可持续、员工关怀等绿色发展维度的价值评判，构建完善的从业者对雇主的用工评价体系和标准范式，通过权威媒体设立社会奖项（如《经理人》杂志的最佳雇主奖）、评选标杆模范，在全社会推广宣传就业的绿色发展理念。在劳动力供给侧，普及健康理念，揭示短期主义带来的危害，鼓励耐心成长、长期发展的正确价值观，引导劳动力选择长期理性的职业生涯规划，不仅要通过基本发展范式的深层次转换赋予职业价值新的内涵，还要优化微观分配机制，确保对就业长期主义的物质激励，实现物质价值与职业价值的协调统一。

（四）树立上海“新风向”，引导产业回归要素理性配置的经营逻辑

在劳动力视角下，要正确把握生产精细化和人力资源冗余的实质性差异，科学识别边际产出递减曲线，减少生产组织的无效运行现象和人力资源空转浪费，通过数字化转型和新型组织变革，改变粗放发展模式，在激发劳动力生产积极性和提高生产效率的同时，减少人力资源的无效损耗，缓解职场“内卷”，提升劳动者健康水平。在资本视角下，要区分经营短期主义的轻资产和业态属性要求的轻资产，避免“一刀切”。针对资本偏好较强的具体业态，通过强化技术研发、促进资本增加来提升综合产出水平，同时通过事前投入和事后激励促进技术型人才队伍扩张，提高人才、劳动力对资本的平均利用效率。在产业整体视角下，要鼓励探索产业融合，避免过度虚拟化和实体产业“脱实向虚”，创新资本与劳动力的要素配置方法，充分发挥市场机制的决定作用和政策机制的辅助引导作用。

参考文献

方巍巍：《数字经济背景下劳动力就业结构演化及新就业形态发展对策研究》，《商业经济》2023 年第 1 期。

鄂慧芳：《中国数字经济增加值规模测算与行业结构分析》，《统计与决策》2024 年第 17 期。

许宪春、张美慧：《中国数字经济规模测算研究——基于国际比较的视角》，《中国工业经济》2020 年第 5 期。

刘翠花、戚聿东：《数字经济促进就业扩容提质的理论逻辑、作用机理与推进路径》，《理论学刊》2023 年第 4 期。

王岭：《数字经济时代中国政府监管转型研究》，《管理世界》2024 年第 3 期。

杜雪花：《新就业形态培育现状分析》，《产业与科技论坛》2022 年第 13 期。

宋冬林、王林辉、董直庆：《技能偏向型技术进步存在吗？——来自中国的经验证据》，《经济研究》2010 年第 5 期。

宋月萍：《数字经济赋予女性就业的机遇与挑战》，《人民论坛》2021 年第 30 期。

沈梓鑫、江飞涛：《劳动密集型制造业与高质量就业：数字时代的逻辑解析》，《学术月刊》2023 年第 2 期。

孙早、侯玉琳：《工业智能化如何重塑劳动力就业结构》，《中国工业经济》2019 年第 5 期。

戚聿东、丁述磊、刘翠花：《数字经济时代新职业发展与新型劳动关系的构建》，《改革》2021 年第 9 期。

何秋洁、何香玲、陈国庆：《数字普惠金融、社会保障与居民增收致富》，《区域金融研究》2024 年第 6 期。

彭可余、宋月萍：《互联网使用与老年人就业收入：数字资本的视角》，《人口学刊》2024 年第 4 期。

葛林羽、安同良：《数字经济促进农村农民共同富裕研究》，《经济问题》2024 年第 9 期。

谢玉华、李蕙茹、蒋镇武：《数字技术使用更有助于灵活就业人员收入增长吗？——基于二级数字鸿沟视角》，《软科学》网络首发，2024 年 7 月 17 日。

郭露、王峰：《“增量”是否“提质”：数字经济对灵活就业质量的影响》，《财经科学》2024 年第 3 期。

张勋、万广华、张佳佳等：《数字经济、普惠金融与包容性增长》，《经济研究》2019 年第 8 期。

B.5
打造特色旅游品牌，推动上海旅游业新质生产力发展

谢　超*

摘　要：　推动旅游业新质生产力发展能有效推动文商旅体多元业态的融合发展，以及经济社会高质量发展，是推动上海整体新质生产力发展的有机组成部分。推动旅游业新质生产力发展的核心问题是打造并维护有影响力的特色旅游品牌。目前，上海旅游业发展总体向好，各区依托A级旅游景区的旅游品牌建设也取得了积极进展。本报告以徐汇滨江为样本，做了详细的案例研究。充分总结徐汇滨江旅游业发展现状及其有待提升的方面，本报告认为，推动徐汇滨江旅游业的新质生产力发展可以从以下四个方面入手：一是通过深度挖掘、整合滨江的各类旅游资源，积极创新滨江旅游品牌的传播方式，进一步提升徐汇滨江旅游品牌的影响力；二是从优化交通条件、相关配套设施与服务等入手，进一步做好徐汇滨江旅游品牌的维护工作；三是推动徐汇滨江区块与周边区块旅游业的“联动”发展，并进一步打造辐射范围更大的跨区块旅游品牌；四是进一步完善旅游市场管理体制机制，为徐汇滨江旅游业新质生产力发展保驾护航。

关键词：　旅游业　新质生产力　特色旅游品牌　徐汇滨江

改革开放以来，上海的城市建设日新月异，与经济发展齐头并进。在此基础上，开发上海本地的旅游资源，促进旅游业发展和能级提升，就逐渐成

* 谢超，博士，上海社会科学院经济研究所助理研究员，主要研究领域为马克思主义政治经济学。

为上海市的一项重要的经济社会发展工作。实际上，上海旅游业的发展既能向全世界进一步展示上海的城市文化和城市精神，推广上海城市品牌，助力提升上海软实力，又能强劲带动上海的文体、零售、住宿、交通等相关产业发展，促进融合了各类产业的多元业态形成和发展，最终有效推动上海经济社会高质量发展。更重要的是，自习近平总书记提出“新质生产力”的重要命题以来，新质生产力就一跃成为理论界和政策界积极探讨的热点问题。其中的一些研究表明，文旅产业的发展同样与新质生产力相关。推动上海旅游业新质生产力发展，也是推动上海整体新质生产力发展的有机组成部分。

一　旅游业新质生产力的内涵与特征

关于“新质生产力”的权威解读表明，与传统生产力相比，新质生产力具有以下三个方面的重要特征。一是以创新为第一动力的高科技的生产力；二是以战略性新兴产业和未来产业为主要载体的高效能的生产力；三是以新供给与新需求高水平动态平衡为落脚点的高质量的生产力。[①] 可以看出，新质生产力的主要形成和发展的场域是具有高技术含量的战略性新兴产业和未来产业部门，与文旅产业似乎没有直接的关联。那么，该如何理解文旅产业的新质生产力发展问题呢？

在参加江苏代表团审议时，习近平总书记提出了“因地制宜发展新质生产力”的重要命题。具体来说，发展新质生产力不是忽视、放弃传统产业，要防止一哄而上、泡沫化，也不要搞一种模式。各地要坚持从实际出发，先立后破、因地制宜、分类指导，根据本地的资源禀赋、产业基础、科研条件等，有选择地推动新产业、新模式、新动能发展，用新技术改造提升传统产业，积极推进产业高端化、智能化、绿色化。[②] 这就表明，虽然新质

① 习近平经济思想研究中心：《新质生产力的内涵特征和发展重点》，《人民日报》2024 年 3 月 1 日。

② 《习近平在参加江苏代表团审议时强调：因地制宜发展新质生产力》，https://www.gov.cn/yaowen/liebiao/202403/content_6936752.htm，2024 年 3 月 5 日。

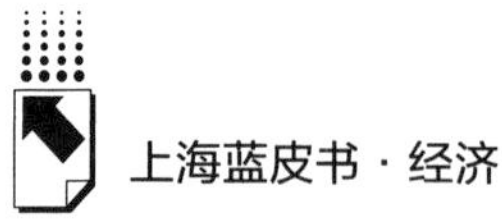

生产力的主要形成和发展场域是具有高技术含量的战略性新兴产业和未来产业部门，但其内涵不限于此，也涉及包括文旅产业在内的“相对传统”的产业部门。这样，文旅产业也面临着因地制宜发展新质生产力的问题。

文旅产业包括文化和旅游产业两个方面，本报告重点关注后者的新质生产力发展问题。对此，已有相关研究多从技术层面出发，强调以数智技术为代表的新技术对于传统旅游业能级提升的促进作用。尽管数智技术应用对于赋能旅游业新质生产力发展意义重大，但要从更深层次理解旅游业新质生产力发展，需要上升到更宏观的“旅游品牌”层面。

对于旅游业而言，发展新质生产力的核心问题是，在充分挖掘、整合各类旅游资源的基础上，以及在保障这些资源可再生、可持续的前提下，打造并维护有影响力的特色旅游品牌。一方面，打造特色的、有影响力的旅游品牌，以吸引更多游客的关注，从而将品牌价值转化为更高的经济价值；另一方面，维护该旅游品牌及其影响力，保证旅游品牌价值向经济价值转化的长期性和持久性。而属于技术层面的“以数智技术提升旅游业发展能级”是打造和维护有影响力的特色旅游品牌，并以此推动旅游业新质生产力发展的一项重要实现手段。

二　上海旅游业发展及品牌建设状况

（一）上海旅游业的总体发展状况

改革开放以来，尤其是20世纪90年代初上海浦东开发以来，上海的城市建设突飞猛进，“全球城市”的轮廓逐步显现。2010年，上海成功举办了举世瞩目的第41届世界博览会。世博会的成功举办不仅带来了丰厚的经济效益，而且展示了上海独特的城市名片和城市精神风貌，更为上海旅游业的发展按下了快车键。2021年1月颁布的《上海市国民经济和社会发展第十四个五年规划和二〇三五年远景目标纲要》（以下简称《纲要》）进一步提出了“深化世界著名旅游城市建设”的目标。[①] 在这样的背景下，上海的旅游业近年来取得了显著的发展成就。图 1 至图 5 分别展现了 2010~2022 年上海市旅行社营业总收入、国内来沪游客人数、国内游客人均消费支出、国际来沪游客人数和上海市国际旅游（外汇）收入。这五项指标很好地展现了世博会后上海旅游业的总体发展情况。

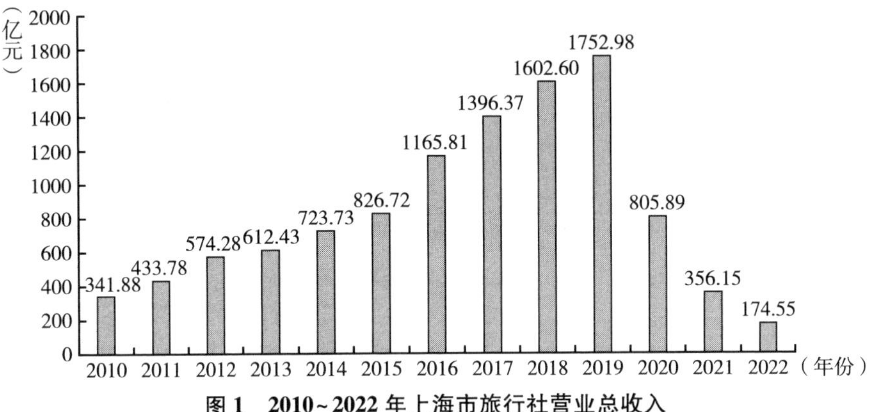

图 1　2010~2022 年上海市旅行社营业总收入

资料来源：相应年份的《上海统计年鉴》。

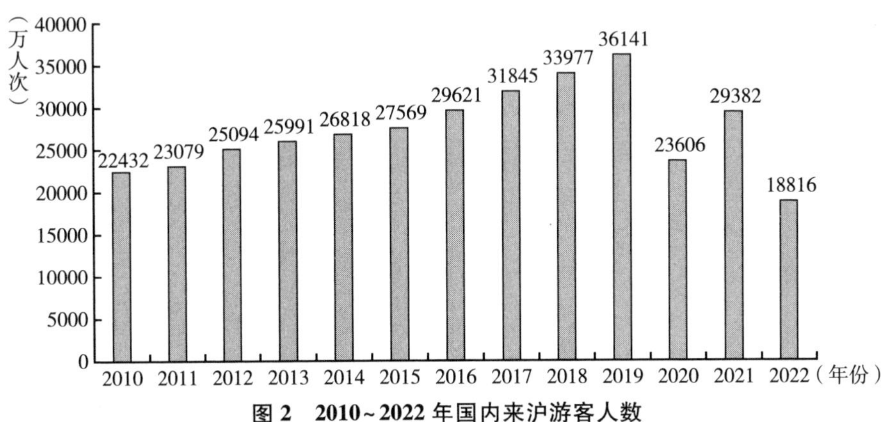

图 2　2010~2022 年国内来沪游客人数

资料来源：相应年份的《上海统计年鉴》。

---

① 《上海市国民经济和社会发展第十四个五年规划和二〇三五年远景目标纲要》，《解放日报》2021 年 1 月 30 日。

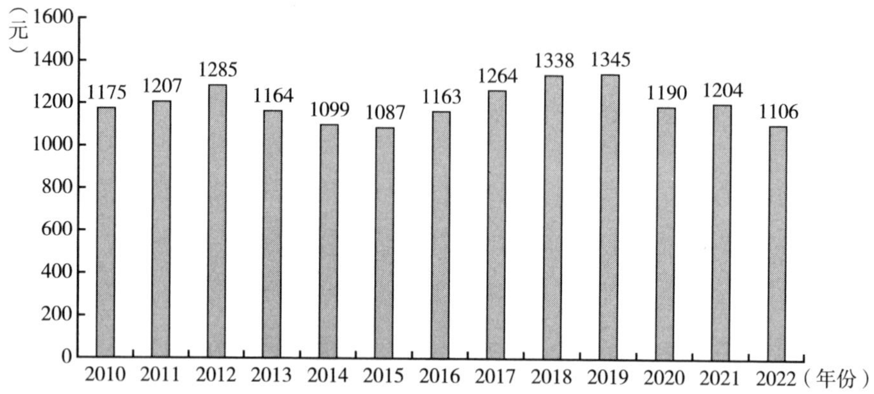

图 3　2010~2022 年国内游客人均消费支出

资料来源：相应年份的《上海统计年鉴》。

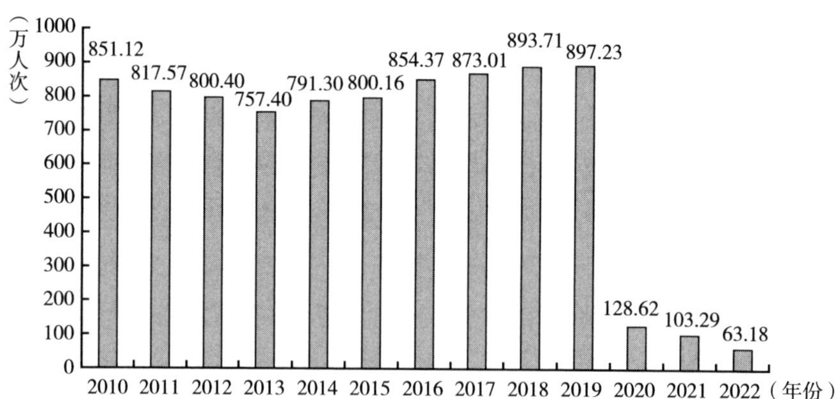

图 4　2010~2022 年国际来沪游客人数

资料来源：相应年份的《上海统计年鉴》。

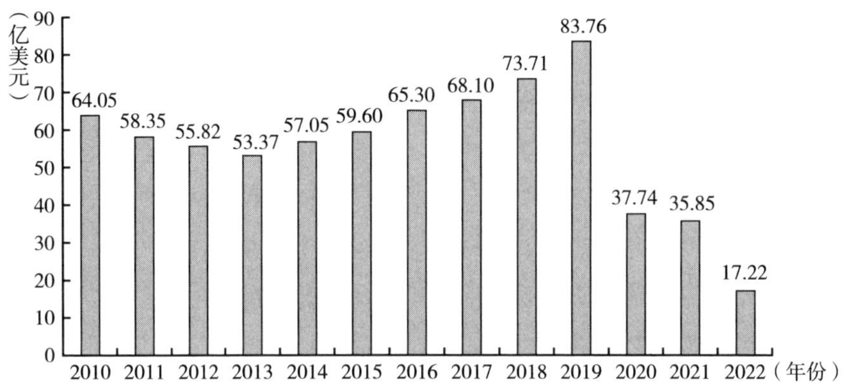

图 5　2010~2022 年上海市国际旅游（外汇）收入

资料来源：相应年份的《上海统计年鉴》。

通过以上数据可以看出，2010~2019 年，上海的旅游业在国内和国际两个层面均交出了精彩的答卷。在国内旅游层面，尽管国内游客人均消费支出相对稳定，但逐年攀升的旅游人数不断推高上海市国内旅游收入。在国际旅游层面，尽管国际游客人数在波动中呈现微涨的态势，但国际旅游收入自2013 年以来的快速上涨态势从侧面反映出，越来越多的海外高收入游客群体选择上海作为其旅游目的地。上述两个层面的状况在快速上涨的旅行社营业总收入这一指标上也得到了较好的体现。作为承接国内外游客来沪旅游的重要中介，旅行社营业总收入的快速增长反映了上海旅游业市场在这一时期蓬勃发展的积极态势。

2023 年，随着疫情的影响不断减弱，上海旅游业的发展也逐步回归正轨，并迎来了强势反弹。《2023 年上海市国民经济和社会发展统计公报》显示，2023 年，上海旅游业增加值达 1771. 24 亿元，同比增长 98. 5%。国内来沪游客人数 3. 26 亿人次，同比增长 73. 4%；国际来沪游客人数 364. 46 万人次，同比增长 4. 76 倍。国际旅游（外汇）收入达 61. 87 亿美元，同比增长 2. 59 倍。有理由相信，从 2024 年开始，上海旅游业的发展必然会逐步恢复至疫情前的最高水平，并取得更好的成绩。

（二）上海各区旅游景区分布及品牌建设进展

旅游景区，尤其是A级旅游景区，是旅游品牌建设乃至旅游业发展的重要依托。通过梳理上海市各辖区的A级旅游景区分布状况，以及在此基础上的旅游品牌建设情况，可以大致管窥上海市整体旅游品牌建设进展。

截至2025年1月，上海共有A级旅游景点数146家，较2010年增长了1.39倍。其中，3A级旅游景区68家，4A级旅游景区71家，5A级旅游景区7家，三者在各区的分布状况如表1所示。

表1　上海市A级旅游景区分布状况

所属区	3A级旅游景区	4A级旅游景区	5A级旅游景区
浦东新区	南汇桃花村;书院人家;上海中医药博物馆;上海地质科普馆;新场古镇;游龙石文化科普馆;周浦花海景区;佛罗伦萨小镇景区;震旦博物馆;长泰广场;川沙古镇;海沈村旅游景区	金茂大厦88层观光厅;世纪公园;上海海洋水族馆;鲜花港;中国航海博物馆;上海薰衣草公园;上海之巅观光厅;比斯特上海购物村景区;上海海昌海洋公园	东方明珠广播电视塔;上海野生动物园;上海科技馆
黄浦区	田子坊景区;复兴公园INS乐园	上海博物馆;豫园;上海城市规划展示馆;杜莎夫人蜡像馆	中共一大纪念馆
静安区	大宁公园;四行仓库抗战纪念馆		中共二大纪念馆
徐汇区	黄道婆纪念公园	上海植物园;宋庆龄故居纪念馆;徐家汇源景区;龙华烈士陵园	
长宁区		上海动物园	
普陀区	M50创意园;工业初心文化景区	长风公园·长风海洋世界景区	
虹口区	鲁迅公园;和平公园;音乐谷景区;北外滩国航中心景区	北外滩国客中心景区;犹太难民纪念馆	中共四大纪念馆
杨浦区	黄兴公园	共青森林公园;上海国际时尚中心;笔墨宫坊景区	
宝山区	东方假日田园;半岛1919文创园;木文化博物馆	顾村公园景区;上海炮台湾景区;国际民间艺术博览馆景区;闻道园;上海玻璃博物馆	
闵行区	老外街景区;闵行体育公园;韩湘水博园;麦可将文创园	锦江乐园;召稼楼景区;浦江郊野公园景区;闵行文化公园;七宝古镇	

续表

所属区	3A 级旅游景区	4A 级旅游景区	5A 级旅游景区
嘉定区	华亭人家·毛桥村;宏泰园;安亭老街;菊园百果园	古猗园;嘉定州桥;南翔景区;汽车博览公园;上海国际赛车场旅游景区	
金山区	中国农民画村;南社纪念馆;吕巷水果公园;亭林遗址公园;漕泾水窠景区	枫泾古镇;金山城市沙滩景区;东林寺景区;金山嘴渔村;廊下郊野公园景区;上海花开海上生态园	
松江区	世茂精灵之城主题乐园——深坑秘境;浦江之首旅游景区;云间粮仓文创园;广富林奇石馆;泗泾古镇	佘山国家森林公园;方塔园;月湖雕塑公园;上海欢乐谷;辰山植物园;上海影视乐园;广富林文化遗址;醉白池公园;蓝精灵乐园;上海云堡未来市艺术文创景区	
青浦区	福泉山遗址景区;崧泽遗址博物馆	上海大观园;朱家角古镇;东方绿舟;陈云故里·练塘古镇景区;联怡枇杷乐园;张马景区;金泽古镇景区	
奉贤区	花米庄行景区	碧海金沙景区;都市菜园景区;海湾国家森林公园	
崇明区	瀛东生态村;瑞华果园景区;紫海鹭缘景区;仙桥生态村景区;上海稻 1968 景区;喜时尚工业旅游景区;光明田原景区;荷花博览园;绿港风情景区;上药中医药文化园;西岸氧吧景区;永丰艺术田园景区;玉海棠景区;虹桥花香风景区;东禾九谷开心农场旅游区;寿安寺·金鳌山景区;崇明学宫景区;香朵开心农场景区;自然回响;源怡花园	东平国家森林公园;海上花岛前卫村景区;江南三民文化村景区;东滩湿地公园;高家庄生态园;长兴岛郊野公园	西沙明珠湖景区

注：需要说明的是，3A、4A 和 5A 级旅游景区的数据均截至 2025 年 1 月 3 日。

资料来源：上海市文化和旅游局网站，https：//whlyj. sh. gov. cn/ajjq/index. html。

上海主要有四类“招牌”旅游品牌，即红色旅游品牌、都市旅游品牌、文化和艺术旅游品牌，以及生态旅游品牌。上述A级旅游景区多主打其中某一种品牌，也有少数景区兼具多种品牌的特色。在此基础上，可以看出上海A级旅游景区分布的一些特点。

第一，从数量上看，大部分A级旅游景区分布在上海市郊，市内各辖区的A级旅游景区数量较少。在市郊的各辖区中，又以浦东新区、崇明区和松江区的A级旅游景区数量最多。[①] 相比之下，市内各辖区在A级旅游景区的建设方面还有较大的空间。尽管市内各辖区旅游业发展在一定程度上不依托于特定的景区（如都市景观、艺术场馆等），但通过A级旅游景区建设，塑造特色旅游品牌，可以更好地助力本辖区的旅游业发展。

第二，一些辖区的A级旅游景区有鲜明的品牌特色。其中，最典型的例子就是大部分A级旅游景区均属于生态旅游品牌的崇明区。崇明区依托其得天独厚的自然环境，在“世界级生态岛”建设目标的引领下，通过“生态+旅游”的产业发展模式，实现了生态价值和经济价值的双赢。而“生态+旅游”的产业发展模式的一个重要环节就是通过建立以A级旅游景区为主的各类生态旅游景区，打造崇明特色的生态旅游品牌。相比之下，市内各辖区的A级旅游景区则以另外三类旅游品牌为主。其中，黄浦区、静安区、徐汇区、虹口区等在红色旅游品牌和都市旅游品牌的建设方面有明显优势。

第三，上述两点也在一定程度上影响了不同辖区在旅游业发展思路上的差异。对于已经设立较多A级旅游景区的辖区，其旅游业发展更侧重于提升已有景区的品牌知名度和影响力。具体来说，通过不断提升景区相关配套设施和旅游服务的能级水平，并通过不同景区之间的联动，进一步有效整合全辖区旅游资源，并优化其布局，是这些辖区未来旅游业发展的一项重点工作。而对于A级旅游景区相对较少的市内各辖区来说，其旅游业进一步发展可以从增加A级旅游景区的数量或提升已有景区的等级以打造相应的旅

① 从地理位置分布来看，浦东新区超过半数的A级旅游景区均分布在外环之外的市郊。

游品牌等入手。实际上，市内很多辖区的 A 级旅游景区较少，并非意味着其旅游资源的匮乏，而是未能充分地予以发掘。例如，在 A 级旅游景区列表中，长宁区仅有上海动物园一项上榜。但实际上，长宁区还拥有宋庆龄陵园、中山公园、革命文物陈列馆、上海儿童博物馆等有较大品牌开发潜力的旅游资源。

三　案例研究：徐汇滨江的旅游业新质生产力发展

本报告采用案例研究方法，以精准锁定旅游业新质生产力发展的卡点和堵点，从而为上海的旅游业新质生产力发展提供启示。具体以徐汇滨江的旅游业为例，在充分总结其发展现状及有待提升的方面的基础上，提出进一步推动徐汇滨江旅游业发展的对策建议。

本报告选择徐汇滨江进行案例分析，主要有以下理由。一方面，徐汇滨江是上海“一江一河”整体发展规划中的重要区块。2021 年 1 月颁布的《纲要》中正式确立了建设“一江一河”世界级滨水区的目标。其中，黄浦江沿岸被定位为国际大都市发展能级的集中展示区。[①] 2021 年 7 月，上海市政府颁布了《上海市“一江一河”发展“十四五”规划》，进一步详细阐述了“一江一河”各区块的发展规划。相比于受关注较多的苏州河沿岸、黄浦滨江、浦东滨江等区域，作为“后起之秀”的徐汇滨江的知名度仍有较大提升空间，同时其未来旅游业的发展潜力巨大。另一方面，根据徐汇区“十四五”规划的定位，徐汇滨江，尤其是西岸艺术区，是未来徐汇拟推进的“全域旅游”的核心区域之一。[②] 所以，旅游业将会成为徐汇滨江未来重点发展的产业。徐汇滨江存在多种类型的旅游资源，并对应着多种类型的旅游品牌。本报告关于徐汇滨江的案例研究也能为上海其他相似区块的旅游业

---

① 《上海市国民经济和社会发展第十四个五年规划和二〇三五年远景目标纲要》，《解放日报》2021 年 1 月 30 日。

② 《徐汇区产业高质量发展“十四五”规划》，https：//www. shanghai. gov. cn/cmsres/14/14070717dc2e44058df39afa9f7c00a3/fe2c56a120f103f221c31f1d969fa5ec. pdf。

发展提供启示。概言之，从旅游业新质生产力发展的角度看，徐汇滨江是一个有很强代表性的、极具研究价值的样本。

（一）徐汇滨江旅游业发展和旅游品牌建设现状

徐汇滨江旅游业近年来呈现出快速发展的良好势头。2019 年的“五一”假期期间，徐汇滨江日均接待游客量为 2.3 万人次。① 2022 年的端午假期期间，徐汇滨江日均接待游客量上升至 2.7 万人次。② 2024 年春节假期期间，徐汇滨江日均接待游客量逼近 8 万人次。③ 2024 年的“五一”小长假期间，在五五购物节、上海国际花展、上海咖啡文化节的加持下，徐汇滨江日均接待游客量突破了 10 万人次大关。④

徐汇滨江拥有民族工业遗产和工业文化、水岸江景、艺术西岸等特色旅游资源。从旅游品牌建设的角度看，基于上述旅游资源，徐汇滨江的各类旅游品牌建设也日趋成熟。

第一，徐汇滨江曾经是上海的“铁、煤、油、砂”大工业厂区，见证了上海近现代民族工业发展的辉煌历程。2010 年后，随着徐汇滨江逐步从“工业锈带”向“生活秀带”转型，大量工业遗产被保留下来并改造成艺术场馆，如铁路南浦站十八线仓库（现改造为星美术馆）、北票煤码头（现改造为龙美术馆）、龙华机场航油罐（现改造为油罐艺术中心）等。工业遗产转型的背后是上海工业文化的赓续。在遗留的工业遗产实体的基础上，弘扬并传播上海的工业文化和工业精神，是徐汇滨江的历史与文化旅游品牌建设的重要内容。

---

① 《黄浦江滨江五区吸引 565 万市民游客》，搜狐网，https://www.sohu.com/a/311796199_120083999，2019 年 5 月 5 日。

② 《端午上海徐汇滨江客流超 8 万人次，警方开展巡逻疏导》，“人民资讯”百家号，https://baijiahao.baidu.com/s?id=1734673716227156860&wfr=spider&for=pc，2022 年 6 月 4 日。

③ 《2024 年徐汇文旅春节假日数据火热出炉》，“新闻晨报”百家号，https://baijiahao.baidu.com/s?id=1791428526927823110&wfr=spider&for=pc，2024 年 2 月 20 日。

④ 《日均 10 万人次 热闹“啡”凡的徐汇滨江凭啥出圈?》，上海市文化和旅游局网站，https://whlyj.sh.gov.cn/gqfc/20240507/3eeb13f8a7cc45afbb219c5dbea8ee04.html，2024 年 5 月 6 日。

第二，徐汇滨江拥有北至日晖港、南至徐浦大桥的8.4公里长的已开发滨江岸线，这段岸线也是其最核心的、接纳游客最多的部分。在白天，滨江水岸以滨江绿地、江景等为主要看点；在夜晚，滨江水岸以水岸灯光秀、卢浦大桥灯光秀等夜景为主要看点。二者是打造徐汇滨江都市旅游品牌的基础。

第三，徐汇滨江中北段集中了大量知名的艺术场馆，包括龙美术馆、星美术馆、西岸美术馆、西岸艺术中心、油罐艺术中心、西岸穹顶艺术中心、西岸大剧院、上海摄影艺术中心等。目前，以这些艺术场馆为依托，徐汇滨江"艺术西岸"这一闪亮的艺术旅游品牌的建设逐渐走向成熟。

此外，依托已有的徐汇滨江滑板公园、攀岩墙，以及新建成的"Gate M 西岸梦中心"等项目，还可以进一步深度开发徐汇滨江独特的街头体育和演艺旅游品牌。

（二）徐汇滨江在旅游品牌建设上的主要短板

从旅游业新质生产力的视角来看，徐汇滨江的旅游业发展在以下两个方面还有进一步的提升空间。

第一，徐汇滨江的特色旅游品牌在影响力上有待进一步提升。徐汇滨江旅游品牌影响力不足的一个重要表现就是其知名度仍有待进一步提升。对于徐汇滨江周边居民和生活在上海较久的居民而言，徐汇滨江的知名度相对较高，但对于外地游客（包括国际游客）及来沪工作生活时间不长的居民而言，徐汇滨江仍相对陌生。尽管徐汇滨江的游客接待量在2024年"五一"假期期间创下新高，但相比于浦东滨江在端午假期期间日均30万人次的接待总量（占滨江五区游客接待总量的近1/3），仍然有一定的差距。[①] 就具体的旅游资源类型而言，徐汇滨江的水岸江景、艺术场馆等的知名度相对较高，但民族工业遗产和工业文化的知名度仍有提升的空间。

第二，徐汇滨江的特色旅游品牌的维护工作仍有完善的空间。交通条件方面，徐汇滨江的交通便利化程度仍有提升空间。轨道交通7、11、12号线

---

① 曹之光：《文体旅商融合发展 赋能人民群众美好生活》，《浦东时报》2024年6月12日。

在徐汇滨江临近区域设有龙华、龙华中路、云锦路、龙耀路等若干站点，但这些站点离滨江水岸和绿地还有一定距离。地面公共交通有浦西滨江 1 路和 2 路、徐汇滨江环线，以及在水岸行驶的观光游览车“西岸巴士”，其中仅有浦西滨江 1 路属于贯通徐汇滨江水岸全线的地面公共交通线路。配套设施与服务方面，以“水岸汇”为代表的相关配套设施的功能仍有进一步完善的空间。同时，以“徐汇文旅”公众号、“西岸生活”微信小程序等为代表的数字化服务的能级也有进一步提升的空间。

（三）打造徐汇滨江特色旅游品牌、推动旅游业新质生产力发展的具体措施

1. 进一步深度挖掘、整合徐汇滨江的各类旅游资源，积极创新徐汇滨江旅游品牌的传播方式，不断提升徐汇滨江的知名度，推动徐汇滨江文旅商体多元业态融合发展

首先，可以深度挖掘、整合已有旅游资源，精心打造徐汇滨江“艺术旅游”“江景（夜景）旅游”“工业文化旅游”等旅游品牌，并由此打造相应的特色旅游项目，以提升徐汇滨江旅游品牌的影响力。其次，要创新徐汇滨江旅游品牌传播方式。具体来说，可以依托徐汇滨江特色建筑、相关物件及周边文创产品，或举办于徐汇滨江的咖啡文化节、购物节、花展、美食夜市等活动，推动其在抖音、小红书、B 站等新媒体平台上“出圈”，以达到大幅提升外地游客乃至国际游客的关注度的效果。在此基础上，通过这一“爆点”，进一步顺水推舟，带动徐汇滨江整体旅游品牌传播力和影响力的跃升。此外，徐汇区的文旅部门也可以积极推进徐汇滨江 A 级旅游景区的申请工作，以助力徐汇滨江旅游品牌影响力的进一步提升。最后，在推动徐汇滨江文旅商体多元业态融合发展方面，既要进一步优化上述不同业态在空间上的布局，还要通过尽可能地开辟展示徐汇滨江“民族工业遗产和工业文化”的渠道，以补齐这一品牌建设的短板，助力传播徐汇滨江的近现代工业文化。例如，可以将徐汇滨江更多的民族工业遗产纳入“建筑可阅读”名单，运用 AR/VR 等数智技术“还原”徐汇滨江的近现代工业图景以及从

“工业锈带”到“生活秀带”转变的全过程，探索将徐汇滨江的民族工业遗产衍生为文学、影视、游戏的可行性，等等。

2. 提升徐汇滨江旅游业发展能级，推动徐汇滨江交通条件、相关配套设施与服务等方面的进一步优化，更好地维护徐汇滨江旅游品牌

首先，在轨道交通 23 号线通车以前，可以再增设一条不同于浦西滨江 1 路但同样贯通浦西滨江全域的公交线路，以更好地打通游客出行的“最后一公里”，也能方便周边居民出行。其次，根据已有“水岸汇”和公厕的分布，在分布较少的区域（尤其是徐汇滨江南段）增设相应的“水岸汇”和公厕，以消除服务盲区。已有的部分“水岸汇”站点还可以在老孕幼残障群体服务方面进行能级提升，如完善老人无障碍设施、增设母婴室、增设托育服务点、将原有的部分建筑（设施）升级为残疾人无障碍建筑（设施）等，以更好地满足周边居民和游客中特殊群体的需要。再次，进一步完善“徐汇文旅”公众号、“西岸生活”微信小程序等数字平台的功能，并将其打造为徐汇滨江旅游品牌的数字宣传窗口，以及全方位服务游客的数字“助手”，如增加智能语音导览服务、智慧全域旅游服务等功能。最后，还可以通过与西岸的艺术场馆协商、沟通，适当延后其闭馆时间，从而为来沪游客的参观和游览提供更加宽裕的条件，也能更好地满足上海的上班族在下班后的精神文化需要。

3. 推动徐汇滨江区块与周边区块旅游业的“联动”发展，进一步打造辐射范围更大的跨区块旅游品牌

前述两个方面属于完善徐汇滨江旅游品牌建设的短板，在此基础上，徐汇滨江旅游业新质生产力的发展还有进一步的提升空间。就推动徐汇滨江区块与周边区块旅游业的“联动”发展而言，可以规划以下三条旅游线路。

一是以“徐汇衡复区—徐家汇—龙华—徐汇滨江”为轴线的上海历史和文化旅游线路。上述四大区块是“徐汇文化 C 圈”的组成部分。[①] 徐汇衡

---

① 《徐汇区产业高质量发展“十四五”规划》，https://www.shanghai.gov.cn/cmsres/14/14070717dc2e44058df39afa9f7c00a3/fe2c56a120f103f221c31f1d969fa5ec.pdf。

复风貌区、徐家汇和龙华区块是上海近现代沧桑巨变史的缩影，其中的武康路历史文化名街、衡复风貌馆、张乐平故居、百代小红楼、龙华烈士陵园等景点更是上海近代文化的重要承载之地。同时，徐汇滨江的各类工业遗产也是上海近现代工业发展光辉历程的见证。在此基础上，可以对相应的旅游资源进行整合，打造贯穿上述地区的特色历史和文化旅游线路。

二是以“黄浦滨江—徐汇滨江”为轴线的文史、科技、艺术场馆旅游线路。黄浦滨江拥有众多文史、科技类场馆，包括江南造船厂旧址（远望1号）、江南造船博物馆（江南造船大厦）、世博会博物馆、中国乒乓球博物馆、中国船舶馆，以及正在建设中的上海工业博物馆等。这一“博物馆群”与徐汇滨江的各类艺术场馆遥相呼应。在此基础上，二者可以进行资源整合，打造贯穿两个滨江区块的特色场馆旅游路线。

三是以“徐汇滨江—浦东前滩—浦东世博”为三角的水岸江景和商业旅游线路。根据《上海市“一江一河”发展“十四五”规划》，到“十四五”期末，要实现“外滩—陆家嘴—北外滩”和“徐汇滨江—前滩—世博”这两个“黄金三角”的核心功能区基本形成的目标。[①] 在这一思路下，通过优化两岸之间的交通条件，盘活、整合两岸的滨水景观等资源，徐汇滨江西岸和浦东滨江东岸的旅游业完全可以实现联动发展。而且，东西两岸“人气”的不断增加还可以带动两岸文商旅体多元业态融合发展，尤其是两岸滨水商业的共同发展。

为打造上述三条旅游线路，徐汇区文旅部门可以与其他相关部门和知名旅行社合作，建立健全相关配套服务。尤其要完善相应的交通条件，提升交通便利程度。可以适当增设徐汇滨江至上述其他区块的地面快速公交线路，以作为对轨道交通的补充。还可以借鉴上海已有的城市观光巴士运营经验，沿上述线路设立新的城市观光巴士线路，与徐汇滨江区块内的已有交通线路构成双层次的旅游交通体系。另外，对于第三条旅游线路而言，市级、徐汇

① 《上海市人民政府关于印发〈上海市“一江一河”发展“十四五”规划〉的通知》，https://www.shanghai.gov.cn/202120zfwj/20211022/45759483032243ec97d6b7925f7f49c3.html，2021年7月30日。

区和浦东新区的文旅等相关部门之间可以通力合作，将已有的黄浦江游船线路覆盖至徐汇滨江和浦东世博—前滩区段，以发展徐汇滨江和浦东世博—前滩区段的“水上经济”。

在此基础上，可以进一步打造辐射范围更大的跨区块旅游线路，以盘活上海多个区块的旅游资源，并实现徐汇滨江的特色旅游资源和其他区块相对应的旅游资源“联动”，从而建设影响力更大的旅游品牌。例如，徐汇滨江的民族工业遗产和工业文化资源，完全可以归入“一江一河”整体的民族工业遗产和工业文化资源，并由此打造贯通“一江一河”的民族工业遗产和工业文化的旅游品牌及相应的旅游线路。

4. 进一步完善旅游市场管理体制机制，通过构建旅游业发展层面的“新质生产关系”，为徐汇滨江旅游业新质生产力发展保驾护航

第一，充分运用数字技术，形成多部门旅游市场管理的“合力”。旅游业涉及交通、餐饮、零售、住宿、文化等众多具体产业，需要多部门协同管理。上海市在数字政府的总体建设方面走在全国前列，但就旅游市场管理工作而言，相关部门之间仍存在一些信息壁垒，从而造成沟通不畅、协调不足的问题。对此，要进一步拓展数字技术应用的广度和深度，尽可能消除部门间的信息壁垒，不断提升旅游市场管理工作的效能。

第二，进一步维护好旅游市场秩序。上海的旅游市场秩序的完善程度居全国前列。然而，一些破坏旅游市场秩序的现象仍时有发生，且多集中于旅游旺季，如“黄牛”“黑导游”等非法经营问题。为此，要加强旅游市场监管，通过建立信用黑名单、完善游客投诉处理机制等方式，依法、高效解决上述问题。

第三，对标世界级滨水区的旅游市场管理标准，以吸引更多的国际游客，并提升旅游市场的国际化程度。就徐汇滨江而言，完全可以对标英国伦敦的泰晤士河南岸、法国巴黎的塞纳河左岸、美国的纽约水岸、日本的东京水岸等已建成的世界级滨水区，充分借鉴吸收其旅游市场管理的有益经验。

第四，在旅游旺季，要重点做好景区的各类安保措施。目前，徐汇滨江滨水岸线中北段在节假日期间的人流量已经很大。对此，要在充分运用大数据、人工智能等数智技术的基础上，根据既有的水岸客流承载力，优化客流的引导和管理，并细化“宠物友好”区段的宠物管理规定，以提升旅游服务水平，提升游客的体验。同时，要重点预防火灾、落水、踩踏等公共安全事故，定期检查和维护相关安防设备，并制定详细的紧急事件和状况的应急预案。

B.6

提升农业新质生产力，上海加快实现农业农村现代化建设研究

郭　岚*

摘　要：　习近平总书记强调，农业现代化，关键是农业科技现代化。推动农业现代化进程，关键在于不断深化数字、生态及生物技术的创新与应用，以此催生并培育农业的“新质生产力”。新质生产力的培育与发展，是实现高质量发展的核心环节与关键路径。面对新发展阶段，上海郊区农村应将农业新质生产力作为引领，积极担当农业科技创新的先锋，勇当农业科技创新的主力军，早日实现农业农村现代化。

关键词：　农业新质生产力　农业农村现代化　上海市

在农业领域，新质生产力的孕育与发展，构成了农业高质量发展及乡村全面振兴的强大动力。2023 年 7 月以来，习近平总书记在四川、黑龙江、浙江、广西等地考察调研时，提出加快形成新质生产力。同年 12 月中央经济工作会议指出，科技创新是产业创新的关键，强调突破性技术的应用对推动新兴产业模式发展、改变业态发展格局的积极影响以及作为驱动经济增长的关键地位。在 2024 年 1 月 31 日的政治局集体学习研讨会上，习近平总书记详细讨论了新质生产力对推动高质量发展路径的重要影响。党的二十届三中全会审议并批准了《中共中央关于进一步全面深化改革 推进中国式现代化的决定》的战略部署，在“完善城乡融合发展体制机制”这一部分中专

---

* 郭岚，博士，上海社会科学院经济研究所副研究员，主要研究方向为农业经济、城乡关系等。

门提及“完善强农惠农富农支持制度”。综观中国城乡的发展历程，居民收入结构不断优化（从 2013 年 2.81∶1 逐步缩减到 2023 年 2.39∶1），农村基础设施和服务设施得到了显著改善。然而，城乡发展差距仍然很大，农业与农村现代化的步伐依然迟缓。因此，需要加速推动城乡融合发展的机制创新，以激发农村社会的经济活力，开辟农民增收的新路径，确保城乡之间在基本公共服务方面能够实现均等化，共享发展成果。作为农业大国，我国在农业领域取得了显著成就，农业总产值占全球的比重高达 22.5%，居世界首位。然而，我国还不是农业强国，农业强国的整体实现度仅为 67.2%，这表明，与发达国家相比我国在农业效率、科技创新和高水平人才方面还存在很大的差距，结合新质生产力和农业强国的标准来看，两者差距日益明显，是我国实现农业农村现代化的瓶颈。因此，要加速推进农村改革、提升农业生产技术与管理水平等，以实现农业的高效和规模化目标，创建涵盖从育种到销售的全程生产体系样板，并促使农户获得更大的经济收益。

农业现代化的动力源自科技创新持续引领和推动。近年来，上海在农业科技创新方面强支撑、建体系、谋突破，更好地凝聚起以科技创新驱动发展农业新质生产力的强大合力。2024 年 6 月，上海市政府印发《关于加快推进本市农业科技创新的实施意见》，立足上海超大城市和都市现代农业特点，围绕农业产业链部署创新链、资金链、人才链，从巩固特色种源优势、挖掘生物制造潜力、补强现代设施农业等方面布局农业科技新赛道。

一　农业新质生产力的内涵和特征

新质生产力的培育与发展，是实现高质量发展的核心环节与关键路径。习近平总书记强调，农业现代化，关键是农业科技现代化。

（一）农业新质生产力的内涵

新质生产力的诞生，是实现了技术飞跃性的进步，伴随着生产要素配置模式的创新转变，以及产业结构深层次的重构。新质生产力的基础就在于劳动者、劳动资料、劳动对象三者间的优化，以达到全要素生产率的快速增长。这一过程的核心在于不断推动创新，关键在于追求卓越的品质，究其本质，这是先进生产力的特性的高度概括和集中体现。在农业领域，培育新质生产力是一个相当复杂的过程，需要将科技、数字、网络和智能等元素融为一体，借助革命性技术进步，以高技能劳动力为核心，体现为多要素的紧密耦合。其发展路径明确指向产业链的延展与结构性革新，并特别关注数字融合与绿色转型。目前，在农业领域这种由科技创新推动的新型生产力越来越受到重视。这股力量深深植根于农业生产要素的革新之中，借助产业升级的契机，构建独具特色的差异化优势，目的是推进农业和农村现代化进程，为创建农业强国做出重要贡献。农业新质生产力的演进轨迹清晰可辨，它见证了农业生产力量从细微之处的不断积累，直至实现本质上的飞跃。在这个过程中，农业生产方式经历了深刻的变革，产业结构优化升级，经营模式也进一步完善。相对于传统的农业生产力，新质生产力展现出与以往不同的要素配置特性：显著标志就是劳动力素质明显提升，生产资料领域的智能化转型，同时生产对象的范畴也得到了广泛地拓展。

（二）农业新质生产力的特征

1. 劳动者的素质提升

与新质生产力相匹配的劳动者群体，彰显出卓越的技能水平、独到的创新思维以及深厚的科学素养。具体而言，这些劳动者群体可细化为两类：一类是农业技术创新领域的领军人物，另一类则是能将先进科技精准融入农业生产过程的高素质实践型人才。农业新质生产力的主体，包括农业科技专家、种田能手和新型的经营服务主体。他们胸怀新思想，拥有较高的生产技能，引领传统农业朝数字化、智能化的方向迈进。同时，劳动者的素质不断提升，也成为推动农业新质生产力持续发展的重要动力。

2. 劳动资料的智能迭代

随着人工智能、物联网与自动化装备等尖端科技在农业生产中的深入应用，农业生产领域正迎来一场前所未有的变革，生产效率显著提升。同时，前沿农业科技如大数据分析、基因编辑和微生物组学等，正在被应用于盐碱地农业、沙漠农业等特殊环境的开发之中，为农业生产的多样化与高效化注入了新的活力与动力。农业设备与设施的数字化和智能化转变使得农业生产风险大大降低，同时也提升了附加价值。当前，智能迭代浪潮正以前所未有的力量，推动着传统农业迈向更高层次，从而进一步促进了农业新质生产力的快速发展。

3. 劳动对象的边界拓展

随着新质生产力的出现，劳动对象不再局限于传统的事物。科技快速发展带来了许多新的生产要素，使得劳动对象更加多样化。科技还使我们突破了自然资源的限制，如通过将盐碱地改造成宜农地、利用天山融化的水进行渔业养殖等方式，实现了农业生产的新扩展。同时，大数据、物联网、人工智能等技术的深度融入，使农业数据成为新的生产力源泉，通过精准分析气候、土壤、病虫害及生物基因等信息，释放出巨大的生产力潜能，如表1所示。

表1　农业传统生产力和农业新质生产力比较

生产要素		农业传统生产力	农业新质生产力
劳动者	特点	以体力劳动为主	素质提升;以富有创新性的劳动为主;先进的农业生产理念、专业技能和经营经验
	举例	技术工人、普通农民	农业科研人员;高素质农民、法人农业经营者
劳动资料	特点	依赖传统物质资料的工具和机器;生产方式简单、效率低	智能迭代;信息化、智能化、数字化
	举例	原材料、农业机械等实体工具	农业大数据平台;无人农场、无人运输车、无人机施肥
劳动对象	特点	传统的、原始的农业物质形态	边界拓展;高科技支撑的物态物质、数字技术应用的非物态物质
	举例	农地、动植物	能产粮的盐碱地;农业生产数据

资料来源：根据相关文献整理。

二　上海提升农业新质生产力的意义

培育发展新质生产力是实现农村传统产业改革与进步的关键，也是促进新型农业和未来产业发展的必要条件，还是推动农村地区的新型生产方式创新的动力。上海郊区通过提升农业创新能力，推动了农业在品种改良、技术创新、市场营销上取得了新突破，为农业可持续发展提供了有力的支撑。

（一）为完善现代农业产业体系提供技术支持

推进产业进步和开创新型产业结构十分关键，而培育新的商业形态与行业形态也是发展新质生产力的主要目标。首先，通过引进智能化农具和高精度种植方式等，可以使农业生产效能得到大幅提升。运用高科技，农民能够比较容易地在各个农业生产阶段获取农业生产所需要的各种数据，精准掌握土质、气候和水等情况，协助农民作出更加科学的生产决策、控制开支并提升农产品的产量与质量，增强农产品在市场上的竞争优势。其次，要实现农村经济的高质量发展，关键是要发展农业新质生产力，并大力开拓农产品的多重用途，通过发展“互联网+”的农业新业态，有助于提高农村地区一、二、三产业的综合效益和发展水平，实现可持续的农业产业升级。再次，为提升农业生产效率和农产品附加值，要积极引入新的信息化技术手段——包括物联网与大数据等，打通农产品从田间管理到产品销售的全流程，提高各环节之间的信息交流和协调合作能力。最后，提升农业的创新能力，通过加强农业科技创新和人才培养，推动农业在品种改良、技术创新、市场营销等方面取得更大的突破，为产业的可持续发展提供有力的支撑。

（二）为农业农村绿色发展提供动力支持

在绿色发展背景下，新质生产力是我们所推崇的环保型绿色生产力。在推进农村发展的进程中，特别是在改善乡村生活质量方面，绿色生产力发挥了重要作用，使乡村居住条件、工作环境和整体美感都得到了提高。在进行农业绿色转型的过程中，新质生产力注重经济、社会、生态不同收益之间的均衡与和谐共生，可以有效破解农业资源趋紧、生态退化等发展困境。农业新质生产力，就是把生产力理论从自然引向人类与自然界和平相处的层面。利用生态农业、数字化农业、调控生物代谢和处理农村污染物等高新技术，发展碳汇农业和林下经济等，同时也发展休闲农业、旅游农业等绿色产业，使过去高投入、高消耗、高污染的农业转向高效能、高品质、绿色环保的农业，从而真正实现“绿水青山”转变为“金山银山”；提及农村环境改造时，需要关注引入新质生产力所带来的重要意义，这代表着我们将环保意识融入日常乡土生活。为了改善乡村居住和工作条件，需要摒弃过去一直采用的“先污染再治理”“边破坏边治理”的旧思路，应全力践行农业新质生产力的理念，精心规划乡村发展，将乡村建设得更好。此外，还需要大力整治乡村环境，培养具有创新思想的新型农民，使其养成绿色生活的良好习惯，使乡村变得更加美丽。

（三）为国家粮食安全提供坚实基础

粮食安全是老百姓最关注的问题，农业新质生产力为保证我国主要粮油产品安全提供了坚实的依靠，对国计民生而言意义重大。农业新质生产力强调的是农业科技创新和人才培养，采用一些创新性技术，不断培育战略性新兴产业和未来产业，实现劳动资料和劳动对象的提质升级，显著提高农业的生产效率和粮食产量，以增强粮食供应的稳定性和可持续性，为粮食安全提供有力支撑。从粮食产量来看，基于农业新质生产力的创新技术推动了现代生物技术和信息技术发展，改变了传统的农业生产方式，使粮食更不容易受到病虫害的影响，大幅提高了粮食产量。利用新科技还可以解决因耕地分散或大型机器不能使用而带来的困难，在实现更高产量的同时也更注重生产的标准化及规范化，同时还降低了费用并且提高了效率，达到更高效地进行农业生产的目的。从粮食储存来说，采用一些新型农业生产技术（如智慧粮库及低温干燥等），可以让谷物保鲜期更长，增强了贮存的稳定性。此外，基于农业新质生产力的新技术在应对自然灾害等紧急情况时，能够迅速组织农业生产并调配物资（如通过精准农业技术，能够快速评估受灾地区的粮食损失情况并制定相应的补救措施；智能化的农机装备能够快速地投入抢收抢种工作；智能化的粮食应急管理平台则可以实现对粮食储备、运输、加工等环节的实时监控和调度）。通过采用生态农业和循环农业等新的农业方式，可以有效地减轻对化肥和杀虫剂的依赖，促进粮食生产的可持续性发展。

（四）为实现共同富裕提供加速引擎

习近平总书记强调，我们国家所追求的共同富裕并不是简单地平均分配财富给每个人，而是首先要增加社会财富，然后通过公平合理的制度确保每个人都能够获得公平的分配。在提高农民收入方面，科技创新能够极大地提升农业生产效率。农业生产效率提高的含义就是单位面积（单位时间）内农产品产量增加，从而增加农民收入。农民收入增加后，他们的生活水平会相应提高。这将有助于推动农村经济进一步发展，缩小城乡差距，实现共同富裕。此外，提高农民的技能和素质也是非常重要的，农民只有学习新的知识和技能，才能适应新的生产方式要求。农民的技能提升，收入也会增加，从而有利于实现共同富裕。通过改革土地制度，我国成功地构建了稳固的新型农业经营体系，提升了农业经营主体的活力，进而推动了新形态农村集体经济运作模式的成熟与完善，实现了集体资产的稳步增长，大幅增加了农民的财产性收入。由此可见，这一系列变革遵循的逻辑是：劳动者素质的提高推动了生产效率的提高进而促进了农民的收入增加，城乡收入差距逐步缩小推动了共同富裕目标的实现。

三　上海提升农业新质生产力的基础

近年来，上海郊区在发展中找到了一条适合自己的都市型现代化绿色农业之路，使得上海在继续当好全国“改革开放排头兵，创新发展先行者”的过程中，努力绘就超大城市农业农村现代化更加美丽的新画卷。

（一）现代都市绿色农业取得新进展

上海的“三农”工作方面，从总体上看，都市现代农业发展指数在全国名列第一，从结构上看，现代都市农业有了新进展，农产品的供应保障能力也稳步提升。同时，上海还致力于稳定和完善农村基本经营制度，促进各类农业新型经营主体协调发展，推动一二三产业深度融合，并取得了显著的成效。上海的郊区农村坚持走都市现代绿色农业发展道路，截至 2024 年 3 月，上海全市粮食总产量稳定在 90 万吨以上，粮食和“菜篮子”生产能力保持稳定。目前已经完成了农业“三区”的划定工作，共划定 136.49 万亩的农业用地。其中，80.32 万亩用于粮食生产，49.07 万亩用于种植蔬菜，还有 7.1 万亩用于生产本地特色农产品（如西甜瓜、水蜜桃、蜜梨等）。本地农产品供应稳定，粮食总产量约 90 万吨，蔬菜种植面积保持在 50 万亩，蔬菜自给率约为 40%（其中，绿叶菜自给率达到 80%），这些成就无疑是值得肯定的。

（二）农业科技创新能力稳步提升

上海农业的科技创新能力稳步提升，农业科技进步贡献率达到 79.09%，同时还不断加大农业物资装备和信息化建设力度，使农产品质量安全监管能力和水平得到持续提升。截至 2024 年 6 月，上海拥有绿色食品企业 875 家，提供 1600 多种产品，总产量超过 120 万吨，获得绿色食品认证的产品占比达到 24%。上海的农业发展势头强劲，农业基础设施逐步完善，规模化畜禽养殖已成为主要方式，占比达到 97%，水产健康养殖示范面积的比重超过 75%。农村的生态环境也变得更优，养殖废弃物基本得到了充分利用，农作物秸秆的利用率达到 96.5%。

（三）加快生物绿色农业布局

当前，科技和产业革命正在快速推进，合成生物学作为第三次生物技术革命的代表，也在全球范围内迅速发展。在《“十四五”生物经济发展规划》中，合成生物学在农业方面的应用多次被提及。上海市政府于2024年6月发布了《关于加快推进本市农业科技创新的实施意见》，指出了加快农业科技创新的重点之一就是合成生物学的应用。当前的形势推动了合成生物学和农业的交叉学科建设。高校、科研院所和企业之间加强了合作，并吸引了来自不同领域和学科的专家。这种合作培养了许多生物育种、生物制造方面的顶尖人才和团队。上海的张江种谷、长三角农业硅谷以及上海农业科创谷等产业园区也已经建立起来，各具特色，吸引了众多优秀的农业企业和科研团队。这些顶尖的企业和团队就像“隐形冠军”一样，他们的创新项目备受期待，也为未来农业的绿色发展和新兴产业链的形成奠定了基础。

专栏1　“RNA生物农药绿色制造”

在2024年9月举办的“2024浦江创新论坛”上，“RNA生物农药绿色制造”项目荣获创新大赛的卓越奖，引起了人们对RNA生物农药的关注。传统化学农药研发需要耗费大量时间和资金，而且使用后会对环境造成污染，导致农作物产生抗性，对农业的绿色发展产生不利影响。而RNA生物农药则采用RNA干扰技术直接干扰害虫或病菌的关键基因，从而准确地杀死害虫或病菌，具有诸多优势。该新技术还具有研发周期短（仅3~6个月）的特点。

四　上海提升农业新质生产力面临的困境

近年来，上海郊区农村的新质生产力发展迅猛，为农业现代化做出了巨大贡献，然而，仍存在一些待解决问题，如农业技术研发机制尚待完善、自然资源和生态环境随着生产力提高而日益恶化，这些使农业的新质生产力发展面临新的挑战。

（一）现代农业发展和农业经营体系不匹配

上海郊区农村发展了一种独特的农业经营模式，这个模式的运作基础是家庭承包制，通过联结起多种不同类型的参与者形成了农业综合运营的生态系统，包括龙头企业、家庭农场、种植大户及农村合作社组织等。然而，尽管现代农业和传统生态系统存在联系，但它们之间仍然缺乏深度的结合与高效地协同，导致农村新质生产力难以得到充分地发展。其一，新型农业经营主体，如家庭农场和合作社，在面对市场激烈竞争和潜在风险时，缺乏足够的竞争力。他们大多仍然依赖传统的经营方式，这些方式无法完全符合市场经济发展的要求。此外，目前农村市场的交易平台还不够完善，而且农业创业融资机构支持力度也还不够，这就使得这些新型经营模式在应对危机时显得较脆弱。其二，在农业生产过程中，集体组织未完全发挥作用。在这个由家庭承包经营构成的体系中，强调个体企业的功效，而缺乏集中统一的管治力量，导致村级集体经济的影响力减弱。其三，农业服务的发展在经营性服务和公共性服务方面并不平衡。经营性服务在提升农作物产出率、增加收益方面作用明显，公共性服务则相对缺乏，阻碍了农业新质生产力的发展。

（二）人口老龄化与人力资本不足

如今，我国正在面临着人口老龄化的挑战，而在农村地区这一现象尤为严重。相关研究发现，我国有大量的耕地被弃耕，多是因为老年人增多，无力耕种，全国农业土地的平均面积减少了约 4%。劳动力素质不高、人力资本不足的问题日益凸显。目前，上海各涉农区域普遍面临着农业劳动力短缺与老龄化加剧的问题，新型职业农民队伍建设尚显不足，50 岁以上的人口是农业劳动力的主力军。根据相关的调查数据，上海粮食生产功能区约有 5.4 万名劳动力，平均年龄约为 57.69 岁，区域间也存在显著差异，崇明区老龄化情况最为严重，劳动力的平均年龄达到 60.88 岁，相较而言，在松江区工作的劳动力较为年轻，大约为 48.8 岁。而更为严重的问题在于，经济作物的种植以及蔬菜的生产领域出现了明显的老年人占主导地位的现象，劳动者年龄都在60岁以上。高素质劳动者是发展农业新质生产力的关键，然而，目前上海郊区的农村地区面临劳动力短缺和高素质劳动力短缺的困境。大多数从事农业的人年纪较大，不太愿意接受新事物，学习新技术的速度较慢，这严重阻碍了新理念、新技术与新模式的应用，新型生产方式的潜力也无法得到充分发挥，农业的效率和收益都受到了影响，对上海发展都市现代绿色农业构成了障碍。此外，随着高素质劳动力外流问题的日益严峻，农民职业化的步伐也受到了严重的影响。

（三）资源环境的要求趋紧

在当前追求高质量发展的背景下，对资源的有效利用和环境保护成为不容忽视的问题。特别是在农业领域，农业作为国民经济的重要组成部分，在构建资源节约、环保友好社会的同时，需要采用集约化、减量化和可持续的发展模式。尤其是养殖业，以往仅仅将养殖业视为污染源，从市、区到镇各个层面都对其采取“一刀切”的管理方式进行整治，从长远来看，这种做法对上海养殖业的可持续健康发展产生了极大的负面影响。因此，需重新审视养殖业的定位，科学规划布局，如将畜禽粪污转化为有机肥，实现养殖业与环境的和谐共生，为农业循环经济与绿色发展提供新动力。在种植业方面，削减化肥、农药使用量，可以有效减轻土壤中的重金属污染，相较于上海所追求的绿色农业发展目标而言，耕地质量还有很大的提升空间。此外，绿色防控技术应用滞后以及种植户节约集约土地管理意识不足，使得农业污染问题变得更加严重。当前，人们过度依赖化肥和农药，导致土壤酸化，土地的种植效果也受到影响，从而影响农业的长期发展。因此，推广生态种植模式，提升土壤健康管理水平，是应对资源环境约束趋紧、推动农业绿色转型的必由之路。

（四）农业科技创新有待加强

企业是农业科技创新的主力军，但上海郊区的农业企业依然缺乏较强的创新意识，它们更关注快速获利，而未认识到技术创新才是使企业保持竞争力和可持续发展的关键。此外，这些企业在技术创新方面也相对被动，不主动寻求创新途径，而是依赖政府提供资金和支持，然而政府的资源还是很有限的。由于市场制度的不成熟，农业信息交流渠道存在障碍，整个市场缺乏创新能力。农民无法充分获取市场信息或缺乏采用新技术的动力，同时他们也缺乏相应的有效手段和必要机制来解决这些问题。

五　上海提升农业新质生产力面临的新机遇

随着现代化农业发展加快，技术的进步和不同行业之间的融合发展也加速了新的业务模式和新的市场形态的出现。上海正在致力于实现农村经济的发展转型，加大以高科技为导向的高质量资源投入，农业已经实现了从规模扩张阶段向实力提升阶段的跨越，正处于由数量积累向质量提升的关键转变期。

（一）创新要素组合形成农业新模式

三权分置政策的实施，推动了农村土地市场的发展，促进了适合的农场发展模式，增加了一些新的农业经营主体。在这些新的经营模式下生产要素重新组合，形成了农业的新模式，展示了农业的新质生产力。截至2023年12月，上海已有102家像上海良元农产品专业合作社这样的合作社被评为示范社，还有208家像上海鱼跃水产专业合作社这样的合作社通过了检查，被评为标准社。其中，有8家合作社入选国家农民合作社示范社名单。

专栏2　上海合作社入选国家农民合作社示范社名单

上海宝岛水产养殖专业合作社、上海建宇水稻种植专业合作社、上海浦信蔬果专业合作社、上海家绿蔬菜专业合作社、上海享农果蔬专业合作社、上海圣泉葡萄种植专业合作社、上海欣香花卉种植合作社、上海越亚农产品种植合作社。

（二）产业升级融合形成农业新业态

随着现代农业技术的日新月异，农业的转型升级融合了多种新兴技术，形成了全新的农业业态。上海的农业现代化进程，得益于自动化机械、智能机器人技术、物联网及大数据技术的综合应用与深度融合。在生产层面，这些技术的实施，在生产环节显著降低了传统农业对自然环境的依赖，从而推动了农业生产模式的革新，并大幅提升了生产效率。在消费层面，互联网电子商务迅猛发展，围绕上海农副产品构建了全新的销售路径，进一步促进了农业产业链的优化。在所有这些新元素的协同作用下，上海农业的生产效能、农产品市场竞争力及可持续发展能力均得到了显著提升。

专栏 3　农业生产社会化服务体系发展迅速

例如，浦东新区建立了“1+2+9+X”的服务体系，包括 1 个网上平台、2 个大型仓库和 9 个小型仓库，以及 X 个小型柜子。如此一来，浦东的农民就可以得到全面的服务，并且服务响应速度快、全程有人管控。

（三）农业全要素生产率大幅提升

当前，我国农业的全要素生产率已达到 2. 52%，对总产值增长的贡献度为 47. 54%。在过去，土地和人力对农业增长起着重要作用，但如今它们的贡献度越来越小，资本的影响依然存在。然而，技术进步和规模化经营对于提高整个农业生产的效率变得越来越重要。上海农业生产效率年均提升 3%，其中 2%的增长可归因于技术进步，这表明新的生产方式确实非常有益。提高全要素生产率需要依靠技术进步，同时也需要有良好的经济制度进行调整。制度创新可以鼓励技术创新，并提供保障。为推动新质生产力发展并提升全要素生产率，需要高度重视技术创新与制度创新，持续改革和更新经济制度，促进城乡融合，不断完善政策体系，协调推进新型城镇化与乡村振兴。

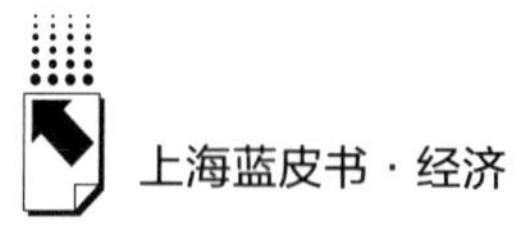

六　上海提升农业新质生产力的新举措

在2024年中央一号文件的指导下，上海正在努力探索适合现代都市农业发展的新路径，采取措施提升都市农业的实力，主要任务是优化品种、提高品质、打造品牌，并广泛应用新技术，使农产品具备高品质和高附加值，目标就是要构建创新型现代农业产业体系，以此带动新质生产力迅速发展。

（一）促进乡村产业融合发展

上海郊区不仅要满足农业基础的需要，还需推动农业的多元化发展与综合服务的实现。在坚守耕地红线、确保粮食及重要农产品稳定供应的基础上，郊区农村还需要充分利用乡村的优势资源，助力城市发展。在保护乡村稀有资源的同时，要注重保护农田和土地的生态功能。同时，还要积极发展乡村旅游、文化创意等新兴行业，促进乡村各产业融合，催生新业态和新模式。此外，还应加强城乡间产业的联结，推动乡村多元化发展。

（二）巩固特色种源优势

努力将力量集中在那些具有优势的种源领域，尽快采用现代的育种技术，提高育种创新能力。在“人工智能+基因编辑”、单倍体诱导、新型基因编辑等重点领域，突破生物育种底盘技术，建立快速精准育种技术体系，服务种业强国建设。培育节水抗旱稻、设施蔬菜、工厂化食用菌、华系种猪、中华绒螯蟹等自主核心种源，创制或改良一批突破性新品种，抢抓种业振兴机遇，做大做强生物种业。

（三）补强现代设施农业

在温室和植物工厂领域，需要解决目标识别、智能控制、作业运动等关键技术问题，研制生产智能农业装备的零部件和研发柔性农业机器人。开发基于多技术体系智能集成的垂直农业生产系统，创设生产型植物工厂，将温室制造、设施装备、控制软件、农艺技术、生产运营等技术融合在一起，形成完整的技术模式，用于建设现代设施农业，推动设施农业升级。创新绿色低碳和数字赋能的智能生产关键技术和装备，形成国产设施温室控制模型和软硬件技术体系，实现茄果、叶菜等温室生产智慧决策和智能控制。

（四）挖掘生物制造潜力

发展生物合成系统创制、基因合成、分子进化、蛋白设计等合成生物学技术，突破生物合成蛋白的细胞工厂和分子农场技术，开发新型功能食品，培育生物制造业新动能。聚焦有技术基础和市场潜力的农业绿色投入品领域，创新分子靶标发现、核酸分子递送、基因重组、微生物发酵等技术，创制 RNA 农药、生物大分子兽药、结构型疫苗、微生物肥料等绿色投入品，提高自主创新产品的市场占有率，为农业绿色转型提供支撑。

（五）打造农业创新创业高地

发挥上海的技术、资金、人才、市场等要素集聚优势，推进“张江种谷”“上海农业科创谷”“长三角农业硅谷”建设，汇聚农业科技创新资源，培育一批生物育种、生物制造、现代智能温室和植物工厂等细分领域的“隐形冠军”企业，打造涉农科技型企业集聚区，提升创新策源能级。支持全球植保中国创新中心落户上海，并培育带动上下游相关产业。

展望未来，上海郊区农村将建立一个面向全球、助力全国、兼容并蓄的现代农业技术创新体系，上海将努力成为农业科技创新领域的领航者，以加速农业农村现代化的进程。

参考文献

罗必良、耿鹏鹏：《农业新质生产力：理论脉络、基本内核与提升路径》，《农业经济问题》2024 年第 4 期。

金碚:《论“新质生产力”的国家方略政策取向》,《北京工业大学学报》(社会科学版)2024 年第 2 期。

杜志雄、来晓东:《农业强国目标下的农业现代化:重点任务、现实挑战与路径选择》,《东岳论丛》2023 年第 12 期。

高帆:《“新质生产力”的提出逻辑、多维内涵及时代意义》,《政治经济学评论》2023 年第 6 期。

高鸣、种聪:《依靠科技和改革双轮驱动加快建设农业强国:现实基础与战略构想》,《改革》2023 年第 1 期。

韩长赋:《中国农村土地制度改革》,《农业经济问题》2019 年第 1 期。

科技创新篇

B.7 人工智能赋能上海基础研究动能提升的路径与对策

谢婼青*

摘　要： 随着通用人工智能（Artificial General Intelligence，AGI）的发展，科学研究范式正在发生深刻变革，技术研发进程也显著加快。强化科技创新策源功能，是上海建设具有全球影响力的科技创新中心的核心要义。上海聚焦“算法创新+场景赋能”，围绕创新策源、应用示范、制度供给、人才集聚等关键环节，加快具有全球影响力的人工智能“上海高地”的建设步伐。在基础研究领域，上海积极推动人工智能赋能平台的建设，提升各学科的科学发现能力，助力提出新的科学假设、掌握复杂知识、分析实验结果、预测未来的科学现象。本报告梳理了上海在人工智能赋能基础研究方面的现状和特点，探讨了人工智能赋能基础研究动能提升的路径与实践，并针对数据、算力、算法、伦理与监管等，提出了相应的政策建议，旨在充分发挥人工智

* 谢婼青，博士，上海社会科学院经济研究所副研究员，主要研究方向为经济统计与综合评价、数字金融与科技创新。

能的赋能作用，加速科技创新与变革进程。

关键词： 人工智能　基础研究　科技创新

近年来，人工智能技术快速发展，已经成为新一轮科技革命和产业变革的重要驱动力量，尤其是以通用人工智能（Artificial General Intelligence，AGI）为代表的人工智能技术变革进入快车道，成为新时代推动经济社会发展的新引擎。随着ChatGPT的开放，人工智能从判别式发展到生成式，通用人工智能成为科技创新的驱动力。人工智能技术具有自主性、自适应性、自我延续性，使得创新循环不断加快，科学研究范式逐步改变，技术研发进程加速。

强化科技创新策源功能是上海建设全球影响力的科技创新中心的核心要义。基础科学研究是科学体系的源头，是科技创新的原动力。人工智能是基础研究的催化剂和技术研发的助推器。继AlphaFold系列改变生物学领域之后，2023年11月30日，谷歌DeepMind再发*Nature*，研发AI工具GNoME，成功预测220万种晶体结构，颠覆材料学领域。同日，*Nature*刊发了美国劳伦斯伯克利国家实验室和DeepMind的合作成果，利用GNoME预测进行自主材料合成，17天自主合成41种新材料。2023年5月，美国能源部发布《面向科学、能源和安全的人工智能》，这是美国继2020年之后的第二次发布，旨在用生成式人工智能和大模型技术，建立下一代国家研发体系。2023年3月，科技部会同国家自然科学基金委员会启动“人工智能驱动的科学研究”专项部署工作。2024年7月，上海市人民政府办公厅发布《关于支持生物医药产业全链条创新发展的若干意见》（沪府办规〔2024〕9号），旨在大力提升创新策源能力，支持人工智能技术赋能药物研发，加快基础理论创新和前沿技术突破。如何发挥人工智能“上海高地”建设的优势，进一步强化上海科技创新策源功能成为当前迫切的命题。

一　上海人工智能赋能基础研究的现状和特点

自 2016 年 DeepMind 公司开发的 AlphaGo 成功战胜世界围棋顶尖棋手开始，全球主要国家和地区纷纷重点关注人工智能领域，并加入事关未来科技革命的竞争中，我国针对人工智能领域不断推出相应的支持政策，市场规模逐年攀升。据 IDC 测算，2022 年全球人工智能收入同比增长 19.6%，达到 4328 亿美元，美国人工智能创新发展水平连续四年位居全球第一，中国连续多年保持全球第二。根据中国信息通信研究院测算，2023 年我国人工智能核心产业规模达 5784 亿元，同比增长 13.9%。

聚焦“算法创新+场景赋能”，围绕创新策源、应用示范、制度供给、人才集聚，上海加快建设具有全球影响力的人工智能“上海高地”。上海市人工智能产值呈现逐年增长态势，从 2020 年的 2246 亿元上升到 2022 年的 3821 亿元，年均复合增长 30.43%，其中，2022 年同比增长 35.71%，增长趋势显著。2022 年 9 月，上海发布《上海市促进人工智能产业发展条例》，是全国人工智能领域的首部地方性法规，从科技创新、产业发展、应用赋能和产业治理与安全等方面制定了明晰的法律规定。截至 2023 年 10 月，上海规模以上人工智能企业数量达到 350 家，上海人工智能产业人才达到 23.2 万，约占全国的1/3。上海初步形成新一代人工智能发展体系，成为中国人工智能发展最领先的地区之一。

（一）设立“基础研究特区”，重点领域率先赋能

2021 年，上海市政府出台《关于加快推动基础研究高质量发展的若干意见》，试点设立“基础研究特区”是 20 项重点举措之一，在全国率先设立“基础研究特区”，面向高校和科研院所、部分重点领域和重点团队。2021 年的第一批有复旦大学、上海交通大学、中国科学院上海分院，2023 年的第二批有同济大学、华东师范大学、华东理工大学。目前，全市共有 6 个“基础研究特区”，持续五年，试点单位以不少于 1∶1 的经费比例共同

投入，实行“区长”负责制，拥有充分自主权。通过设立“基础研究特区”，一方面期待能够形成一批基础研究的突破性和原创性成果；另一方面探索基础研究管理创新。特区聚焦原始创新，在海洋、健康、信息、能源、前瞻交叉等领域开展持续自主布局，探索可复制、可推广的新范式。2024年1月，《上海市政府工作报告》中提出“基础研究先行区”建设，这是继2021年推出“基础研究特区”之后，上海对于支持基础研究的再一次能级提升。“基础研究先行区”聚焦前沿交叉领域开展高风险、高价值的研究，集聚战略科技人才、海外高层次人才和顶尖人才团队。可以看到，上海正在通过设立基础研究先行区，推动科技创新和科学研究的发展，以期在全球科技创新中发挥引领作用。

表1　上海试点“基础研究特区”批次清单

试点批次	试点单位	经费投入	重点领域
第一批	复旦大学	每家单位每年将获得2000万元资助，持续5年	围绕“双碳”、量子科技、“人工智能+”等重大领域进行原创性的科学探索
	上海交通大学		
	中国科学院上海分院		
第二批	同济大学	每家单位每年将获得1000万元资助，持续5年	
	华东师范大学		
	华东理工大学		

资料来源：依据公开资料整理。

（二）推动建设人工智能赋能基础研究的开源开放平台

随着科研工作不断深入，研究人员需要面对呈指数级增长的海量数据，对于数据的收集、存储、整理、归纳、建模、分析等成为制约科技创新的关键，同时，科研工作者需要对海量数据进行复杂的科学计算，得出有价值的发现和结论。在基础研究领域，上海推动建设人工智能赋能平台，供各领域科研工作者进行海量科学计算，如生物学领域的蛋白质合成、化学工程中的反应控制、粒子物理学的高能物理实验等。大模型通专融合带来科学发现能力提升，帮助提出科学假设、掌握科学知识、分析实验结果并预测科学现象。

2023 年 7 月，上海交通大学的“白玉兰科学大模型 1.0 版”依托白玉兰开源开放研究院发布，包含化学合成、神经流体、科学评测基准三个模型，分别代表以分子结构为中心、以动力学为中心的学科方向，以及跨学科、跨模态的基础模型，这是上海依托高校建立的人工智能赋能基础研究的开源开放平台。随后，2023 年 12 月，上海交通大学携手百度智能云共同发布包括“法律开源（BAI－Law－13B）”和“化学合成 2.0（BAI-Chem2.0）”在内的“白玉兰科学大模型 2.0 版”，其中“法律开源”模型经过海量中文互联网、开源代码、司法文书、法律文件和法律书籍等权威数据，进行法律领域预训练，形成了 BAI-Law-13B-Base 模型，在此基础上融合法律知识记忆、法律知识理解、法律知识应用等司法应用场景监督微调，形成了 BAI-Law-13B-SFT 模型，其在法律领域表现出色。2024 年 1 月，上海人工智能实验室开源发布首个科学大模型浦科化学（ChemLLM），拓展了大模型助力科学研究的探索路径。浦科化学基于书生・浦语 2.0 强大的基座模型能力，通过注入海量化学专业数据，使得大模型获得理解和处理化学相关专业任务的知识与能力。随着化学能力的获得，大模型的数理学科及推理能力也得到增强。值得一提的是，2024 年 7 月，上海人工智能实验室针对科学智能研究，正式发布 OpenScienceLab 浦科科学智能创新平台（浦科平台），以“算法+数据”双轮驱动科学研究。浦科平台集纳了书生・风乌、书生・鉴原、书生・丰登、书生・翼飞等专用大模型，赋能气象、化学、种业、气动设计等多领域研究。目前，科学智能数据集覆盖六大学科，面向基因组分析、转录组分析、神经影像、化学反应、分子物理、流体力学等 16 个领域，致力于为科研人员和产业界提供高质量的开源科学数据资源，从而推动科学研究与技术革新。此外，2023 年 9 月，上海科学智能研究院成立，致力于开展科学智能领域的学术研究、技术研发，打造了首个面向气象导航优化的全球气象大模型“伏羲”系列，同时开发“女娲”生命科学大模型助力药物设计和研发。

表 2　上海人工智能赋能基础研究大模型平台

时间	发布单位	大模型平台	重点领域
2023 年 7 月	上海交通大学	白玉兰科学大模型 1.0 版	化学合成、神经流体、科学评测基准
2023 年 12 月	上海交通大学、百度智能云	白玉兰科学大模型 2.0 版	法律开源、化学合成
2024 年 1 月	上海人工智能实验室	浦科化学(ChemLLM)	化学领域
2024 年 6 月	上海科学智能研究院	“伏羲”气象大模型 2.0	气象
2024 年 6 月	上海科学智能研究院	“女娲”生命科学大模型	生物医药、生命科学
2024 年 7 月	上海人工智能实验室	书生·万象多模态大模型(InternVL 2.0)	多学科问答,性能媲美各领域专家模型
2024 年 7 月	上海人工智能实验室	OpenScienceLab 浦科科学智能创新平台	气象、化学、种业、气动设计等多领域
2024 年 7 月	上海人工智能实验室、上海市数字医学创新中心等	中文医疗大模型开放评测平台 MedBench	生物医药

资料来源：依据公开资料整理。

（三）重点培育人工智能复合型基础研究人才

在基础研究领域，上海已经拥有一批一流的基础研究领军人才，从院士来看，主要集中在数理、化学、生命医学、信息等领域。从上海四所部属高校当选院士所在学部来看，数理学部人数最多，有 15 人，在生命科学、化学领域各有 10 人，可见上海高校在数学、生命科学、基础医学领域具有雄厚的科研实力。在人工智能领域，《上海人工智能产业人才发展白皮书》显示，上海人工智能领域人才规模超过 23.2 万人。而根据《上海市“十四五”产业人才需求调研报告》，到“十四五”期末，上海人工智能产业人才需求规模将达到 34.3 万~41.4 万人，其中，基础类人才达 10.2 万~13.17 万人。

近年来，人工智能在数学、地球科学、生命科学、材料科学等基础研究方面发挥着催化剂作用，能够助推上海基础研究步入新的阶段。当前，人才需求以应用人才、算法人才为主，复合型人才需求持续增长。人才是实现创新的根基，上海重点培育人工智能赋能专业基础研究领域的复合型人才。2024 年 6 月，复旦大学、上海交通大学、同济大学均发布了 2024 年度招生政策，培养人工智能拔尖创新人才成为各校共同的特点。从 2024 年秋季开始，复旦大学推出至少 100 门 AI 领域课程，形成"人工智能+"融合创新的人才培养新局面。此外，复旦大学还推出"相辉学堂"培养计划招生，下设"相辉计划"和"香农计划"，致力于培养面向基础学科前沿、新工科领域的创新人才，探索拔尖创新人才培养新路径。上海交通大学在 2024 年度首设人工智能领军人才培养体系，以人工智能（拔尖英才试点班）为招生专业首次进行本科招生，同时新增"数学—人工智能"双学士学位项目，侧重于人工智能核心基础理论与算法，培养从事新一代人工智能数学机理研究和算法研究的数学家与具备高维分析、大模型核心算法能力的人工智能技术体系创新型复合人才。同济大学发布《人工智能赋能学科创新发展行动计划（2024—2027）》，全面探索、系统性推进智能技术赋能教育教学（AI for Education）、科学研究（AI for Science）、工程技术（AI for Engineering）、管理服务（AI for Management）的创新实践。2024 年 7 月，浦东新区发布支持 AI 人才发展的十项措施，实施"全球引才伙伴计划"（GTP）人工智能专项，设立"浦东明珠人才种子基金"，搭建人才基金平台，强化人才落户支持机制、提供人才签字与永居便利。浦东积极挖掘人工智能企业博士后人才培养需求和潜力，鼓励并指导其申报建立博士后培育平台，目前浦东人工智能领域的博士后单位已达 13 家。

二　人工智能赋能基础研究的路径与实践

人工智能在科学研究中的应用越来越广泛，正在推动科学研究范式的转化。传统的科学研究主要依赖于实验和观察，而现在，人工智能可以处理和分析大量的数据，提供更深入的洞察和理解。因此，研究人员正在探索如何将人工智能技术应用于科学研究，以便更好地推动科学研究范式转化。

基础研究是一种基于科学的思想和方法，通过对自然现象的探索和研究，发现客观规律是原始性创新能力的体现。前沿技术是高技术领域中具有前瞻性、先导性和探索性的技术，代表未来战略性新兴产业的发展方向。基础研究和前沿技术相互促进，基础研究为前沿技术创新提供必要的理论基础和知识支持，前沿技术可以促进基础研究成果的转化和应用。随着计算能力的提升，通过大量数据自我训练而越来越智能的人工智能将成为基础研究的催化剂和技术研发的助推器，引发颠覆性的创新突破。因此，人工智能赋能基础研究的路径与实践主要体现在以下两个方面。

（一）基础研究的催化剂

利用人工智能技术发现和探索新的研究领域，产生新发现和新想法。人工智能可以通过处理和分析大量的数据，发现新的规律和知识关联，帮助研究人员发现新的科学问题。例如，人工智能通过分析大量的生物医学数据，帮助研究人员发现新的药物或治疗方法；也可以帮助研究人员在复杂环境中探索新的问题，如天文学或气象学等领域。

2020 年，DeepMind 研发的人工智能系统 AlphaFold 2.0 通过大规模预测蛋白质结构，加速理解生物学现象，从而发现疾病机制、研发设计药物，引领生物学领域迈入数字生物学的全新时代。随后，DeepMind 团队在 *Nature* 上开源了基于深度学习神经网络的 AlphaFold 2.0 模型，并将预测数据免费开放，这大大提升了蛋白质预测的效率，同时也促进模型和数据库的升级。自美国人工智能实验室 OpenAI 发布 ChatGPT 以来，生成式人工智能呈爆发式增长，并被应用到各行各业。

诸如生物学领域的蛋白质合成，抑或化学工程中的反应控制、粒子物理学的高能物理实验等，均存在一个海量数据的问题。此外，随着各学科理论愈发成熟，科研工作者将面对各领域的难题。如今，大多领域需要通过大量实验数据来获取真理，大到宇宙起源的探索，小到蛋白质分子的折叠，科研人员不仅需要创造性的思维与灵感，而且需要跨时代的科研工具和方法。此时，人工智能技术应运而生，能够帮助科学家们提高实验效率，加速科学理论发现，在数学、物理、化学、地球科学等基础研究中发挥催化剂的作用。

人工智能为基础研究提供了新工具。人工智能可以利用强大的数据归纳和分析能力学习科学规律和原理，在科学研究中展现超越传统数学、物理学方法的强大能力，加速科研探索进程，在基础科学领域取得显著的成果。1982 年获得诺贝尔物理学奖的理论物理学家肯尼斯·威尔逊（Kenneth Wilson）曾提出，现代科学研究的三大支柱是科学实验、理论研究、科学计算。人工智能技术在科学研究中发挥着越来越重要的作用，从数据分析和模式识别，辅助科学文献的研究；到高性能计算和模拟，指导和加速科学实验与复杂系统的建模和仿真；再到知识发现和实验设计，启发理论和算法发现，突破人脑的经验、记忆、搜索、计算的局限，使得科研工作者能够更高效地开展研究并推动基础研究的突破和进步。自然语言处理（NLP）语义分析技术能够学习文献语料，进行语义识别和文本预测，对海量的文献进行数据分析，从而抽取信息、发掘知识，创造新的科学知识。

（二）技术研发的助推器

利用人工智能技术改进和优化研究方法，提高研究效率。人工智能可以帮助研究人员分析和处理大量的数据，从而提供更准确的结果。例如，人工智能可以用于分析大规模的基因组数据，以发现新的基因和疾病之间的关联；也可以帮助研究人员设计更有效的实验和观察方法，从而提高科学研究的准确性和效率；还可以构建无人实验室，通过机器人大量重复实验次数，增加实验样本。

习近平总书记在上海考察时指出，要强化科技创新策源功能，努力实现科学新发现、技术新发明、产业新方向、发展新理念从无到有的跨越，成为科学规律的第一发现者、技术发明的第一创造者、创新产业的第一开拓者、创新理念的第一实践者。2023 年 3 月，为贯彻落实国家《新一代人工智能发展规划》，科技部会同自然科学基金委启动“人工智能驱动的科学研究”（AI for Science）专项部署工作，围绕药物研发、基因研究、生物育种、新材料研发等重点领域科研需求展开，布局“人工智能驱动的科学研究”前

沿科技研发体系，促进人工智能与科学研究深度融合。

人工智能是技术研发的助推器，正在加快量子计算机、聚变能源、新材料发现、脑科学等工程技术领域的研发进程。量子计算机与人工智能的结合是当今科技领域的热点，量子计算机的出现极大地推动了人工智能算力的提升，使其能够更快、更准确地处理海量数据和复杂算法，帮助人工智能系统更有效地进行数据挖掘和模式识别；人工智能技术的发展反过来可用于优化量子计算的硬件和软件算法设计，为量子计算机提供更智能化的控制和优化方案，提高量子计算机的稳定性和可靠性。两者的结合更是产生许多新的应用和领域，例如量子机器学习、量子自然语言处理、量子优化算法等，加速人工智能模型的训练和推理过程，提高机器学习的效率和准确性，这些新的应用和领域的产生更快地推动科学技术的发展和进步。

近年来，人工智能与生命科学、材料科学、航空航天、能源科学、气象学等相互促进。通过人工智能技术，科学家能够在短时间内分析大量的基因组数据，挖掘基因序列之间的相互关联和作用机制，从而理解基因结构和功能、研究疾病发生机制、加快新药研发。当前，各学科领域存在大量的实验数据和文本资料，人工智能的图像识别、自然语言处理、机器学习等技术帮助科学家收集、建模、分析等海量数据，通过 AI 大模型提高处理数据和任务的效率，基于 AI 基础软件落地算法实现，加快技术研发进程。AI 大模型方面，2023 年 6 月，基于昇腾 AI 的面向飞行器的首个流体力学大模型“秦岭·翱翔”发布，该模型在流体力学领域实现了高置信度流场重构、全速域湍流场求解和复杂流场近实时的预测，助推智能流体力学的产业化。此外，华为云团队研究开发的全球天气预报系统“盘古气象大模型”能够仅仅用 1.4 秒完成 24 小时全球天气预报，推动气象预测的跨越式发展。基于算法、数据、算力等基础设施的支撑，大模型正推动人工智能向更通用、更精准、更普惠的方向发展。

因此，人工智能赋能基础研究主要有以下四个方面。一是数据分析和挖掘，人工智能技术可以帮助科学家们分析和挖掘大量数据，从而发现数据中隐藏的规律和趋势，如天文学数据分析中，通过人工智能技术帮助天文学家

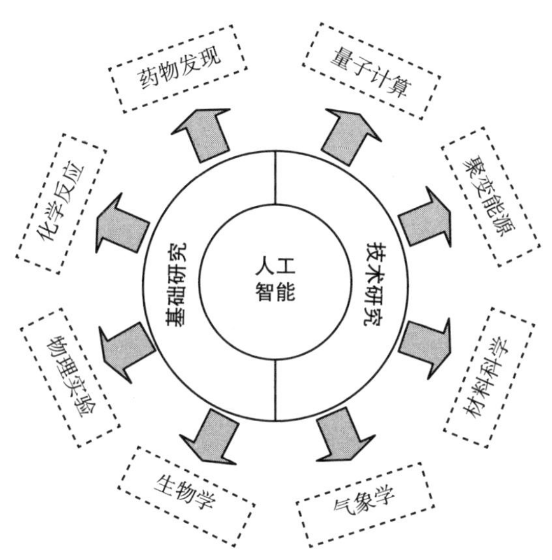

图1　人工智能赋能基础研究的路径

资料来源：依据公开资料整理。

更好地理解宇宙结构和演化。二是模拟和预测，人工智能可以模拟和预测复杂的系统和过程，从而帮助科学家们更好地理解和预测自然界的规律，如通过气候模拟预测未来气候变化。三是智能化实验，通过构建智能化实验室提高实验效率和精度，如在基因测序中，帮助科学家更快地分析基因序列。四是知识图谱，人工智能技术可以用于知识图谱的构建，如在生物信息学中，帮助科学家更好地理解生物分子的结构和功能。

三　人工智能赋能基础研究面临的制约因素

人工智能技术能够提升科学研究发现效率和加速成果产出，但在应用过程中也面临一些挑战和制约因素。

（一）大规模数据分析的数据质量和规模难以保证

数据的质量和规模直接影响人工智能研究的深度和广度。一方面，数据收集难度大，数据质量参差不齐。高质量的人工智能研究通常需要大量且多样的数据，但在实际操作中，收集这些数据可能会面临各种困难。例如，在生物医学领域，数据的获取可能受到法律法规限制，或者需要经过复杂的权限审批。这些因素都会限制数据的可用性和获取速度，进而影响研究进展。即使能够收集到大量数据，数据质量不均衡也是一个重大问题。数据可能存在噪声、缺失值或标注错误等问题，这些都会对人工智能模型的训练和性能造成负面影响。高质量的数据标注和清洗需要耗费大量的时间和精力，但在实际操作中，资源的限制可能导致数据质量的控制不到位。

另一方面，由于存在数据隐私和安全问题，数据规模不足。数据的隐私和安全也是人工智能研究中需要考虑的重要因素。在处理涉及个人隐私或敏感信息的数据时，需要严格遵循相关法律法规，采取数据脱敏和加密等措施。数据隐私和安全问题可能会限制数据的共享和使用，进而影响研究的全面性和深入性。人工智能算法，特别是深度学习模型，通常需要大规模的数据来进行训练和优化。然而，在涉及隐私和安全方面，现有数据集可能无法满足模型的需求。这种数据规模不足会导致模型的泛化能力降低，限制了人工智能技术在实际应用中的有效性和准确性。另外，不同研究机构和公司可能会使用不同的数据格式和标准，导致数据共享和互操作性差。这种问题使得跨机构、跨领域的数据整合变得困难，从而影响大规模数据分析和综合利用的效果。

（二）硬件资源不足，智能算力供需缺口较大

面对日益复杂的科学问题和数据密集型任务，算力短缺已成为制约创新的重要因素。在基因组学、天体物理学、材料科学和新药研发等领域，科研人员依赖人工智能模型进行大规模数据分析和预测。然而，模型的训练和推理往往需要消耗大量计算资源，而现有算力不足以支撑起如此庞大的运算需求，导致模型训练时间延长，甚至难以完成部分复杂科学任务。

算力不足直接影响了模型的精度和效率。人工智能模型在科研中的应用依赖高度精确地预测与分析，但由于算力有限，研究人员不得不在模型的规

模、复杂性和训练数据量之间妥协，模型精度下降，从而影响基础研究的成果和创新突破。尤其是在量子计算、材料科学和生命科学等领域，模型的高精度至关重要，算力不足使得突破性研究变得更加困难。

此外，自主芯片技术发展滞后进一步加剧了这一困境。目前，基础研究领域对进口高端芯片依赖严重，而国产智能芯片的性能和适配性尚未完全成熟，难以满足大规模科研计算需求。与此同时，国外芯片技术的垄断限制了国内科研团队获取先进算力资源的能力，进一步削弱了人工智能赋能基础研究的潜力。这种算力短缺与技术依赖的双重压力，严重影响了我国在前沿科技领域的创新能力与竞争力。

（三）人工智能算法缺乏准确性和可靠性

由于当前数据量的指数级增加，传统的数据处理方法已经无法满足需求。因此，研究人员需要不断开发新的人工智能算法和研发更高水平的算力技术，以便更好地处理和分析大规模数据。但是，由于人工智能技术的复杂性，可能会出现预测误差和偏差。人工智能，尤其是深度学习模型，虽然能够处理复杂的非线性问题，但由于复杂的结构，其决策过程往往难以解释。这种“黑箱”效应使得研究人员难以理解和控制算法做出预测的具体依据，一旦出现预测误差，很难找到并纠正其来源。对于基础研究领域，研究人员更需要对结果有精准的解释，而非盲目依赖于一个复杂且无法完全解释的模型。

尽管人工智能算法在大数据的支持下能够发现某些潜在规律，但它们通常缺乏各领域专家的知识整合。基础研究领域的规律和模式不仅依赖数据驱动，更依赖于学术积累和实践经验。如果人工智能算法不能有效结合这些领域知识，算法预测结果可能会偏离实际研究需要，甚至对科研成果产生误导。

（四）基础研究中人工智能应用的伦理与监管的挑战

人工智能技术的应用，特别是在基础研究领域，如医学和生命科学，往往伴随着伦理挑战。人工智能算法依赖大量训练数据，如果这些数据存在偏见或不均衡，算法可能会进一步放大这些偏见。例如，在医学领域，如果疾病诊断模型基于特定族群的数据进行训练，可能忽视其他族群的特征，从而导致诊断结果偏差。这不仅影响治疗方案的制定，还可能引发关于公平性和社会公正的伦理争议。因此，为确保人工智能算法的公平应用，避免误导性预测对基础研究产生负面影响，亟须强化监管机制和伦理审查。

在生命科学和医学研究中，人工智能技术通常需要使用大量患者数据进行训练和测试，尤其当涉及基因信息、病史等敏感个人信息时，数据的收集、使用和处理必须严格确保患者的知情且同意。然而，人工智能的复杂性往往使得数据的实际用途和潜在风险难以被全面理解，从而增加隐私泄露的风险。同时，人工智能技术的快速发展远超现有伦理和法律监管的完善进程。当前的法律和规章在规范人工智能技术在基础研究中的应用时，往往难以应对技术的复杂性，这使得监管机构在面对人工智能带来的伦理风险时，表现出一定的滞后性和被动性。

四 人工智能赋能上海基础研究动能提升的对策建议

为积极发挥人工智能在基础研究和技术研发过程中的催化剂和助推器作用，加快科技变革的速度，现提出以下建议。

一是推动数据使用规范化和数据共享，构建行业数据平台。强化非结构化数据的标注和管理，制定统一的规范。建立面向材料科学、生物医药、能源科学等领域的实验数据库，丰富基础研究和技术研发中需要的数据原材料。搭建多模态科学数据的科学数据平台，整合不同领域的文本、图像、实验结果等多样化数据，打破数据壁垒，实现不同领域的数据共享与交互，为跨学科研究提供支持。依托上海市人工智能标准化技术委员会，推进重点领域的地方标准制定工作，尽快制定数据安全、隐私保护在重点领域的技术标准，加强数据的分类分级管理，实现在数据安全保护下的信息共享，扩大应用范围，为科学研究提供数据支撑，推动上海标准成为中国标准乃至国际准则。推动行业自律自治，发挥各个行业组织和联盟的作用，通过发布数据使用的行业倡议，协助政府部门逐步建立数据共享机制，成立信息共享平台，提升行业内部的数据治理能力。加强数据治理使用规范，通过行业自律与政府监管相结合，推动数据在安全保护的基础上实现有序共享，进一步扩大数据的应用范围。

二是加大基础技术底座的研发支持力度，全面提升算力支撑水平。将人工智能赋能基础研究的平台作为核心基础设施，加大研发支持力度。通过设立财政专项资金，吸引社会资本投入，完善研发支持资金保障机制，重点突破通用芯片技术、创新优化定制化芯片，提升芯片的算力利用率。推动国产智能芯片的适配和应用，让其在各类算力平台中实现有效整合，加速构建自主可控的人工智能产业生态基础。建设“AI for Science”重大科技基础设施赋能平台，聚焦分子科学、能源科学、材料科学和集成电路等关键领域的重大科学技术问题。通过加快建设高性能、存算一体化的智能算力平台，强化人工智能训练和推理的计算能力，为基础研究科研团队提供智能计算服务。支持国产自主芯片的研发与应用，鼓励其积极参与国内算力平台设施建设。通过不断迭代升级，推动国产芯片技术的突破和成熟，从而打破国外技术的垄断。充分发挥长三角地区的优势，加强该区域内的算力资源统筹布局，形成智能算力网络，支撑人工智能在基础研究和技术研发中的大量计算工作。

三是打造具有挑战性的示范场景，引导长期性、独创性技术攻关。围绕基础研究和技术研发，聚焦新药研发、新材料发现、量子计算机、脑科学等人工智能赋能科学研究的重点领域，探索可复制、可推广的人工智能应用场景，形成系统化的解决方案，推动基础算法理论、通用智能技术成果在实际场景中的转化和应用，形成国内自主可控开源框架，打造完善的专业的开发者生态。设定具有挑战性的示范场景，如聚焦月球基地建设、火星探测任务、深海探索等重大科技项目，提出研制高度自主化智能化的任务，引导长期性独创性攻关项目开展和落地，推动人工智能技术在高端制造、航空航天、生命科学等领域取得突破性进展，逐步形成具有国际竞争力的核心技术体系。

四是加强产学研深度融合，构建自主可控的人工智能产业生态体系。突破现有的科技创新体制机制障碍，加快推动科技成果转化，尤其是促进前沿的人工智能技术从实验室走向实际场景应用，实现产业化。这要求政府、科研机构、企业三方紧密合作，建立健全产学研合作机制，通过共同研发、资源共享等方式，提升创新效率。推动多层次人工智能创新平台建设。目前，上海已经建成了一批具有领先优势的科研机构，如上海人工智能实验室、上海科学智能研究院、上海脑科学与类脑研究中心、上海人工智能算法研究院等。未来，进一步发挥这些平台的集聚效应，依托已有科研资源，搭建更广泛的跨学科、跨领域创新平台，加快推动新材料发现、量子计算、核聚变、脑科学等前沿领域的人工智能技术突破，形成多领域协同创新的局面。推动战略性科学研究与关键核心技术攻关，特别是在人工智能的基础理论、算法优化、芯片设计等领域实现自主可控。企业积极参与基础研究，推动技术研发与市场需求的深度结合，并通过与高校、科研机构的合作，逐步形成稳定的技术创新协同能力。

参考文献

郑令晗、李晨珂：《面向AI4S的数据要素供给：价值取向、路径选择与风险控制》，《图书与情报》2024年第3期。

吴超楠、袁野、陈燕华等：《数字技术创新链与产业链的融合升级研究——以新一代人工智能为例》，《科学管理研究》2024年第1期。

孙坦、张智雄、周力虹等：《人工智能驱动的第五科研范式（AI4S）变革与观察》，《农业图书情报学报》2023年第10期。

王飞跃、王雨桐：《数字科学家与平行科学：AI4S和S4AI的本源与目标》，《中国科学院院刊》2024年第1期。

佘惠敏：《人工智能加速基础研究变革》，《经济日报》2023年5月14日。

王飞跃、缪青海：《人工智能驱动的科学研究新范式：从AI4S到智能科学》，《中国科学院院刊》2023年第4期。

陈晓斌、张玉荣、刘斌：《人工智能、技术创新与效率变革》，《生产力研究》2021年第8期。

唐博文：《人工智能辅助药物设计的基础研究》，厦门大学博士学位论文，2020。

陈熙霖：《人工智能——从基础研究到无处不在》，《信息通信技术》2020 年第 2 期。

张鑫、王明辉：《中国人工智能发展态势及其促进策略》，《改革》2019 年第 9 期。

B.8
国资创投推动上海科技成果转化研究

李世奇*

摘　要：　上海在建设科创中心的过程中，高度重视以国资创投为代表的股权投资对于科技成果转化的支撑作用。近年来，上海政策支持创业投资高质量发展，政府投资基金发挥着引领带动作用，国资创投队伍不断壮大，培育和发展新质生产力的动能强劲，国资创投推动上海三大先导产业科技成果转化的成效显著。但是上海国资创投相对更加稳健，国资创投在发挥逆周期支撑科技成果转化的作用上仍有较大潜力。研究建议，明确国资创投基金对初创期企业投资比例的底线要求，打造专注于种子期的上海国资创投基金品牌，建立更加灵活的考核机制和退出机制。

关键词：　国资创投　科技成果转化　科创中心　先导产业

随着我国经济高质量发展进入创新驱动的关键时期，通过国资股权投资加大对科技创新和产业转型的支撑作用，正在成为地方政府推动创新链、产业链、资金链、人才链深度融合的重要举措。上海在建设科创中心的过程中，高度重视以国资创投为代表的股权投资对于科技成果转化的支撑作用，特别是种子轮、天使轮等早期创投，已经成为尚未取得收入的初创型科技企业最为重要的资金来源，有力提升了科技成果转化水平。但是近年来，包括上海在内的全国主要城市的股权投资均面临严峻挑战，进入低迷收缩周期，早期创投的活跃度更是显著降低，特别是市场化创投基金愈发保守，急需国

* 李世奇，博士，上海社会科学院经济研究所副研究员，主要研究方向为宏观经济增长与科技创新政策评估。

资创投基金逆势而上，弥补市场化资金退出的缺口。上海国资对创业投资的支持力度仍有较大潜力可挖掘，只有更好地发挥国资创投逆周期支撑科技成果转化的关键作用，才能有力推动上海科技、产业、金融的良性循环，为上海更好地服务国家高水平科技自立自强、加快建设现代化产业体系提供强大引擎动力。

一　国资创投推动上海科技成果转化的主要进展

（一）政策支撑上海创业投资高质量发展，政府投资基金发挥引领带动作用

创业投资作为上海“五个中心”建设的重要力量，得到了中央和地方各级政府政策的大力支持。特别是2024年以来，国务院印发《促进创业投资高质量发展的若干政策措施》（以下简称“创投17条”），重点强调要围绕创业投资“募投管退”全链条，进一步完善政策环境和管理制度，积极支持创业投资做大做强，充分发挥创业投资支持科技创新的重要作用，按照市场化法治化原则引导创业投资稳定和加大对重点领域的投入，强化企业创新主体地位，促进科技型企业成长，为培育发展新质生产力、实现高水平科技自立自强、塑造发展新动能新优势提供有力支撑。“创投17条”从五个方面明确了我国创业投资高质量发展的重点。

第一，培育多元化创业投资主体，加快培育高质量创业投资机构，鼓励行业骨干企业、科研机构、创新创业平台机构等参与创业投资，支持专业性创业投资机构发展，加大高新技术细分领域专业性创业投资机构培育力度。第二，多渠道拓宽创业投资资金来源，鼓励长期资金投向创业投资，支持保险机构按照市场化原则做好对创业投资基金的投资，支持资产管理机构加大对创业投资的投入，支持资产管理机构开发与创业投资相适应的长期投资产品，扩大金融资产投资公司直接股权投资试点范围，丰富创业投资基金产品类型，鼓励推出更多股债混合型创业投资基金产品，更好地匹配长期资金配

置特点和风险偏好。第三，加强创业投资政府引导和差异化监管，建立创业投资与创新创业项目对接机制，实施“科技产业金融一体化专项”，实施专利产业化促进中小企业成长计划，鼓励创业投资机构围绕企业专利产业化开展领投和针对性服务，持续落实落细创业投资企业税收优惠政策，实施符合创业投资基金特点的差异化监管，有序扩大创业投资对外开放。第四，健全创业投资退出机制，拓宽创业投资退出渠道，对突破关键核心技术的科技型企业，建立上市融资、债券发行、并购重组绿色通道，优化创业投资基金退出政策，支持发展并购基金和创业投资二级市场基金。第五，优化创业投资市场环境，优化创业投资行业发展环境，建立创业投资新出台重大政策会商机制，营造支持科技创新的良好金融生态，支持银行与创业投资机构加强合作，开展“贷款+外部直投”等业务。

“创投 17 条”特别指出要发挥政府出资的创业投资基金作用，落实和完善国资创业投资管理制度。一方面，充分发挥国家新兴产业创业投资引导基金、国家中小企业发展基金、国家科技成果转化引导基金等的作用，进一步做优做强，提高市场化运作效率，通过“母基金+参股+直投”方式支持战略性新兴产业和未来产业发展；优化政府出资的创业投资基金管理，改革完善基金考核、容错免责机制，健全绩效评价制度；系统研究解决政府出资的创业投资基金集中到期退出问题。另一方面，支持有条件的国有企业发挥自身优势，利用创业投资基金加大对行业科技领军企业、科技成果转化和产业链上下游中小企业的投资力度。健全符合创业投资行业特点和发展规律的国资创业投资管理体制和尽职合规责任豁免机制，探索对国资创业投资机构按照整个基金生命周期进行考核。“创投 17 条”在国资创投运作模式、评价机制和管理制度等方面迈出了坚实的改革步伐，为上海国资创投的未来发展提供了强大的动力。

上海在“创投 17 条”的指导下，出台了《上海市人民政府办公厅关于进一步推动上海创业投资高质量发展的若干意见》，明确提出要进一步加快上海创业投资行业发展，充分发挥市场在配置创新资源中的决定性作用，在财政资金和国有资本的引导带动下，有序吸引有条件的社会资本进入创业投资领域。持续加大对集成电路、生物医药、人工智能三大先导产业和电子信息、生命健康、汽车、高端装备、先进材料等重点产业的支持力度；加快元宇宙、绿色低碳、数字经济、智能终端等新赛道和未来健康、未来智能、未来能源、未来空间、未来材料等未来产业布局；助推传统产业数字化、绿色化转型，不断提升创业投资发展活力，营造行业发展良好环境，形成一套综合化、系统化、专业化的投资服务生态体系，促进创新链、产业链、资金链、人才链深度融合，推动上海国际金融中心和国际科创中心联动发展，逐步建成具有世界竞争力的创业投资集聚发展新高地。值得注意的是，“充分发挥各类政府投资基金的引导带动作用”成为上海推动创业投资高质量发展的主要抓手。

表1　上海充分发挥各类政府投资基金引导带动作用的重点举措

重点举措	主要内容
加强各类政府投资基金、国资基金的统筹协调	对本市政府投资基金、国资基金功能定位、投资方向、聚焦领域及行业发展等重大政策问题进行综合研判和统筹协调。集中资源打造兼具投资、运营功能的国有资本投资运营专业平台和高能级基金管理机构。加强国资存量基金整合优化，推动各投资阶段合理布局、平衡发展，打造适配科创企业和战略性新兴产业发展的基金体系，培育开放协同的基金生态
建立健全政府投资基金持续投入机制	依托三大先导产业母基金，重点发挥补链强链等作用，遴选专业投资团队，重点支持种子期、初创期、成长期的科技型企业，推动原始创新和成果转化。新设上海市未来产业基金，重点投向处于概念验证和中试等早期阶段的硬科技领域和未来产业。有序扩大上海市创业投资引导基金、天使投资引导基金规模。持续优化政府引导基金考核与绩效评价机制，发挥财政资金的杠杆放大作用，在风险可控的前提下，带动各类社会资金开展创业投资。积极探索形成财政资金、国资收益和社会资金多渠道并举的滚动投入机制
持续实施政府引导基金优惠支持政策	探索上海市未来产业基金、天使投资引导基金、创业投资引导基金阶梯化让利机制。研究适当提高政府引导基金对创业投资企业出资比例。鼓励开展硬科技领域早期投资，探索实施政府引导基金技术尽调和评审，对主要投向硬科技领域的子基金，政府引导基金在同等条件下优先支持。对挖掘初创项目能力强、投资项目科技含量高的基金管理机构，支持政府引导基金在一定额度内开展滚动投资

重点举措	主要内容
优化国有资本考核与评价机制	建立健全适应创业投资行业特点的长周期考核评价机制，强化"募投管退"全流程管理。深化国有创业投资企业市场化运作试点，鼓励国有创业投资企业内部实施有效的管理人员约束和激励机制，并与投资效益相结合，持续探索跟投、评估、事前约定股权退出等创新。优化评估管理，允许评估备案管理单位制定估值管理制度，科创类项目投资以估值报告为价格参考依据。落实尽职免责，对科技领域投资未能实现预期目标，但依照国家和本市有关决策、规定实施，且勤勉尽责未谋取私利的，不作负面评价

资料来源：《上海市人民政府办公厅关于进一步推动上海创业投资高质量发展的若干意见》。

（二）上海国资创投队伍不断壮大，培育发展新质生产力动力强劲

2024 年，上海国资创投队伍通过战略重组形成了推动新质生产力发展的拳头力量。为实施国有资本投资运营公司改革，深化国企改革，打造具备科创引领力和国际影响力的行业龙头公司，上海国投公司与上海科创集团联合重组。此次重组是上海推进国资平台和国资基金联动改革的一项战略性、基础性、牵引性工作，通过加强联动协作、整合现有资源，充分发挥两大平台的自有优势和资源基础，进一步衔接机制、集聚人才、整合资源，串联政府、产业、资本资源，努力实现基金布局协同、体制机制协同、管理团队协同和企业文化协同，共同推动上海科技成果产业化加速落地。上海国投管理的上海三大先导产业母基金在 2024 年正式落地，其中，集成电路母基金规模为 450.01 亿元，生物医药母基金规模为 215.01 亿元，人工智能母基金规模为 225.01 亿元，总规模达到 890 亿元。

上海科创集团是以早期创投为主业的国有投资平台，也是上海市创业投资引导基金、上海集成电路产业投资基金、上海市战略性新兴产业重大项目、上海市融资担保专项资金等的管理者，秉持"投早投小投长期投硬科技"核心理念，聚焦集成电路、生物医药、人工智能三大先导产业，形成基金投资管理、直接投资管理、战新产业投资管理、科技金融服务四大投资

管理功能，投资培育了中芯国际、中微公司、上海微电子装备、盛美上海和积塔半导体等一大批“卡脖子”领域硬核科创企业。截至2024年6月30日，上海科创集团总资产720亿元，管理规模1030亿元，累计实现科创板上市102家，占科创板总数的16%。2024年，上海科创集团以与上海国投重组为契机，聚焦创新策源主业，以“成为科创与产业的链接者、科创策源信号的捕捉者、科创策源生态的塑造者”为目标，搭建政企学研合作平台，强化种子与天使轮的早期投资，打造完善的科创投资生态，初步建立起国投特色科创策源体系，形成了一套科创策源机制，推动了一批重大或特色策源成果的形成。

上海国际集团牵头设立的上海科创基金也是推动上海科技成果转化的重要战略力量，作为2017年发起设立的市场化母基金，始终坚持科技引领，着力发挥资本桥头堡、创新助推器、招引前哨站、行业领航员的功能作用，积极打造涵盖母基金、直投基金、早期硬科技基金、S基金的产品矩阵，通过积极探索市场化、专业化、生态化的母基金可持续发展道路，上海科创基金已经成为推进上海国际金融中心和科创中心建设联动发展的重要力量。截至2024年4月，上海科创基金管理规模超过140亿元，已投资子基金超过90只，子基金签约总规模超过2000亿元，投资组合企业超过2000家，其中国家级专精特新“小巨人”企业320家、已上市企业135家。2023年5月，上海国际集团牵头设立了规模15亿元的S基金——上海科创接力一期基金，这也是上海国资体系第一只创投类S基金，2024年上海科创S基金进一步扩容至100亿元的规模，S基金具有为资本接力、为科创助力的重要价值，有利于形成科创投资的资本接力机制，促进金融与产业资本畅通循环，助力上海科创金融生态体系持续完善。上海科创基金以百亿科创接力基金启动为契机，进一步发挥母基金生态协同优势，持续强化产品组合在投资阶段上的梯次接力和投资策略上的协同联动，提升全阶段全链条科创金融服务能力，为科创企业提供全产业链协同、全生命周期陪伴和全方位资源加持。

浦东新区作为社会主义现代化建设引领区，构建了包括科创母基金、引领区产业母基金和天使母基金在内的三大国资母基金矩阵。浦东科创母基金围绕硬核产业已设立7只子基金，实现了浦东中国芯、创新药、蓝天梦、未来车、智能造和数据港等六大硬核产业全覆盖，累计投资123个项目，涉及金额约53.67亿元，带动社会投资约400亿元。引领区产业母基金采取“揭榜挂帅”“赛马机制”等方式，遴选专业化市场化管理人，聚焦科技创新、产业发展、功能平台、投资促进四大功能，预计可撬动超过1000亿元社会资金参与，到2025年预计通过引领区产业母基金形成1000亿元的子基金群投资浦东，并实现不低于300亿元的投资金额落地浦东。浦东持续加大国资创投投入，预计到2025年底，浦东国资创投体系将带动社会各类基金达到4000亿元的总规模。

（三）国资创投推动上海三大先导产业科技成果转化成效显著

上海国资创投各路大军围绕上海集成电路、生物医药、人工智能三大先导产业以及电子信息、生命健康、汽车、高端装备、先进材料、时尚消费品六大重点产业的前沿技术领域与关键环节，同时在元宇宙、绿色低碳、智能终端、数字经济等四大新赛道领域也积极布局，通过国资创投助推下的科技成果转化，支撑上海现代化体系建设。

表2　国资创投推动上海集成电路产业科技成果转化典型案例

企业名称	轮次	金额	投资方	简介
超硅半导体	A轮	未披露	上海集成电路产业投资基金	是一家集成电路硅片制造商，主要从事集成电路200mm/300mm单晶硅晶体生长装备系统、人工晶体、半导体材料等相关领域产品的研发、生产与销售。2020年获得A轮融资，2024年获得C轮融资
	C轮	未披露		
集益威半导体	A+轮	未披露	上海集成电路产业投资基金	成立于2019年，主要从事高端模拟芯片和数字混合信号芯片的设计和研发，致力于高性能和低功耗锁相环、模数和数模转换和数据高速传输串并联接口的研发和产业化发展。2022年获得A+轮融资

续表

企业名称	轮次	金额	投资方	简介
显耀显示	A 轮	数亿元	上海科创投	专注于 MicroLED 芯片和面板研发生产,致力于 0.5 英寸以下超微小型显示器的研发和生产,主要为近眼显示 AR、汽车抬头显示 HUD、微型投影仪等应用提供产品和解决方案。2023 年获得 A 轮融资
新阳硅密	B 轮	上亿元	上海科创投 上海国鑫投资	专注于半导体湿法制程电镀设备及相关湿法装备的研发、生产、销售及服务,产品有水平电镀设备、化学镀设备、清洗/去胶设备等。2024 年获得 B 轮融资
陛通半导体	C 轮	未披露	上海科创投	是一家半导体薄膜沉积设备研发制造商,主要产品有磁控溅射 PVD、射频溅射 PVD、反应离子溅射 PVD,应用于国内化合物半导体 SiC、GaN、IGBT、MOSFET 等功率芯片制造。2022 年获得 C 轮融资,2023 年获得 C+轮融资
	C+轮	5 亿元		
精积微半导体	A 轮	未披露	上海科创投	成立于 2021 年,是一家半导体检测设备研发商,专注于从事明场晶圆有图形缺陷检测设备领域相关产品的研究开发以及生产制造等,致力于开展半导体检测领域相关设备的研发及产品化。2023 年获得 A 轮融资
沐曦集成电路	A 轮	10 亿元	上海科创基金	成立于 2020 年,基于数据压缩、数据广播、共享硬件加速单元等技术,研发全兼容 CUDA 及 ROCm 生态的国产高性能 GPU 芯片,旗下产品服务于人工智能、智慧城市、数据中心、云计算、自动驾驶、数字孪生、元宇宙等前沿领域。2021 年获得 A 轮融资,2024 年获得 C+轮融资
	C+轮	未披露		
韬润半导体	C 轮	未披露	上海科创基金	是一家模数芯片混合设计研发商,具备高性能数模/模数转换能力、高性能 serdes 能力,在模拟、模数混合设计的赛道持续深耕。2023 年获得 C 轮融资

续表

企业名称	轮次	金额	投资方	简介
晟联科	B+轮	未披露	海望资本	为加速 HPC 芯片算力提供高速接口，全面满足高性能计算、数据中心、人工智能及通信系统等领域对高速数据传输的高可靠性、低误码率及远距离传输需求。2024 年获得 B+轮融资
传芯半导体	天使轮	未披露	临港科创投	成立于 2020 年，主要负责半导体级电子材料的研发、制造，目前拥有半导体级 14 纳米光掩模基板生产线。2021 年获得天使轮融资，2023 年获得 A 轮融资
	A 轮	未披露		

资料来源：根据公开资料整理。

表 3　国资创投推动上海生物医药产业科技成果转化典型案例

企业名称	轮次	金额	投资方	简介
宝济药业	C 轮	数亿元	上海科创投 上海生物医药产业股权投资基金	专注于基因工程重组蛋白药物、双特异抗体药物等生物产品全流程开发，生产设施涵盖哺乳动物细胞表达系统及微生物表达系统的多条原液生产线。2024 年获得 C 轮融资
博动医疗	B 轮	数亿元	上海科创投	提供赋能泛血管介入手术数字化决策的综合精准诊疗解决方案，主要包括冠状动脉疾病、脑血管疾病、结构性心脏病及外周动脉疾病的诊断及介入治疗。2020 年获得 B 轮融资
励楷科技	B+轮	2 亿元	上海科创基金	是一家脑血管介入手术器械研发商，主要以神经介入为切入点，生产颅内导丝、颅内输送导管抽吸导管、颅内微导管、颅内机械取栓等五大类核心产品。2022 年获得 B+轮融资，2024 年获得 C+轮融资
	C+轮	未披露		

续表

企业名称	轮次	金额	投资方	简介
泰楚生物	A 轮	4 亿元	上海科创基金	成立于 2020 年,是一家新药成药性评价服务商,提供生物医药非临床成药性评价、抗体药物发现、抗体药物工艺开发和生产、高端制剂递送系统开发及生产、小核酸工艺开发及生产等服务。2023 年获得 A 轮融资
天泽云泰	B 轮	未披露	上海科创基金	成立于 2020 年,主要将前沿的基因递送、基因编辑及细胞治疗技术转化为遗传性疾病、神经性疾病等临床疾病的治疗方法。2023 年获得 B 轮融资
原启生物	B 轮	未披露	上海科创基金	是一家肿瘤药物研发商,致力于通过自主创新技术平台开发肿瘤细胞免疫治疗产品,用于治疗复发难治多发性骨髓瘤,推出双特异性抗体。2022 年获得 B 轮融资
汇禾医疗	B 轮	数亿元	上海科创基金	是一家结构性心脏病介入医疗器械研发商,自主研发产品有三尖瓣介入修复系统、介入三尖瓣成形器械 K-Clip,适用于三尖瓣重度反流且中度以下肺动脉高压者。2021 年获得 B 轮融资,2022 年获得 C 轮融资
	C 轮	数亿元		
亲合力生物	B 轮	数亿元	海望资本	是一家抗肿瘤创新药物研发商,搭建肿瘤微环境响应型药物研发平台,利用蛋白酶在肿瘤组织特异性高表达的特点,开发在肿瘤微环境中激活的药物递送系统。2023 年获得 B 轮融资
璎黎药业	A+轮	未披露	海望资本	专注于 1 类口服小分子创新药的研发和产业化,聚焦肿瘤及其他疾病创新疗法的领域,主要产品为林普利塞片等。2023 年获得 A+轮融资
中科新生命	C 轮	数亿元	盛石资本	是一家质谱多组学精准医疗解决方案提供商,专注于质谱多组学精准医疗和生命大健康产业链建设领域。2024 年获得 C 轮融资

资料来源：根据公开资料整理。

表 4　国资创投推动上海人工智能产业科技成果转化典型案例

企业名称	轮次	金额	投资方	简介
立芯软件	A+轮	未披露	海望资本	成立于 2020 年,专注于数字电路物理设计、逻辑综合、3DIC/chiplet 系统设计等电子设计自动化(EDA)工具开发,助力搭建中国自主化芯片研发生态系统。2022 年获得 A+轮融资
时擎科技	B 轮	未披露	海望资本	是一家专注人工智能处理芯片研发商,通过架构创新和定制化芯片设计,为广泛的端侧设备提供支持语音、视觉、影像、显示等多模态智能人机交互和数据处理的芯片产品及完整的系统级解决方案。2022 年获得 B 轮融资
达闼机器人	B+轮	10 亿元	国盛资本	是一家云端智能机器人研发商,通过人工增强、多模态融合 AI 和数字孪生等技术,将各种类型机器人通过移动内联网和标准化机器人控制器安全连接到云端大脑,获得智能语音、智能图像、智能行动等能力。2021 年获得 B+轮融资,2023 年获得 C 轮融资
	C 轮	10 亿元		
速芯科技	A 轮	1 亿元	上海自贸试验区基金 上海临港新片区基金	是一家专注于微流控技术研发应用的高新技术企业,主要从事微流控产品的研发、生产和销售等业务。2022 年获得 A 轮融资
无问芯穹	A 轮	5 亿元	临港科创投	成立于 2023 年,通过部署工具链、软硬件一体化整机方案和端侧大模型专用 IP 等产品,降低大模型的使用门槛,为用户提供 AI 开发和应用整体解决方案。2024 年获得 A 轮融资
物自体科技	天使轮	未披露	临港科创投	成立于 2023 年,是一家服务于网络达人和 MCN 机构的 AI 公司,专注于利用 AI 来支持社交媒体达人的成长,通过机器学习、数据分析和自然语言处理等人工智能前沿技术,为达人提供独特的见解和工具。2024 年获得天使轮融资

续表

企业名称	轮次	金额	投资方	简介
傅利叶智能	C+轮	数千万元	临港科创投	是一家通用机器人平台型企业，以全栈式机器人核心技术为基石、以创新型机器人本体产品为载体，垂直应用于健康、教育等多个生态场景。2021 年获得 C 轮融资
乐言科技	D 轮	数亿元	临港科创投	是一家人工智能客服服务提供商，致力于将 AI 前沿技术赋能各垂直行业客户，在电商客服、金融咨询、政务问答、医疗问诊等领域进行广泛应用。2021 年获得 D 轮融资

资料来源：据公开资料整理。

二　国资创投推动科技成果转化的比较分析

（一）近年来上海股权融资活跃度有所降低

上海股权融资活跃度长期以来与北京、深圳共同处在全国第一方阵。根据公开披露的融资信息，上海企业在 2021 年获得 2833 次股权融资，经过连续两年增长后超过北京排全国第一。但是 2022 年上海股权融资活跃度出现下滑，融资次数同比下降 13.27%，但北京和深圳仍然保持增长态势，北京超过上海排全国第一，深圳企业获得融资次数也首次超过 2000 次，进一步缩小了与上海之间的差距。

2023 年以来，由于美国等发达经济体持续加息，对国内资本市场形成较大流动性压力，全国股权投资基金的风险偏好持续下降。2023 年，上海企业获得 1282 次股权融资，同比下降 11.11%，降幅略低于全国平均的 18.43%。从长期趋势来看，上海融资活跃度已经连续出现两年下滑，股权融资已经处在收缩周期。特别是上海获得融资的企业主要集中在集成电路、生物医药和人工智能等三大先导产业领域，研发及生产活动对现金流的稳定性要求极高，市场化股权投资基金的收缩，极易造成创新型企业资金链断裂。

（二）早期创投收缩力度相对更大，对科技成果转化产生不利影响

上海种子轮、天使轮融资在股权融资活动中收缩现象较为显著。2023年，上海企业获得种子轮、天使轮融资 237 次，相比上年同期下降12.22%。无论是从种子轮、天使轮融资的绝对次数还是从相对股权融资的占比来看，上海早期创投活动已经出现收缩趋势。2021 年上海以 394 次种子轮、天使轮融资排名升至全国第一，与北京的 328 次、深圳的 272 次、杭州的 230 次、苏州的 144 次相比优势明显，但是到 2022 年上海下降至270 次，被北京的 304 次反超，深圳、杭州、苏州等城市与上海的差距也在缩小。从占比来看，上海种子轮、天使轮融资次数占股权融资次数的比重也从 2019 年的 13.93%下降到 2023 年的 10.85%。上海在早期创投上相较于北京、深圳以及其他长三角主要城市的优势在减弱，一方面会降低上海对硬核科技领域创业型人才的吸引力，另一方面也会削弱上海在科技成果转化方面的竞争力。

（三）上海国资股权投资相对更加稳健保守

上海国资股权投资基金在推动科技创新和产业转型方面发挥了重要作用。截至 2024 年 10 月，上海政府部门及国有企业出资（以下简称“国资”）并作为基金管理人（即 GP）在管的基金数量已经达到 977 只，基金规模达到 11859 亿元，直接投资企业 3742 家；作为基金出资人（即 LP）参与投资的基金数量达到 1630 只，累计投资基金募集规模 48469 亿元，间接投资企业 7610 家。但是上海国资更加偏好成立追求相对稳定收益的成长型投资基金，而对成立需要承担较大风险的创业型投资基金则略显保守。2019年至今，上海国资新成立管理成长型基金 305 只、创投型基金 153 只以及政府引导基金 19 只，北京分别为 263 只、110 只和 41 只，深圳分别为 212 只、

223只和10只，杭州分别为153只、52只和25只，苏州分别为157只、174只和21只，南京分别为53只、44只和13只，合肥分别为35只、70只和11只。上海同北京、杭州、南京一样，国资股权投资基金以成长型基金为主，创投型基金为辅，而深圳、苏州和合肥则两者并重。上海国资股权投资更趋稳健保守，对具有较大风险的科技成果转化支持不足。

（四）上海国资早期创投在逆周期支撑作用上仍有较大潜力

从上海国资作为GP直接投资的企业所处发展阶段（种子期、成长期、扩张期、成熟期）来看，投资于种子期的比例相对偏低，而种子期企业恰恰是从事科技成果转化的主力军。上海国资早期创投活跃度尤为不足，2019年至今，上海国资直接投资的种子期企业占比仅为6.62%，低于北京的8.77%、深圳的6.82%、杭州的11.42%、苏州的12.26%、南京的25.27%、宁波的12.14%、合肥的14.93%。上海国资创投在“投早投小”上相比于北京、深圳以及长三角其他主要城市的差距有所拉大，无法有效满足亟须“雪中送炭”的初创型科技企业的资金需求。

三　加强国资创投推动上海科技成果转化的对策建议

（一）上海国资创投要更好地发挥逆周期调节作用

在新发展阶段，政府股权投资在科技创新、产业转型、招商引资等方面发挥着重要作用，长期来看股权投资对经济增长的推动作用已经超过固定资产投资。政府股权投资要主动提高风险偏好，弥补市场投资的不足，特别是对风险较大的初创型科技企业要加大投资力度。上海国资股权投资基金管理主体应不断提高创业型投资基金比重，争取在三到五年的时间里，形成国资创业型基金和成长型基金并重的局面。

建立上海国资创投的逆周期调节机制，特别是要发挥上海国资创投对科技成果转化的关键作用，明确国资创投基金对种子期企业投资数量比例的底线要求，熨平下行周期初创型科技企业所处融资环境的大幅波动。进一步优化国资创投的招投联动模式，依托上海多层次资本市场体系，强化“产业+基地+基金”“直投+基金”“房东+股东”的复合功能，发挥国资创投推动科技创新和产业转型的关键作用，为上海经济高质量发展增添新动能。

（二）打造专注于种子期的上海国资创投基金品牌

上海国资创投各路大军要在推动科技成果转化上形成合力。现阶段，在“投小投早投硬科技”上，上海仍然缺乏具有国际影响力且专注于直接投资种子期的国资创投基金，建议在市级层面统筹国资创投各方力量，特别是动员上海各大高校参与，建立直接投资和间接投资并重地专注于种子轮、天使轮的上海国资创投品牌，淡化 GP 和 LP 的界限，推动上海高校院所科技成果青果子转化为科技创新熟果子。积极打造涵盖天使、种子、VC、PE、母基金、S 基金、不动产基金、公募基金的全周期、全链条的上海国资基金体系。优化上海国资国企产业板块，推动业务重组整合，建立以创新投资、产业培育为核心，综合实力位居全国前列的国资创投机构。鼓励国资创投投资创新联合体、新型研发机构等新型创新主体，为硬核科技产业发展注入源头活水。

（三）建立更加灵活的考核机制和退出机制

坚持市场化运作原则，遵循科技和产业发展规律，实行专业化管理。根据技术分类和产业分类建立国资创投基金的业绩评价机制，针对战略性、种子期投资建立长周期考核体系。对处在不同发展阶段的投资项目，设立多样化的考核标准，不追求单一投资项目的绝对收益，允许到期后原估值退出，为引进 S 基金创造更好的条件，推动国资 GP 和市场化 LP“双向奔赴”。以政府引导母基金为核心，推动创投和招商一体化运作，实施新一轮促进金融服务创新支持上海科创中心建设行动计划，重点加大上海国资创投对科技成果转化的支持力度。

B.9
海内外创新资源整合推动上海新质生产力培育的研究

刘朝煜*

摘　要： 海内外创新资源整合是推动上海新质生产力培育的重要举措。本文依托上海市侨联2024年度海内外优秀创新项目落地上海的调研，有效实现海外优秀创新项目与上海投融资机构的对接，为以集成电路、人工智能、生物医药等为代表的上海新质生产力培育提供技术和资金支持。调研发现，海外优秀创新项目的引进普遍存在项目落地困难、投融资机构资金错配、多方创新资源整合效果不佳的问题，其原因包括创新网络关键节点能级不足、创新生态不健全、创新体制机制不完善等，未来上海市侨联可在夯实创新网络节点、整合创新网络资源、推动设立政府投资基金、增强创新服务能力等方面打破新质生产力培育的体制机制障碍，协同推进上海国际金融中心和科技创新中心建设。

关键词： 创新资源整合　海外创新项目　投融资机构　新质生产力　“五个中心”

2024年6月24日，习近平总书记在全国科技大会、国家科学技术奖励大会、两院院士大会上的讲话中指出，要坚持目标导向和问题导向相结合，针对我国科技创新组织化协同化程度不高，科技资源分散、重复等问题，深

* 刘朝煜，博士，上海社会科学院经济研究所助理研究员，主要研究方向为政治经济学、创新与产业升级等。

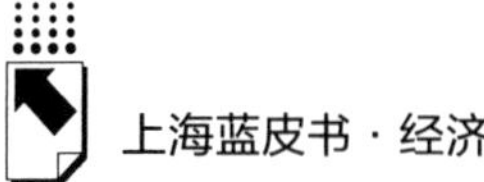

化科技管理体制改革，统筹各类创新平台建设，加强创新资源统筹和力量组织，明确了整合创新资源和力量对于新时期科技创新，进而培育新质生产力具有关键作用。作为联通中外、沟通世界的社会团体，上海市侨联在整合海内外优秀创新资源方面具有天然优势，因此如何发挥这种优势将创新资源整合为新质生产力的培育资源是上海市侨联面临的新时代课题。

一　研究背景

（一）政策背景

党的二十届三中全会提出发展新质生产力需推动“生产要素创新性配置”，改进生产要素的传统配置方式需充分利用国内国际两个市场、两种资源，着力引导国内国际生产要素向创新领域集中，从而为新质生产力培育创造有利条件。2024 年 4 月，中国侨联开展四个“一百”和两个“十”工作，旨在通过建立项目数据库、海外专业社团和海外华商组织花名册等方式整合侨联系统资源，推动侨联工作服务新时代高质量发展。有鉴于此，上海市侨联聚焦“关键共性技术、前沿引领技术、现代工程技术、颠覆性技术创新”，通过整合海内外优秀创新项目和投融资机构资源，推动上海新质生产力培育，为实现中国式现代化更好地汇聚侨力、贡献侨智。

（二）现实背景

2024 年，上海市侨联深入贯彻习近平总书记考察上海时的重要讲话精神，落实中国侨联工作部署，深耕“侨连五洲”品牌，紧密围绕上海“五个中心”建设大局和大统战工作格局，积极助力上海建设国际金融中心和科技创新中心，通过侨联平台集聚海内外优秀创新资源，同时通过对接海内外优秀创新资源推进新质生产力培育。

事实上，在多个创新城市排名榜单中，上海与世界领先的科创城市之间均存在一定差距（见图 1）。在清华大学产业发展与环境治理研究中心公布的

《国际科技创新中心指数》、仲量联行公布的《全球创新城市指数报告》、上海市经济信息中心公布的《全球科技创新中心评估报告》等榜单中，尽管上海的排名在 2020～2023 年均有所上升，但总体仅徘徊在第 10 名的位次。在 2thinknow 公司公布的《全球创新城市指数》中，上海 2020～2021 年排名全球第 15 位，2022～2023 年排名大幅下滑至第 46 位，位于旧金山湾区、纽约、波士顿、北京、伦敦、东京、巴黎、新加坡、首尔等主要城市或城市群之后。

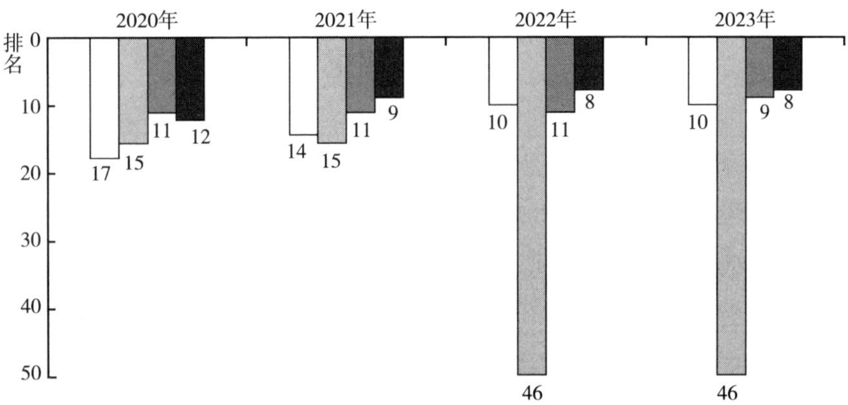

图 1　2020～2023 年上海在全球科创城市中的排名

2020 年以来，习近平总书记先后在党的十九届五中全会、中央经济工作会议、两院院士大会等场合多次提到“实现科技自立自强”，由此可见，独立自主科技创新迫在眉睫。上海必须把握本轮科技创新机遇，对接全球领先的创新资源，夯实科技创新基础。只有突破核心技术瓶颈，上海才能实现新质生产力培育水平的跃升，真正打造具有国际影响力的科技创新中心。

（三）既有工作基础

为吸引海内外优秀创新项目等科创资源成功落地，上海市侨联积极盘整历年工作基础，踊跃扩展工作思路，主动对标新质生产力的培育标准，最终将“招才引智”确定为2024年的工作重点。2023年，上海市侨联开展了海外人才引进的调研，指出现阶段海外引才面临着国际环境复杂、国内竞争激烈、政策知易行难、驱动内因改变等一系列挑战，为今后工作提供了理论准备。在实践方面，上海市侨联于2023年11月7日成功举办“侨连五洲·沪上进博”主题活动之长三角与东南亚华商合作交流会，建立起长三角创新项目与东南亚华商的对接平台，为今后吸引海内外优秀项目打下了坚实的基础。除此之外，上海市侨联还通过“新侨双创在上海”品牌全面推进市区联动和跨区域联动，与上海各区侨联、长三角兄弟省份侨联以及侨界金融投资沙龙等侨界组织建立起紧密合作的关系，积累了丰富的新质生产力培育资源。

二　调研成果

有鉴于2023年已经搭建起长三角创新项目与海外投融资资源的对接平台，上海市侨联将新质生产力培育的发力点聚焦海外优秀创新项目与上海投融资机构的务实链接。海外创新项目通常不是孤立的元素，其背后往往有专业社团和专业人士作支撑，因此如何通过吸引海外优秀创新项目赋能上海新质生产力培育，本质上就是建立与创新项目相关的专业社团的联系，以及对接项目相关的专业人士，包括海外院士、领域专家和知名学者等。

（一）总体框架

上海市侨联整合海外优秀创新项目和上海投融资机构等海内外创新资源的总体工作共分为三个阶段，即筹备阶段、实施阶段和总结阶段。

筹备阶段为2023年12月至2024年2月，在此期间上海市侨联开展了多轮课题前期论证工作，系统分析了开展海外专业社团与上海投融资机构对接的可行性与重难点，并于2024年初召开了长宁、普陀、奉贤、杨浦四场高质量片会，统筹市、区两级工作资源。

实施阶段为2024年2~11月，在调研实施过程中，上海市侨联不断积累经验，逐渐形成了“1+1+X”的工作格局，其中第一个“1”指“侨连五洲·

沪上进博”主论坛，第二个“1”指“长三角与海外创新资源对接交流会”（以下简称“对接交流会”），“X”指若干个“新侨双创在上海”市区联动项目。在“1+1+X”工作格局下，上海市侨联创造性地构建起“侨联搭台—海外专业社团唱戏—金融助力”的框架模式，运用市场化和项目化手段吸引海外创新资源落地。5 月，上海市侨联组团先后出访英国、法国、西班牙等国，实地对接海外专业社团和专业人士等创新资源。此外，上海市侨联还通过上海市工商联、各区侨联、兄弟省份侨联、侨界金融投资沙龙等机构和组织，同步联系到超过 100 家位于上海的投融资机构。11 月 6~9 日，“侨连五洲 · 沪上进博”活动及长三角与海外创新资源对接交流会在上海成功举办。

总结阶段为 2024 年 11 ~ 12 月，上海市侨联全面总结“侨连五洲 · 沪上进博”活动筹备和实施的经验，同时结合“新侨双创在上海”市区联动项目继续开展海外专业社团和投融资机构对接，最终形成吸引海外优秀创新项目落地上海、推动新质生产力发展的“侨联方案”。

（二）调研方法

在工作过程中，上海市侨联综合运用走访调研、出访调研、联合调研、专家座谈等多种形式的调研方法，力求扩大创新项目和投融资机构的覆盖面，提升新质生产力资源整合的精准度和实效性。截至 9 月，上海市侨联已累计走访企业和园区 50 余家，涉及电子信息、人工智能、生物医药、汽车制造、消费、大数据、法律等多个领域，切实了解企业在海外项目和人才引进过程中的诉求与堵点，从而对海外专业社团对接工作的开展产生了重要的借鉴意义。5 月，上海市侨联组团出访英国、法国、西班牙，出访期间代表团深入一线对接海外专业社团、海外院士、留学生组织、高校校友会等多种资源，极大地丰富了上海市侨联的社团花名册和人才库，并为 2024 年“侨连五洲 · 沪上进博”对接交流会建立起微观基础。3 月以来，上海市侨联联合江浙皖三省兄弟侨联推进调研工作，先后赴海宁、金寨、常熟等地学习项目引进经验，增强了“侨连五洲 · 沪上进博”活动对长三角新质生产力培育的辐射力。与此同时，上海市侨联充分认识到专家指导的重要性，于 7 月举办了特聘专家委员会主题日活动，围绕人工智能应用场景、产业发展前景及瓶颈问题等召开专家座谈，形成了人工智能领域海外创新项目落地上海的针对性建议。

（三）主要成果清单

截至 2024 年 9 月，上海市侨联已经建立起关于海内外创新资源整合的 7 份名单，分别是海外专业社团、留学生组织、高校校友会、投融资机构、科创园区、重点项目、专业人士。具体而言，海外专业社团是上海市侨联 2024 年的重点工作对象，目前已对接的海外专业社团共计 32 个，分布于日本、爱尔兰、德国、法国、芬兰、荷兰、西班牙、英国、加拿大、美国等 10 个国家，覆盖人工智能、生命科学、建筑、法律、农业、金融、电商、创新创业等重点领域，并享有较高的学术和行业知名度。留学生是华侨新生代的主要力量，同时也是海外创新项目的重要参与者，因此自然成为 2024 年上海市侨联的工作对象之一。截至 9 月，上海市侨联已经对接了泰国、法国、荷兰、西班牙、匈牙利、意大利、英国、澳大利亚、新西兰等国的 16 个留学生组织。除此之外，上海市侨联依托复旦大学、上海交通大学、香港科技大学、伦敦帝国理工学院、哥伦比亚大学、哈佛大学、斯坦福大学等海内外高校校友会对接了在中国香港、新加坡、法国、瑞典、西班牙、英国、加拿大、美国等国家和地区工作发展的优秀校友，进一步扩大了上海市侨联资源库和人才库的覆盖范围。投融资机构方面，2024 年“侨连五洲·沪上进博”对接交流会的主要模式是“侨联搭台—海外专业社团唱戏—金融助力”，因此上海市侨联广泛联系上海投融资机构，为海外专业社团优秀创新项目的落地提供金融助力。截至 9 月，上海市侨联通过走访调研、联合调研，以及区侨联、市工商联、侨界金融投资沙龙等组织和机构推荐的方式对接了超过 100 家投融资机构，这些机构对海外优秀项目表现出了极大的投资意愿，并愿意为项目落地上海提供“全链条”的支持。除了资金要素，海外优秀创新项目的引进还应有合适的承载场地，因此科创园区也是创新项目落地不可或缺的配套资源之一。截至 9 月，上海市侨联在全市范围内共对接了 10 个科创园区，这些科创园区散布于上海的各个区，专业特征明显，集群优势突出，不仅可以提供项目落地的基本场地保障，而且可以多方位地满足海外创新项目的个性化需求。

以上各项清单，既是落实中国侨联调研课题的主要成果，也是中国侨联四个“一百”和两个“十”工作的阶段性成果，更是未来推动上海新质生产力培育的宝贵资源，具有重要的实践指导价值。

三　调研发现的问题

回顾2024年“侨连五洲·沪上进博”活动，可以看到上海市侨联在“侨联搭台—海外专业社团唱戏—金融助力”的框架下，通过市场化和项目化的方式，逐步搭建起海外专业社团与上海投融资机构的合作平台，有效地对接了各方诉求，这一工作方向与上海建设“五个中心”和培育新质生产力的大局高度契合，因此取得了较为显著的工作成绩。但与此同时，不少亟待解决的重点和难点问题也在工作中显现。

（一）海外优秀创新项目落地困难

作为创新的供给方，海外优秀创新项目具备持续的创新潜力和深厚的人才储备，因此对推动上海建设国际科创中心和培育新质生产力大有裨益。但在实践中，海外优秀创新项目落地上海却面临阻碍，归结起来有项目落地成本高、发展预期不明晰、产业链配套不完善等。

1. 项目落地成本高

“落地成本”是一个经济成本的概念，不仅包括项目落地上海带来的人员、交通、场地等会计成本，而且包括政策、融资、法律等因素引起的经济成本。海外项目通常拥有稳定的属地资金支持，落地上海之后大多数项目很难在短时期内建立起通畅的融资渠道以获取充足的启动资金或持续的资金流。2021年上交所上市公司加权平均资本成本（WACC）的均值为6.7217%（见图2a），2023年均值上升为7.2197%（见图2b），表明通过上交所融资的企业平均资本成本在不断升高，海外项目的融资成本则会更甚。

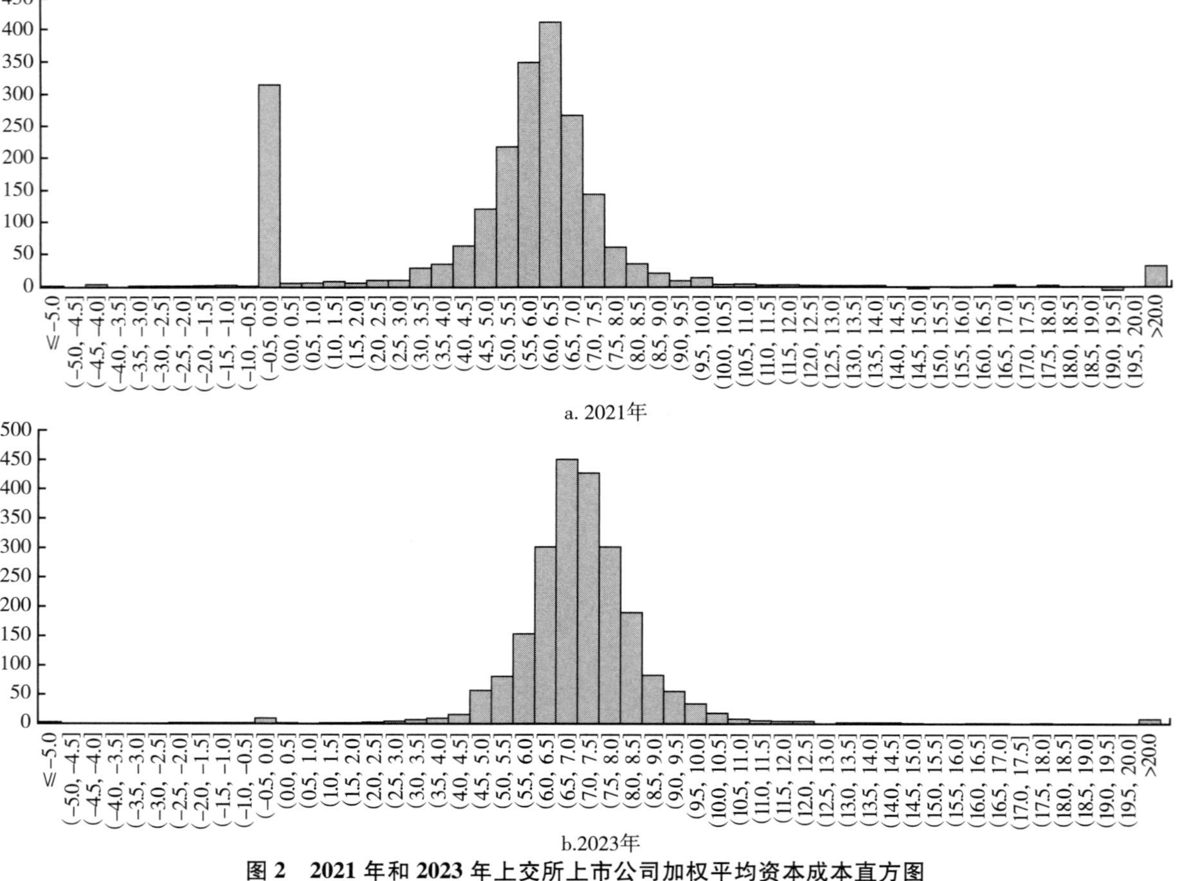

图 2　2021 年和 2023 年上交所上市公司加权平均资本成本直方图

同时，在海外项目的属地，项目负责人通常熟悉当地政策规定和法律权责，故会尽可能规避政策风险，而到新的地区，由于不对称信息，项目负责人要重新了解政策和规章，这往往会对项目既有运作思路造成影响，甚至有可能重构项目模式，进而在无形之中给海外创新项目落地构成阻碍。

2. 发展预期不明晰

有意向将海外创新项目落地上海的负责人不仅关注项目在短期内的成本和收益，更关注项目的中长期发展前景，因此发展预期不明晰会显著降低海外优秀创新项目的落地概率。具体而言，预期不明晰通常源自海外项目负责人对上海政策稳定性、知识产权保护、市场公平竞争多方面的顾虑。创新本身即高风险的市场决策行为，不稳定的政策会放大创新风险，增加失败概率，故可持续的可预见的稳定政策是稳定预期的重要保障。考虑到海外优秀创新项目通常具有较高的科技含量，而科技具有极强的市场外溢效应，因此知识产权保护的缺位极有可能造成资源负责人成本和收益的失衡。同时，平等地获取市场资源、参与市场竞争、受到法律保护等市场公平竞争权利也是海外项目负责人极为看重的。

3. 产业链配套不完善

以半导体、人工智能、生物科技等为代表的战略性新兴产业对产业链各个环节的配套要求均较高，包括上游的原材料供应渠道通畅、中游的加工生产线稳定以及下游的市场销售与服务保障等。上海已经具备较为完善的基础设施和良好的营商环境，但在某些特定的高技术领域，上海的相关产业链仍不足以充分满足海外项目落地需要。例如，在半导体行业，目前全球较为成熟的三大半导体产业链分布在美国、东亚东南亚和中国大陆，其中美国是半导体的传统供应链，其半导体产业受到政府和军方的高度关注，重点突破性技术更是被“严加看管”；东亚东南亚地区为美国半导体产业代工的方式，尽管这条产业链通过大量技术沉淀实现了一定的技术突破，但也基本处于美国的“监控”之中；中国大陆的半导体产业链是一条全新的产业链，这条产业链并不缺乏下游市场和应用场景，而是受到上游原材料和中游生产技术的制约，这就直接导致半导体、集成电路等相关海外项目落地后，无法在上海迅速采购到必要的原材料，或者无法对相应原材料进行符合产品要求的精加工。此外，产业链配套不完善还体现在针对海外创新项目的专业服务能力不足，海外创新项目在技术转移、专利申请、产品模式商业化应用等过程中，往往依赖于专业的法律、金融、知识产权和市场营销服务，且基本需要“一事一议”“一人一议”的灵活配套政策。然而，上海在这些方面的服务经验与国际先进水平相比尚存在一定差距，尤其是在跨国技术合作的过程中，可能难以提供与国际市场接轨的高水平法律和金融服务，这进一步影响了海外创新项目的有效落地。

（二）上海投融资机构资金错配

上海投融资机构在支持创新创业方面发挥着不可替代的作用，但这些机构普遍面临一个关键问题，即缺乏足够的优质投资项目。上海资本市场逐渐成熟，投资机构数量增多，但真正具备国际竞争力的国内创新项目相对稀缺，出现“有的人没项目投”（优秀项目形成“卖方市场”）和“有的项目没人投”（一般项目形成“买方市场”）并存的投资市场格局，导致上海投融资机构的资金难以配置到最具创新潜力和投资回报率较高的项目中去。投融资机构对国内创新项目了解较为充分，但与海外优秀创新项目之间的联系相对不足。一方面，上海投融资机构资金充裕，但对海外项目的技术水平、市场潜力和商业模式缺乏足够的评估能力。另一方面，海外创新项目在进入上海市场时，往往因文化差异、市场环境等而无法寻找到合适的本土投融资合作伙伴，影响项目的后续发展。因此，资金错配制约着上海投融资机构充分发挥金融助力优势，同时也导致项目资源和投资决策之间存在明显错位。

（三）多方创新资源整合效果不佳

在推动海外创新项目落地的过程中，资源的整合和协同至关重要。然而，当前各方资源整合程度还不高，致使资源利用效率较低，阻碍了创新资源的引入和转化。具体而言，驻外领事馆科研处室、上海高校等机构虽然在科研合作和学术交流方面保持了较为紧密的联系，但其合作方向集中于学术科研领域，以基础研究和教育见长，而在产业化和技术转移方面的着力较小。相比之下，海外专业社团则更贴近产业前沿，拥有丰富的行业资源和市场信息，但缺乏有效的合作渠道，社团科研优势未能与上海科研资源形成合力，导致大量具有潜力的海外优秀创新项目无法顺利进入上海市场，难以充分利用已有的学术和科研网络形成跨部门、跨领域的资源联动。

四　原因分析

通过吸引海外优秀创新项目落地上海、推动新质生产力培育是一个复杂的系统工程，涉及社会网络、创新生态及创新体制机制等多个方面。当前，上海市侨联已经在这些方面做出了许多初步性的尝试和努力，但制约海外创新项目落地的因素仍然存在。

（一）创新网络关键节点能级不足

从创新网络的视角来看，推动海外创新项目落地需要依托于一个强大的创新网络体系，而这个网络关键节点的能级往往决定了资源能否顺利流通和匹配。创新网络中的关键节点通常包括具有资源衔接能力的中介机构、具有科研基础能力的社会组织以及能够直接提供制度环境的政府部门等（见图3a）。然而，当前上海创新网络的部分关键节点尚未完全建立或充分发挥作用，以至于其能级不足以支撑网络顺畅运行。对于社会组织而言，例如专业社团，其优势是具备优秀的科创能力，并且汇聚了相当数量的创新项目，可作为创新的微型策源地，专业社团通常较少与投融资机构直接对接，而是通过参加各类项目路演、创新大赛等方式吸引投融资机构的目光，故社会组织科研成果的创新转化效率还有待进一步提升。创新的中介机构通常以投资者、合伙人、项目负责人等个人的社会关系为纽带，以市场化方式进行运作，科创项目商机的挖掘普遍具有排他性特征，因此以中介机构为主的创新链多为偶发性的单线形式或者稳定的小范围合作形式，由线到面的扩展能力相对较弱。政府是政策和制度环境的提供者，制度环境不完善将使得创新网络中的信息流、人才流和资金流的成本上升，进而弱化网络的整体能力。

创新网络中关键节点的低能级可能会造成事实上的网络“断链”，这本身就会对海外优秀创新项目落地造成阻碍，与此同时，还需要看到的是，创新网络中任何一个关键节点的缺失必须由其他节点补位，因此可能出现一个节点承担多个节点功能的情形，降低网络整体效率。例如，当社会组织力量薄弱时，创新的供给受限，中介机构可能需要对接更加分散的高校或者科研院所，在成本一定的前提下，创新项目和资金的匹配效率会显著降低；当中介机构较少或能级较低时（见图 3b），创新项目要么直面市场搜寻投融资支持，此时搜寻成本可能大幅提升，抑或借助政府搭建的相应平台，但此举与中介的市场化操作相比效率必然受限，并且会使得市场行为完全转变为公共服务行为，可能造成社会资源的无谓损失；当制度环境不完善时，社会组织和中介机构需要自发建立相应的行业规范以保证市场秩序正常运转，但不同主体建立的小范围行业规范相互之间并不一定完全兼容，从而容易导致市场秩序出现混乱。因此，如果创新网络节点需要相互补位，则创新网络的分工秩序必然重构，对于欲落地上海的海外优秀创新项目而言，这无疑意味着更多的成本和更长的等待，极有可能耽误创新的时机。

（二）创新生态不健全

对于创新生态而言，最重要的三个因素是产业基础、人才和政策。随着技术进步的加速，创新愈发成为以产业链、产业生态为支撑的规律性活动，故产业基础不完善是海外创新项目落地困难的首要原因，尤其是对于战略性新兴产业而言，产业之间通常是高度依存的，上下游协作特征突出，但凡有一环受制，整个产业链的运行秩序便可能出现异常，更遑论关键环节或核心配套受限。尽管目前中国已经形成较为完备的产业体系，但其先进性还有所欠缺，部分领域“卡脖子”现象突出，制约了完整创新生态的建立，从而

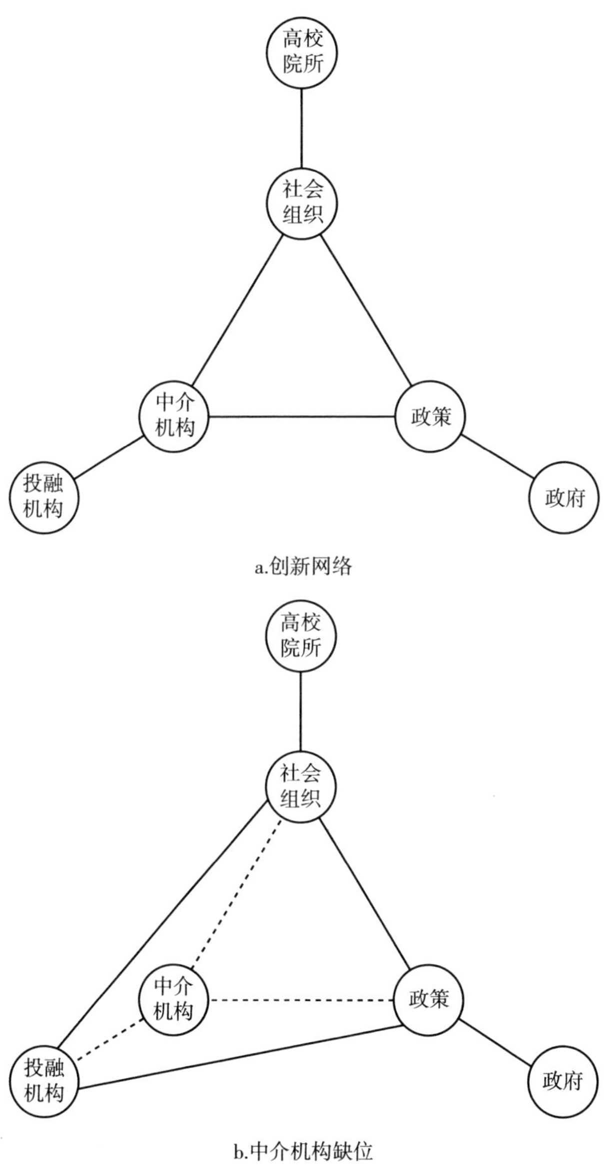

图 3　创新网络示意

使得海外优秀创新项目对落地上海举棋不定。

人才问题是创新生态不完善进而造成海外创新项目落地困难的第二个原

因。根据智联招聘的统计，2019 年以前，上海基本保持最具人才吸引力城市的头衔，2020 年以后下降至第 3 位（见图 4）。人才问题不仅包括基础研发人才不足、人才跨区域流失等，对于海外创新项目而言，更重要的是海外专业人士（包括海外专家、技术人士等）存在明显短缺，目前海外专业人士的引进还滞留在相关企业小范围引进阶段，没有形成全市大规模引进海外专家趋势。在科技部国外人才研究中心发布的“外籍人才眼中最具吸引力的中国城市排名”中，2020 年以来上海下降至第 2 位。尽管城市排名不能完全反映城市整体的创新生态，但不可否认的是城市之间创新竞争不断加剧，上海人才吸引力的优势地位已经受到影响。

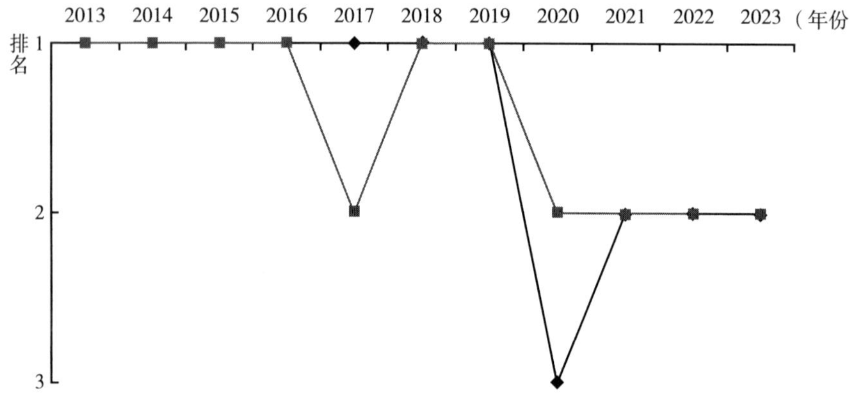

图 4　上海人才吸引力在全国城市中的排名

创新政策没有完全匹配项目落地需求是导致创新生态不完善和海外优秀项目落地困难的第三个原因。“大而全”的创新政策往往并不是海外创新项目或者海外人才的兴趣所在，其普遍反馈更加关注“小而美”的政策方案，海外项目和人才通常拥有自己的技术合作圈子，这些圈子的规模都比较小，因此很难达到创新政策设定的门槛，并且项目和人才在落地上海的过程中遇到的问题一般都是现实而琐碎的，虽远不及需要求助政府的程度，但又的的确确对落地进程产生了阻碍。

（三）创新体制机制不完善

多方创新资源缺乏整合是导致海外优秀创新项目落地困难的具体表现，其背后更深层的原因则是创新体制机制仍然不完善。首先，政府部门或者社会组织存在天然的边界，因此不同主体的信息也会存在显著界限，当市场机制不完善时，信息交流必然伴随信息损失，信息不对称问题由此产生。其次，创新资源尚不能完全实现公平分配，使得不同主体的创新资源存在明显的排他性特征，并且市场配置创新资源容易导致资源垄断，而政府配置资源往往又存在“路径依赖”，从而制约创新体制机制壁垒的消除。最后，创新的国际合作困难程度不断提升，受国际经济环境和地缘政治变化的影响，以美国为主的西方国家在高技术领域实施严格限制政策，导致海内外创新资源和投融资机构之间更难建立起相互联系，延缓了上海创新的全球化和海外创新的引进吸收进程。

五　对策建议

上海市侨联作为连接上海和海外优秀创新项目的重要桥梁，在推动海外创新项目落地的过程中具有独特的优势和作用。通过深化合作模式、整合创新资源、推动设立政府投资基金、提升工作者科技素养等方式，上海市侨联可以有效地促进海外创新资源与上海经济实现更加深度的融合，从而助力上海“五个中心”建设，加快上海新质生产力培育进程。

（一）夯实创新网络节点，深化“侨联搭台—海外专业社团唱戏—金融助力”模式

在 2024 年“侨连五洲 · 沪上进博”活动过程中，上海市侨联初步探索出了“侨联搭台—海外专业社团唱戏—金融助力”的海外优秀创新项目引进模式，借助市场化手段促成上海投融资机构与海外优秀创新项目的有效对接，从而打通了海内外创新资源的信息传递渠道，链接了创新网络的关键

节点。

为实现海外优秀创新项目的长效务实引进，“侨联搭台—海外专业社团唱戏—金融助力”的模式应得到进一步深化。首先，对于模式整体而言，应增进各方信任，完善激励反馈机制，上海市侨联举办的“侨连五洲·沪上进博”对接交流会是各方彼此信任的且具有市场化特征的平台，因此强化信任关系是对接交流会深化合作的基础。在此基础上，落地项目和参与对接的投融资机构应被给予激励反馈的优先级，包括市场风向、投融资讯、政策动态等，形成上海市侨联、海外优秀创新项目和投融资机构的良性互动和合作共赢。其次，海外专业社团应积极拓展海外创新网络，作为创新的供给者，海外专业社团可以通过增强与高校、研究机构等的“强链接”提升社团科技创新水平，同时广泛建立“弱链接”以扩大和提升社团覆盖面和影响力，构建人才、项目和技术跨国流动的桥梁。最后，金融机构应优化资源配置，挖掘海外创新资源潜力，金融机构既是创新网络的资金来源方，也是创新市场的风险管控方，故金融机构应紧扣市场化路线，在合理评估海外优秀创新项目风险的基础上，提供符合项目需求的个性化金融工具和产品，对项目创新能力进行充分挖潜，正确引导项目面向市场，服务国家重大需求。

（二）整合创新网络资源，健全上海创新生态

上海作为中国经济发展的重要引擎，不仅拥有坚实的产业基础和丰富的创新资源，而且具有较高的国际化程度，因此整合各方资源形成完整的创新生态，是实现海外优秀创新项目持续落地和新质生产力有效培育的治本之策。上海市侨联应致力于构建一个开放包容的创新生态系统，积极联系企业、政府、科研机构、投融资机构、驻外使领馆、海外创新项目、海外人才等多方创新资源。借助“侨连五洲·沪上进博”的品牌效应，上海市侨联已经建立起了基础版本的企业库、专家库、项目库和人才库，通过侨联方式初步整合了各方力量，从而为上海市产业基础的夯实以及战略性新兴产业的培育注入了海外创新的新鲜血液，为海外人才链接了上海的广阔发展前景，并且为上海市相关创新政策的优化提供了实践参照。

在产业基础方面，未来上海市侨联可以依据海外创新资源分布推动上海产业集群建设，将海外创新资源与上海集成电路、生物医药、人工智能等产业集群紧密结合，通过构建产业联盟和侨创联盟的新模式，更好地吸引相关海外创新项目落地。在人才引进方面，上海市侨联可以在中国侨联指导下建立上海侨界人才数据库，提升人才信息收集的效率和专业性。在政策方面，上海市侨联可以与上海市发改委、经信委、商务委等多个政府部门保持紧密合作，及时反馈海外优秀创新项目和人才的典型需求，推动创新政策向更加务实高效的方向演进。

（三）推动设立政府投资基金，强化海外项目落地保障

投融资机构对海外创新项目的投资归根结底是市场行为，因此只有当投资的期望回报率达到预定目标时，投融资机构才会向海外创新项目注资。但是通过实际的课题调研可以发现，大量处于起步阶段的海外创新项目本身的风险都较大，因此上海投融资机构对其投资意愿不强也无可厚非。为了更好地吸引海外优秀创新项目，上海市侨联可以推动政府设立投资基金对冲投融资机构的投资风险。具体而言，第一，上海市政府可以设立天使投资引导基金，吸引投融资机构资本参股，专注于半导体、新材料、人工智能、生物技术等高风险高回报领域。第二，上海市政府可以建立风险共担机制，通过提供“第一损失”担保机制承担部分风险损失，降低投融资机构的风险暴露，提升投融资机构直接投资海外创新项目或参与政府天使投资引导基金的意愿。第三，上海市政府可以给予投融资机构一定的投资税收优惠，如降低投资收益的税收比例，减轻项目和投融资机构双方的成本压力，从而加强海外优秀项目的落地保障。

（四）增强创新服务能力，提升侨联工作者科技素养

作为上海与海外创新资源对接的直接参与者，上海市侨联应增强创新服务能力，不断提升侨联工作者的科技素养。一方面，在推进海外优秀创新项目落地上海的过程中，侨联工作者只有较好地理解项目需求，对项目类型进

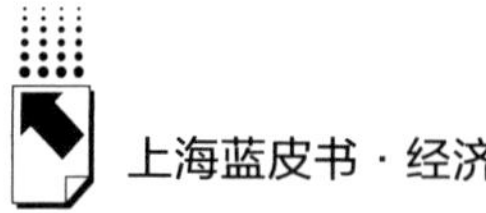

行有效初筛，才能为项目匹配到较为合适的投融资机构。另一方面，海外优秀创新项目落地过程中可能会面临法律纠纷，因此侨联工作者对纠纷的先验判断也有助于项目负责人得到更加专业的法律支持，更好地维护项目的经济权益。为此，上海市侨联可以定期组织科技培训班介绍科技发展的趋势和方向，同时可以通过与高校、科研机构等开展合作，搭建起侨联工作者与科技界的交流平台，从而增强上海市侨联在创新项目对接和新质生产力培育过程中的服务能力。

B.10 促进上海科技创新的财税政策支持研究

陈明艺*

摘　要： 财税政策作为政府引导和支持科技创新发展的重要手段，其作用日益凸显，能够通过各类激励措施，加大企业和研究机构的创新投入，支持原始创新和基础研究，促进创新要素优化配置，推动创新成果转化，以及培育良好的创新生态环境。因此，本文在梳理国家财税政策、上海财税政策的基础上，总结上海财税政策支持科技创新的成果，分析存在的问题，借鉴新加坡、纽约、东京等国家和城市的经验，提出应优化财税政策，加强对科技创新的激励，持续增强科技创新能力，为新质生产力的发展注入强劲动力，从而为建设具有全球影响力的科技创新中心提供有力支撑。

关键词： 科技创新　财税政策　税收优惠

上海作为我国重要的科技创新中心，科技创新对于驱动经济社会发展、推动产业转型升级具有关键作用。在新一轮科技革命和产业变革背景下，上海提出大力发展新质生产力，强调以科技创新为核心驱动力，以数字化、智能化为重要特征，以绿色低碳为重要方向，通过要素的高效配置和深度融合，实现经济发展质量变革、效率变革、动力变革。政府通过财政补贴、专项基金、税收优惠、研发费用加计扣除等措施支持企业和研究机构的创新投入，是全面提升上海的科技创新水平、增强其在新质生产力发展中的战略地位的有力举措。

---

* 陈明艺，上海社会科学院经济研究所副研究员，硕士生导师，主要研究方向为宏观经济理论与政策、财税理论与政策。

2024 年是上海国际科创中心建设十周年。上海连续四年在全国综合科技进步水平指数中位居榜首、全球创新指数排名第八。截至 2023 年，上海高新技术企业总数超过 2. 8 万家，科技型中小企业超过 3 万家，企业研发机构超过 1500 家。大企业如华为、商汤科技等持续加大研发投入，带动产业链协同创新；中小企业的创新活力显著提升，专精特新“小巨人”企业数量位居全国前列。上海重点产业领域的创新发展呈现出明显的集聚效应和领先优势。上海集成电路产业规模超过 2500 亿元，重点企业研发投入强度保持在 15%以上。上海生物医药产业规模超过 7000 亿元，创新药物研发管线超过 1000 条。上海科技创新要素集聚优势明显，创新资源配置效率不断提升。截至 2023 年，上海拥有两院院士 200 余人，国家级领军人才超过 1000 人，各类科技人才总量超过 100 万人。通过“海聚英才”等计划，持续引进海外高层次人才，人才集聚效应显著增强。上海取得以上这些科技创新成果离不开政府在科技研究领域的巨大投入。以 2023 年为例，上海基础研究投入增长是 2013 年的 3 倍以上，科技创新助力经济体量突破 4 万亿元大关。

一 财税政策促进科技创新发展的激励效应

财税政策主要通过财政补贴、税收激励和政府采购等手段促进科技创新。具体而言，财政政策通过影响微观经济主体的行为，改变微观经济主体的生产组织和管理形式，提高生产要素的质量、优化要素投入结构，促进科技创新，培育新质生产力。

（一）财税政策促进科技创新的影响机制

1. 财政补贴

促进科技创新的财政补贴是指政府为了鼓励企业、科研机构和高校等主体进行科技创新活动，通过财政资金的直接支付或转移支付的方式给予的经济支持。主要通过研发补贴、创新奖励补贴、中小企业创新补贴、产业技术补贴、创新人才补贴等方式促进资源配置，降低创新主体的创新成本和风险，激发创新活力，推动科技进步。主要支持机制包括：第一，直接支持机制。财政补贴通过科技专项资金、创新引导基金等方式，直接支持创新项目实施、创新平台建设和创新人才培养。这种直接支持能够有效解决创新活动前期资金不足的问题，降低创新风险。第二，杠杆撬动机制。财政资金的投入能够发挥杠杆作用，撬动更多社会资本投向创新领域。通过政府资金的引导和示范作用，激活创新要素市场，促进创新资源的市场化配置，形成多元化的创新投入机制。第三，示范引领机制。财政补贴通过支持创新示范项目、推广创新最佳实践，发挥示范带动作用。这种机制有助于形成创新发展的标杆，促进创新经验的推广和复制，带动创新生态的整体优化。

2. 税收激励

税收激励是支持科技创新的重要政策工具。第一，成本补偿机制。税收优惠政策通过降低创新活动的实际成本，提高创新投资的回报率，激励企业增加研发投入，包括研发费用加计扣除、高新技术企业所得税优惠等，有效减轻了创新主体的税收负担。第二，风险分担机制。税收政策通过允许研发支出税前扣除、亏损结转等方式，帮助企业分担创新风险。这种机制特别适用于创新活动前期投入大、风险高的特点，能够提高企业的创新意愿和抗风险能力。第三，引导激励机制。税收政策通过差异化的优惠措施，引导创新资源向重点领域和关键环节集聚。例如，对战略性新兴产业、关键核心技术等领域提供更大的税收支持力度，促进创新要素的优化配置和结构优化。

3. 政府采购

近年来，政府采购在支持科技创新方面发挥着重要作用。第一，需求引导机制。政府采购通过首购、订购等方式，为创新产品创造市场需求，降低创新产品的市场风险。这种机制特别适用于创新产品市场导入期，能够帮助企业突破创新产品市场化的瓶颈。第二，标准提升机制。政府采购通过设置技术标准和质量要求，引导创新产品质量提升和技术进步。这种机制能够推动创新产品的标准化、规范化发展，促进产业技术水平的整体提升。第三，产业培育机制。政府采购通过支持创新产品应用和推广，培育创新型企业，促进创新产业发展。这种机制能够帮助创新企业建立市场信誉，扩大市场份额，推动创新产业规模化发展，完善创新产业链。

（二）国家支持科技创新的财税政策及成效

自提出“科学技术是第一生产力”以来，我国持续推动科技强国建设，财政和税收政策的实施对此提供了巨大支持，在不断增加财政科技支出的基础上，形成了财政专项补贴、税收优惠、政府引导基金和政府采购机制的全方位支持框架。

我国支持科技创新的财税政策分为两个阶段实施：第一步，在国家科技兴国的战略布局下，中央各部门颁布了一系列支持科技创新的财税政策。第二步，各区域根据自身发展特征实施差异化财税政策，以提高政策的精准性和有效性。为此，报告简要梳理了全国现行的支持科技创新的财税政策，这些是上海制定实施本市各项政策的基础。

1. 持续颁布实施支持科技创新的财税政策

党的十八大以来，加大了财政支持科创的力度。中央各部门，尤其是财政部、科技部、国家发改委等部门发布了一系列政策（见表1），这也是上海支持科技创新的重要财税政策依据；在此基础上，上海基于地区发展特征、长三角一体化发展规划，实施了一系列财税政策。

表1　2014~2024年国家相关部门发布的支持科技创新的重要财税政策

时间	职能部门	文件名称
2014年3月	国务院	《国务院关于改进加强中央财政科研项目和资金管理的若干意见》
2015年1月	国务院	《关于深化中央财政科技计划（专项、基金等）管理改革的方案》
2015年11月	财政部、国家税务总局、科技部	《关于完善研究开发费用税前加计扣除政策的通知》
2016年3月	科技部、财政部、发展改革委	《中央财政科技计划（专项、基金等）项目管理专业机构管理暂行规定》

续表

时间	职能部门	文件名称
2017年5月	财政部、税务总局、科技部	《关于提高科技型中小企业研究开发费用 税前加计扣除比例的通知》
2017年8月	科技部、财政部、国家发展改革委	《国家科技创新基地优化整合方案》
2018年6月	财政部、税务总局、科技部	《关于企业委托境外研究开发费用税前加计扣除有关政策问题的通知》
2018年9月	财政部、税务总局、科技部	《关于提高研究开发费用税前加计扣除比例的通知》
2019年5月	国务院办公厅	《科技领域中央与地方财政事权和支出责任划分改革方案》
2019年9月	财政部、科技部	《关于印发〈中央引导地方科技发展资金管理办法〉的通知》
2020年12月	财政部、税务总局、国家发展改革委、工业和信息化部	《关于促进集成电路产业和软件产业高质量发展企业所得税政策的公告》
2021年3月	财政部、海关总署、税务总局	《关于支持集成电路产业和软件产业发展进口税收政策的通知》
2023年3月	财政部、税务总局	《关于进一步完善研发费用税前加计扣除政策的公告》
2023年8月	财政部、税务总局	《关于延续执行创业投资企业和天使投资个人投资初创科技型企业有关政策条件的公告》
2024年1月	工业和信息化部等	《工业和信息化部等七部门关于推动未来产业创新发展的实施意见》
2024年3月	财政部、科技部、海关总署、税务总局等	《我国支持科技创新主要税费优惠政策指引》
2024年3月	科技部、财政部	《国家重点研发计划管理暂行办法》

资料来源：经笔者整理所得。

创新是经济转型升级的驱动器。党的十八大以来，我国持续加大对科技创新的税收优惠力度，逐步形成覆盖企业成长和创新全生命周期的财税政策支持体系。财税部门协同相关职能部门，积极推动政策实施，有力助推创新发展。

2. 财税政策对科技创新的支持显著

在一系列财税政策的积极促进下，我国政府在科技领域的资金投入持续增加，推动了科技创新取得显著成就。一般公共预算支出中科技支出的增长速度加快。党的十八大以来，财政科技支出实现稳步增长。2012～2022年，全国一般公共预算科学技术支出从4452.63亿元增长至9676.71亿元，这充分展示了国家对科技创新的重视。税收优惠政策极大地激发了企业对研发投入的热情，如研发费用加计扣除、高新技术企业所得税减免等，这些措施显著地刺激了企业增加研发投入。这些政策贯穿了企业科技创新的全周期，从初创阶段到成熟阶段。比如，“十三五”时期，我国鼓励科技创新的税收政策累计减税额达到2.54万亿元，减免金额年均增长28.5%；全国享受研发费用加计扣除政策的企业数量显著增加。这些政策不仅降低了企业的研发成本，还提升了企业的自主创新能力。政府引导基金规模的快速增长，进一步推动了科技创新发展。我国政府引导基金的数量和规模逐步扩大。截至2023年，中国政府引导基金达到2086只，总规模约为12.19万亿元，已认缴规模约为7.13万亿元。政府引导基金作为财政与金融联动、政府与市场合作的重要手段，对于促进经济结构转型和新兴产业的发展起到了关键作用。

二 上海促进科技创新的财税政策成效与挑战

上海在积极执行国家各部门颁布实施的财税政策基础上，作为长三角区域一体化和长江经济带的龙头，综合地区特征和优势，在中央支持下，规划设计并实施了支持科技创新的举措。2014年5月，习近平总书记提出，上海要建成具有全球影响力的科技创新中心。此后，上海支持科技创新建设进入加速期。围绕科技创新，上海市政府及相关职能部门持续颁布实施了一系列政策，积极推动科技创新中心建设，其中，财政税收政策发挥了重要作用。

（一）持续推进科技创新的财税政策体系

上海市政府在执行国家相关政策的基础上，根据实际情况，自 2000 年 3 月起施行了《上海市鼓励引进技术的吸收与创新规定》，于 2008 年出台了企业自主创新专项资金管理办法，积极支持企业技术研发活动，给予财政补贴。2024 年，上海颁布实施了《上海市科学进步技术条例》，就财政补贴予以更为明确的规定。截至 2024 年 11 月，以上海市科学技术委员会为主体，会同财政局、税务部门及相关部门，聚焦战略性新兴产业、高新技术企业给予了一系列财政专项资助，代表性项目包括“科技小巨人（2012～2024 年）”“战略性新兴产业技术创新专项工程（2013）”“农业科技成果转化（2013 年）”“人工智能（2017 年）”“文化创意产业（2018 年）”“信息化发展专项（2018 年）” “软件集成电路产业发展专项（2018 年）”“2017～2018 年上海市科技创新券兑现工作的通知”“科技创新行动计划（2019～2024 年）”“上海市促进科技成果转移转化行动方案（2024～2027 年）”等。始终围绕科技创新给予了大量财政专项补贴、税收优惠政策等，为上海国际科创中心建设做出了突出的贡献。

上海始终重视培育和集聚创新人才，实施了多维度的支持项目，主要包括“浦江人才计划（2005～2024 年）”“东方学者（2007～2024 年）”“领军人才（地方队）培养计划（2005～2024 年）” “曙光学者（1995～2024 年）”“青年科技英才扬帆计划（2014～2024 年）”等，提供了大量的财政补贴，吸引了众多优秀人才落户上海，推动国际科创中心建设。

经过上海市政府持续投入，上海已形成了独具特色的支持科技创新的财税政策体系，覆盖创业投资、创新主体、研发活动、成果转化等全链条。

1. 设立多种类财政专项资金支持科技创新

支持高科技企业、专精特新企业的专项资金。2015～2024 年，上海市经济和信息化委员会、上海市财政局制定并颁布了《上海市产业转型升级发展专项资金管理办法》，每两年优化更新一次，聚焦上海战略性新兴产业，提供财政专项资金支持。以 2014～2016 年第一期为例，资助项目 112 个，财政专项资金补助 16887 万元。以战略性新兴产业、“四新”经济为核心，加快产业转型发展。

财政支持与金融保险政策协同推进科技创新。在科技保险方面，上海创新推出了“科技型中小企业短期贷款履约保证保险”“科技企业创业责任保险”等产品，并提供保费补贴政策，具体包括：一是保费补贴。对于科技型中小企业的履约责任保证保险（担保）贷款和科技微贷通贷款，上海提供实际支付保费 50%的补贴。二是对于符合条件的生物医药人体临床试验责任保险，按实际支付保费的 50%补贴，单份保单的补贴金额不超过 50 万元。三是根据《关于开展科技企业创业责任保险补偿机制试点工作的通知》对于符合条件的科技企业孵化器或大学科技园，按实际支付保费的 50%予以补贴。

由表 2 可见，上海研发投入强度整体提高，并且始终高于全国同期水平，位居全国前列，表明上海大力推进科技创新。

表 2　上海科技发展的代表性指标

单位：%，件

年份	研发投入强度（R&D 占 GDP 比重）	每万人口发明专利拥有量
2014	3.6	23.7
2015	3.7	29.0
2016	3.8	35.0
2017	3.9	41.5
2018	4.0	47.5
2019	4.0	53.5
2020	4.1	60.0
2021	4.1	34.0
2022	4.2	40.0
2023	4.4	50.2

资料来源：历年《上海统计年鉴》，经笔者整理所得。

2. 设立政府引导基金

上海市设立了多个科技创新专项基金，如上海市科技型中小企业技术创新资金、上海市产业转型升级发展专项资金等，对符合条件的科技企业给予财政补助、贷款贴息、风险补偿等支持。在支持方向上，重点支持基础研究和应用基础研究、关键核心技术攻关、科技成果转化和产业化等领域。设立科技创新引导基金，引导社会资本投向战略性新兴产业。在资金分配方面，采用“竞争性支持+定向支持”相结合的方式，突出绩效导向和市场导向。对重大科技项目采用“揭榜挂帅”等方式，提高资金使用效率。同时，建立科技创新券制度，支持中小企业购买创新服务。在管理机制方面，实行科技计划项目全过程管理，建立项目立项、过程监督、绩效评价等制度。推行科技创新资金“包干制”改革，赋予科研单位更大的经费使用自主权。

3. 不断完善高新技术企业税收优惠政策

为支持科技创新发展，上海不断完善企业税收优惠政策。

在企业认定方面，建立高新技术企业培育库，实施分类管理和动态评估。对符合条件的高新技术企业，及时给予减按15%的税率征收企业所得税，并享受研发费用加计扣除等优惠政策。

在政策协同方面，将高新技术企业认定与其他创新政策有机结合，如科技型中小企业评价、专精特新企业认定等，形成梯度培育体系。同时，对高新技术企业的技术转让、技术开发收入实行增值税优惠，促进科技成果转化。

在服务保障方面，上海建立高新技术企业认定绿色通道，优化认定流程，提高认定效率。同时，加强事中事后监管，建立信用管理机制，确保政策实施的规范性和有效性。

4. 研发费用加计扣除政策

在落实国家研发费用加计扣除政策基础上，结合本地实际进行了创新完善。

政策覆盖范围方面，除了国家规定的研发活动外，上海将一些具有地方特色的研发活动纳入扣除范围，如支持原创性技术研发、关键核心技术攻关等。政策力度方面，对制造业企业研发费用实行100%加计扣除，对科技型

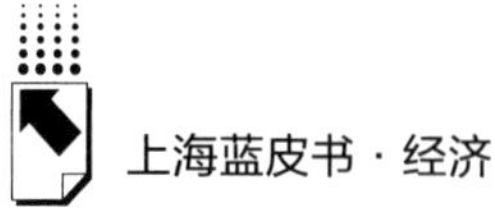

中小企业实行100%加计扣除，并在会计核算、专项审计等方面提供便利。

建立了研发费用辅助账制度，简化企业享受政策的操作流程。政策配套服务方面，上海建立了研发费用加计扣除政策咨询服务机制，通过“一网通办”平台提供在线政策咨询和办理服务。定期开展政策宣讲和培训，帮助企业获得相关政策措施。

综合以上信息，上海财税政策覆盖面广，突出产业布局，积极支持上海科创发展。上海财税支持政策覆盖了不同发展阶段、不同规模的创新主体。从产业覆盖情况看，政策支持重点向战略性新兴产业、关键核心技术领域倾斜。集成电路、生物医药、人工智能等重点产业的创新活动得到有力支持，带动了产业链协同创新。同时，传统产业技术改造和升级也获得相应政策支持。从区域覆盖情况看，政策支持与上海创新功能区建设紧密结合。张江科学城、临港新片区等重点区域的创新主体享受更有针对性的政策支持，促进了创新资源的集聚和协同。

（二）上海财税政策促进科技创新的成效

多年来上海财税围绕科技创新发展，培育新质生产力，综合运用财税政策工具，加大财政支出力度、精准支持科技创新推动新质生产力发展。清华大学产业发展与环境治理研究中心2024年发布的《国际科技创新中心指数2024》（简称“GIHI2024”），从科学中心、创新高地和创新生态三个维度，综合评估国际科技创新城市的发展态势，为政策制定者、企业家和实践者提供参照依据。GIHI2024评估综合排名前20的城市（都市圈）中，北京、粤港澳大湾区、上海分别位列第三、第六和第七。

2022~2024年全球综合科技创新实力中，旧金山—圣何塞、纽约、北京稳定位列前三，上海则从第十跃升至第七，是前十位中排名直线上升的国际科创中心。这表明，我国在大力推进科技创新中心建设上投入巨大、成效显著，其中，上海市政府在优化财税政策体系、加大财税支持力度方面发挥了重大作用。

表 3　2022～2024 年全球科技创新中心综合排名前十情况

城市（都市圈）	2024 年	2023 年	2022 年
旧金山—圣何塞	1	1	1
纽约	2	2	2
北京	3	3	3
波士顿	4	5	5
伦敦	5	4	4
粤港澳大湾区	6	6	6
上海	7	10	10
巴黎	8	9	9
东京	9	7	7
巴尔的摩—华盛顿	10	8	15

资料来源：《国际科技创新中心指数 2024》。

1. 持续加大财政投入力度，尤其是基础研究

随着研发强度的不断提高，上海在科技创新的研究和成果转化上取得显著成效。上海战略性新兴产业总产值占规模以上工业总产值比重达到 43.9%，集成电路、生物医药、人工智能三大先导产业规模达到 1.6 万亿元。外资研发中心新增 30 家，累计达到 561 家。7 家高质量孵化器挂牌运行，技术合同成交额达到 4850.2 亿元，高新技术企业超过 2.4 万家。

表 4 显示，2014 年以来，上海财政支出中科技经费支出比例总体呈上升趋势。尤其是 2023 年和 2024 年上海市一般公共预算支出中科技经费支出分别增长 36.72%和 19.86%。根据上海市《政府工作报告》，上海市增加的科技经费支出主要用于战略性新兴产业发展、实施科技创新计划、高新技术成果转化等。应落实市级科技重大专项经费，支持基础前沿科学研究和吸引科研人员集聚，以及安排科技基本建设支出等。

表 4　2014~2024 年上海科技支出占财政支出

单位：亿元，%

年份	一般公共预算支出中科技经费支出	科技经费支出增速	科技经费支出占财政支出比重
2014	262.29	1.78	5.30
2015	271.85	3.64	4.40
2016	341.71	25.70	4.90
2017	389.90	14.10	5.20
2018	426.37	9.35	5.10
2019	389.54	-8.64	4.80
2020	406.20	4.28	5.00
2021	422.70	4.06	5.00
2022	386.25	-8.62	4.10
2023	528.10	36.72	5.48
2024	633(预算数)	19.86(预算数)	6.40(预算数)

资料来源：根据《上海统计年鉴》、上海市 2024 年政府预算报告整理所得。

2. 普惠性财税政策支持进一步加强

上海科技创新发展取得的显著成效背后是财政资金的巨大支持。在新一轮科技革命和产业变革进程中，为了进一步提升上海科技创新竞争力，加快发展新质生产力，下文将在梳理现行上海支持科技创新的财税政策基础之上，总结成果，分析问题，借鉴国际经验，提出进一步优化财税政策的建议。

表 5　2016~2023 年上海支持科技创新的税收优惠政策红利

单位：家，亿元

年份	高新技术企业		技术先进型服务企业		研发费用加计扣除	
	企业数量	减免税额	企业数量	减免税额	企业数量	减免税额
2016	3375	141.62	158	5.37	8956	117.42
2017	3310	160.97	174	5.12	12890	167.96
2018	3310	160.97	174	5.12	12890	167.96
2019	3339	167.42	169	6.60	16818	303.75
2020	2918	166.23	131	6.85	21467	382.09
2021	3127	201.26	135	7.58	15319	327.62
2022	3221	243.00	143	10.19	35686	655.54
2023	3000	248.00	146	13.17	40000	382.09

资料来源：2016~2023 年上海科技进步报告、上海市科学技术委员会官网。

自2016年以来，上海市科学技术委员会每年发布的《科技进步报告》反映了促进科技创新最重要的三项税收优惠政策的成效，即高新技术企业、技术先进型服务企业享受减免税额情况，企业享受研发费用加计扣除的数量及减免税额。表5信息显示，高新技术企业享受的减免税额稳步增长，技术先进型服务企业享受的减免税额由2016年的5.37亿元快速增长至2023年的13.17亿元；享受研发费用加计扣除的企业从2016年的8956家增长到2023年的40000家。上海财税政策的主要成效，一是通过研发费用加计扣除显著推动了企业的科技创新活动，有效减轻了企业的研发投入负担，激发了企业的创新活力。二是上海市税务部门积极提供精细服务，主动上门解决企业难题，确保税费优惠政策快速精准落地，进一步推动了科技创新。三是上海及时发布了《上海市支持科技创新主要税费优惠政策指引》，为市场主体提供一站式政策宣贯，推动政策红利精准直达各类创新主体。这些措施共同助力上海国际科创中心建设，促进了经济高质量发展。

（三）上海财税政策促进科技创新面临的挑战

1. 上海支持科技创新的财税政策框架有待进一步完善

从政策覆盖范围来看，现有政策主要集中在企业研发投入、高新技术产业发展等传统领域，对新兴领域的支持力度不足。从政策更新机制看，政策调整未能及时满足产业发展需求。例如，在集成电路领域，2022~2023年，上海集成电路产业投资规模超过1500亿元，但相关财税政策未能及时跟进调整，企业在设备购置、技术升级等方面未能获得及时有效的政策支持。

2. 财税政策激励强度有待提高

创新补贴支持强度不足，尤其是单个项目的支持强度相对较弱。2023年，上海科技创新项目平均补贴额度为200万元左右，而同期企业研发投入动辄上千万元。

税收优惠激励不足。当前税收政策激励强度与企业创新投入需求存在差距。从研发费用加计扣除看，制造业企业可享受100%的加计扣除比例，但考虑到上海企业研发强度普遍较高，现有政策激励效果仍显不足。2023 年上海规上工业企业平均研发投入强度达到 4.2%，但研发费用加计扣除政策实际减轻的企业税负仅占研发投入的 8%~12%。

15%的优惠税率缺乏竞争力。从高新技术企业税收优惠看，15%的优惠税率在国际比较中缺乏竞争力。例如，以集成电路设计企业为例，韩国、新加坡、中国台湾地区企业实际税负率仅为 10%左右。上海针对高新技术企业的税率优惠程度相对不足。

3. 财税政策与科技、金融、产业政策的协同性有待增强

财税政策与科技、金融、产业等政策的协同效应需要增强。政策设计存在部门分割现象，政策叠加效应未能充分发挥。需要加强政策统筹，形成政策合力，提高政策实施效果。中央和地方政策的衔接配合有待加强。上海在落实国家政策的同时，地方配套政策的创新性和灵活性还需提升。政策实施过程中的信息共享和协同推进机制需要完善。当前政策在支持创新项目从孵化到产业化的全过程衔接方面还有提升空间。

政策协调性不足。从长三角区域协同看，跨区域创新合作的政策支持不足。2023 年长三角地区跨区域联合研发项目超过 2000 个，但能享受到跨区域财税优惠政策的项目不足 15%。例如，在新能源汽车产业链协同创新方面，上海与江苏、浙江的企业合作研发项目难以享受统一的财税支持政策。

信息共享水平有待进一步提升。一是部门间数据壁垒导致监管效率低。例如，某企业同时在多个区申请类似创新补贴，因缺乏统一监管平台而未被及时发现。二是从监管手段看，主要依靠传统的文件审核和实地检查，智能化监管手段应用不足。例如，在研发费用加计扣除政策执行中，缺乏自动化的数据分析工具，增加了人工审核负担。

总体而言，上海科技创新发展态势良好，创新主体实力不断增强，创新要素持续集聚。财税支持政策体系逐步完善，政策实施效果明显，但政策的精准性、协同性等还需要进一步提升。要提升政策效能，就需要从完善政策体系、创新政策工具、优化执行机制等多个维度进行系统性改进。

三　完善上海科技创新财税政策的建议

（一）优化财税政策框架

构建“基础研究—技术创新—成果转化—产业化发展”全链条的政策支持体系。参照全球科创中心建设标准，依据创新链各环节特性，制定具有差异化的支持政策。例如，在基础研究阶段，可借鉴美国国家科学基金会（NSF）模式，建立稳定的财政科研经费支持体系，并力争在2025年前将基础研究投入占GDP的比例提升至0.3%以上。

针对不同创新主体，完善分类支持政策。根据2023年上海创新主体分布（高校院所占15%、大型企业占25%、科技型中小企业占60%），制定有针对性的政策。例如，为高校院所提供稳定支持以促进原创性研究；为大型企业提供市场化支持以突破关键技术；为科技型中小企业提供普惠性支持以降低享受政策的门槛。

针对重点产业领域，制定专项支持政策。针对集成电路、生物医药、人工智能等关键领域，制定产业专项政策包。例如，参考台湾地区经验，为集成电路企业设立专项研发基金，对符合条件的企业研发投入给予30%~50%的配套支持。

推进长三角区域政策协同。建立跨区域创新政策互认机制，促进创新要素自由流动。2023年长三角区域联合创新项目达到2500个，建议建立统一的跨区域创新补贴标准，以最大化政策效应。

（二）创新财税支持方式

1. 完善财政补贴机制

一是创新补贴发放方式。实施“前补助+后奖励”相结合的支持方式，以提高补贴的精准性。例如，对重大创新项目，先期提供30%的启动资金，项目完成后根据考核结果给予剩余资金支持。二是优化补贴标准设置。建立分层次、差异化的补贴标准体系。2023 年上海创新补贴标准差异系数仅为 0.3，建议根据创新活动特点设置差异化标准，以提高政策的精准性。三是建立补贴退出机制。对于未达到预期目标的项目，建立补贴退出机制。例如，某生物医药创新项目因未能如期完成研发目标，按照协议退还了 50%的补贴资金。

2. 拓展税收优惠方式

一是优化现有税收优惠政策。在研发费用加计扣除方面，对基础研究活动可提高至 150%的加计扣除比例；对高新技术企业，考虑降低认定门槛，将税率进一步降至 12%。这些措施可使企业研发投入平均提升 25%。二是创新税收抵免方式。借鉴国际经验，推出研发费用税收抵免政策，允许企业以研发投入抵免应纳税额。例如，对年研发投入超过 5000 万元的企业，可将超额部分的 30%用于抵免企业所得税。三是完善间接税收优惠政策。扩大增值税即征即退政策范围，将更多创新产品和服务纳入优惠范围。例如，对首次投放市场的创新产品，可给予半年至一年的增值税减免支持。

（三）强化重点领域支持

1. 支持科技创新平台建设

一是加大创新平台财税支持力度。对重点创新平台给予运营经费、设备购置等方面的支持。例如，张江实验室每年获得 10 亿元以上的稳定支持，带动社会投入 50 亿元以上。二是加快共性技术平台建设。支持行业共性技术平台建设，提供研发设施共享服务。2023 年上海共性技术平台服务企业超过 5000 家，带动企业研发投入 30 亿元。三是推进创新创业载体建设。支持科技企业孵化器、众创空间等创新载体发展。例如，对国家级科技企业孵化器给予最高 1000 万元的运营补贴。

2. 加强创新人才政策配套

一是完善人才激励政策。对科技创新人才给予个税优惠、住房补贴等政策支持。2023 年上海引进高层次人才 3000 人，建议将支持标准提高 20%。二是支持人才创新创业。对科技人才创办企业给予启动资金、场地支持等政策扶持。例如，对海外高层次人才创业项目给予最高 500 万元的资助。三是加强人才服务保障。提供人才子女就学、医疗保障等配套服务。例如，建立高层次人才子女入学绿色通道，提供一站式服务。

（四）提升政策实施效能

1. 加强政策宣传引导

一是创新政策宣传方式。利用新媒体平台进行精准推送，提高政策的知晓度。通过精准推送，企业政策知晓率提升 45%。例如，某区通过建立创新政策微信群，实现了对 3000 家企业的精准服务。二是建立政策专家辅导机制。组建政策专家服务团队，为企业提供专业指导。例如，张江科学城配备了 100 名政策专家，为企业提供一对一辅导服务。三是完善政策咨询平台。建设统一的政策咨询服务平台，提供 7×24 小时在线咨询服务。通过智能化咨询平台，可解决 80%的常见政策问题。

2. 健全监督评估体系

一是建立全过程监督机制。运用大数据技术实现政策实施全程监控。通过智能监管，违规行为发现率提升 65%。例如，某区通过建立创新政策监管平台，实现了对 2000 余家企业的实时监管。二是完善绩效评估体系。建立科学的政策效果评估指标体系，定期开展第三方评估。例如，对研发补贴政策的评估，不仅要看投入规模，还要评估创新产出效果。三是强化结果应用机制。将评估结果与政策调整、预算安排挂钩。评估结果应用机制可提升政策有效性 30%以上。

（五）强化财税、金融和产业政策协同

1. 促进产业链协同创新

一是支持产业链协同创新。对产业链上下游企业联合创新项目给予重点支持。2023 年上海产业链协同创新项目达到 500 个，建议将支持力度提升 30%。二是加快创新联盟建设。支持产学研创新联盟发展，促进创新资源整合。例如，集成电路创新联盟获得 5000 万元专项资金支持，带动成员单位

投入15亿元。三是推进跨区域创新合作。支持长三角区域创新合作项目，促进创新资源共享。例如，对跨区域联合创新项目给予最高50%的额外支持。

2. 创新金融支持工具

一是大力发展科技金融新工具。推广科技信贷、知识产权质押等创新金融产品。2023年上海科技信贷规模达到1500亿元，建议到2025年扩大到3000亿元。二是完善风险补偿机制。设立科技创新风险补偿基金，对金融机构支持科技创新的损失给予适当补偿。例如，对科技型中小企业贷款损失的最高补偿比例提升至80%。三是强化创投引导作用。加大政府引导基金对创新领域的支持力度。2023年上海创新创业投资规模达2000亿元，建议通过引导基金撬动社会资本，将规模扩大至5000亿元。

以上建议从政策顶层设计、支持方式创新、实施效能提升、重点领域支持等方面提出了具体措施，旨在进一步完善上海科技创新财税政策体系，提升政策实施效果，更好地支持上海建设具有全球影响力的科技创新中心。这些措施的实施需要各相关部门的协同配合，同时要注重政策的可操作性和可持续性，确保政策落地落实。

参考文献

《上海科技进步报告》（2016～2023年），https：//stcsm.sh.gov.cn/zwgk/kjgzzjbg/kjjbbg/index.html。

《关于上海市2023年预算执行情况和2024年预算草案的报告》，https：//www.shanghai.gov.cn/nw12338/20240207/1a748eb8bc1540ba84622d1156453e69.html，2024年2月7日。

长三角一体化篇

B.11 加强长三角产业与创新合作推动新质生产力发展研究

李培鑫　何　畅*

摘　要：　新质生产力的发展以科技创新水平和资源配置效率的不断提升为主要驱动力，从新质生产力的基本内涵与核心特征出发，内在地需要通过区域协同联动释放新动能。长三角作为我国经济发展最活跃、开放程度最高、创新能力最强的区域之一，保持了较为强劲的增长态势，经济转型持续推进，市场活力加速释放，一体化发展不断深入。利用自身优势，长三角要进一步加强科技创新和产业创新的跨区域协同，推动创新资源优化布局、科技成果有效转化、产业资源加速整合，提高地区间合作效率，优化要素资源配置，培育和发展新质生产力，在中国式现代化中更好地发挥引领示范作用。

关键词：　新质生产力　长三角　区域一体化　创新与产业合作

* 李培鑫，博士，上海社会科学院经济研究所副研究员，主要研究方向为区域经济和城市经济；何畅，上海社会科学院经济研究所，主要研究方向为区域经济。

不同于传统的要素投入和经济增长方式，新质生产力的发展以科技创新水平和资源配置效率的不断提升为主要驱动力，着力推动现代化产业体系的构建。从新质生产力的基本内涵与核心特征出发，其内在地具有规模经济的属性，需要通过创新和产业的跨区域融合有效地拓展发展空间，强化地区间资源的共享与功能的协同，凝聚区域合力释放发展新动能。长三角是我国经济发展最活跃、开放程度最高、创新能力最强的区域之一，拥有发达的经济体系和坚实的区域合作基础，长三角高质量和一体化发展水平不断提升。立足自身优势，长三角要统筹上海的龙头带动作用和各地区的禀赋优势，进一步加强长三角科技创新和产业创新的跨区域协同，促进创新链产业链人才链资金链的融合，培育和发展新质生产力，在中国式现代化中更好地发挥引领示范作用。

一　加强区域合作协同发展新质生产力

全要素生产率的提升是新质生产力的核心标志，以劳动者、劳动资料、劳动对象及其优化组合的跃升为基本内涵，既来自技术革命性突破，也来自生产要素创新性配置与产业深度转型升级。对此，需要通过加强区域高水平协同联动，拓展要素配置和创新生产的经济空间，释放更大的规模经济效应，推动新质生产力发展。

（一）高水平科技创新需要创新资源与主体的跨区域整合

科技创新是新质生产力的核心要素和主要动能，推动科技创新特别是原创性、颠覆性的创新，对创新设施、创新主体、创新生态都有着更高的要求。对于每个地区的发展而言，其创新要素和投入相对来说往往都是有限的，要加强区域间的联动来形成合力，共同探索面向重大需求、面向技术瓶颈、面向消费者需求的高水平创新。

一是加强创新资源的共建共享与项目联合攻关。切实尊重各地创新水平的差异，立足各地创新资源禀赋，围绕已有基础和重点需求，整合区域优势力量，搭建科技创新资源共享服务平台，促进区域创新资源优势互补和高效利用。如依托长三角科技资源共享服务平台，国家实验室、国家重点实验室、产业创新中心、技术创新中心等重大科技创新基地平台和重大科技基础设施资源得以在区域内实现有效共享。另外，聚焦关键核心技术问题，可以探索“揭榜挂帅”等方式，开展联合攻关项目，提升创新水平。

二是加强创新需求与供给的跨区域有效对接。作为主要技术需求方的企业和机构，可能难以在当地匹配创新的主体，如何更好地对接科技创新的需求和供给，推动科技成果的转化，实现创新和产业深度融合，对于提高科技创新向现实生产力转化的效率而言至关重要。对此，需要针对从研究到技术转化的关键环节，完善区域技术交易市场和服务体系，搭建起企业、高校和科研机构等各类主体跨区域进行技术成果对接、交易和转化的平台机制，通过合同科研、技术产权交易和共建联合创新中心等方式有效链接起需求和供给端。通过跨区域匹配产业需求和创新资源，形成创新要素、研发载体和产业需求的融合体系，实现创新资源更精准、更有效的配置。

（二）现代化产业体系需要产业和要素配置的跨区域优化

新质生产力的发展以现代化产业体系为重要支撑，而战略性新兴产业和未来产业的发展，更加具有资本密集和技术密集的产业属性，对资源配置效率和技术创新水平有着更高的要求，也更加依赖于区域间的分工与合作。

一是要加强产业链协同，共建现代化产业集群。相较于传统产业，信息技术、人工智能、生物技术、新能源、新材料等新兴产业一般有更加细分多元的产业链条，既有纵向上下游之间的协同互补，也需要加强差异化的水平分工，这也导致会在更多的地区形成单项冠军和行业隐形冠军企业。基于此，各地区要立足自身禀赋，厘清产业链条，加强资金、原材料、技术、人才、市场等方面的合作，推动资源的共享与产业链的协同，在研发设计、配套加工、市场拓展和应用场景等方面进行有效对接，共同打造和完善产业生态，联合培育具有竞争力的产业集群，促进战略性新兴产业融合发展。

二是要促进要素资源的跨区域流动和优化配置。区域协同发展所带来的规模经济效应，一个重要的影响就是加强要素与企业的对接，提升要素匹配效率。一方面可以加强跨区域金融合作，推动资金在更大的空间范围内流动，以追求更高的配置效率，增强金融赋能实体经济发展的效能。另一方面促进劳动力的跨区域流动与合作，放大人才对生产力的支撑作用。顺应资源要素跨区域流动和配置的趋势，加强产业联动，充分发挥企业的微观主体作用，促进企业跨地区投资，通过商品服务关联、技术创新合作、资本人才整合，有效拓展要素配置和企业经营的空间。

（三）数字化和绿色化转型需要技术和市场的跨区域协同

数字经济发展是新质生产力的重要体现。数字经济有其内在特性，对产业空间互动模式产生了较大的冲击，数据要素的网络性和外部性等特征也正在削弱地理距离对经济活动的决定性作用。跨区域的产业创新融合与产业数字化转型在扩大资源配置的空间范围、提升要素的空间流动性、弱化行政边界的约束方面具有内在的一致性，相互之间也会形成一定的耦合效应。区域的协同联动能够为数字经济发展在供给和需求端提供支撑，加强数据资源的跨区整合，推动数字技术的创新溢出，扩展数字技术的应用场景。

此外，新质生产力发展需要加快生产方式绿色转型。生态环境本身具有空间外部性的属性，不仅体现在环境污染的跨区域联防联治和生态补偿方面，也体现在通过区域协同发展，增强一定资源环境约束下的产出能力。要推动产业结构与能源结构的调整优化，改善绿色生产技术与生产方式，提升生产的集约化程度，提高能源生产和资源利用效率，着力推进绿色低碳转型，实现生态价值与经济价值的协调统一。

二　长三角新质生产力发展的主要基础

（一）经济增长势头强劲

虽然国际经济形势日益严峻，但是长三角经济发展仍然保持了强劲的增长势头。2024 年上半年，长三角地区生产总值达到 15.05 万亿元，[①] 占全国的比重达到 24.41%，相较 2023 年底提高 0.2 个百分点，经济集聚水平进一步提升。其中，上海、江苏、浙江、安徽生产总值同比分别增长 4.8%、5.8%、5.6%、5.3%，平均增速高于全国平均水平。在工业生产方面，上海、江苏、浙江、安徽的规模以上工业增加值同比分别增长 1.0%、8.6%、8.0%、8.5%。同时消费活力和开放活力加快释放，不断构筑新发展格局。2024 年上半年，长三角三省一市实现社会消费品零售总额 6.15 万亿元，同比增长 3.5%，占全国的比重为 26.06%；实现进出口总额 7.74 万亿元，同比增长 5.96%，占全国的比重高达 36.56%。此外，长三角地区居民收入持续稳定增加，就业市场表现较好。2024 年上半年，上海、江苏、浙江、安徽的居民人均可支配收入分别同比增长 4.4%、5.0%、4.9% 和 5.1%，上海、江苏、浙江城镇调查失业率分别低于上年同期 0.6 个、0.2 个和 0.2 个百分点，安徽城镇新增就业人数达到 39.8 万人。

（二）转型发展持续推进

基于产业、创新、资金、人才和开放优势，长三角持续加强创新驱动，着力构建现代化产业体系。2023 年，上海、江苏、浙江、安徽的 R&D 经费支出占地区生产总值的比重分别为 4.4%、3.2%、3.15%、2.69%，均高于全国平均水平，且较上年有所增加，长三角地区每万人拥有研发人员约是全国平均水平的 2 倍。另外，三省一市新增发明专利授权量 24.77 万件，约占全国的 26.9%。从产业转型发展来看，长三角地区先进制造业稳步发展，2024 年上半年，上海市三大先导产业制造业总产值同比增长 6.1%，其中集成电路业产值增长 19.2%，高技术制造业投资同比增长 19.3%；江苏省高新技术产业、战略性新兴产业产值占规上工业的比重分别达 50.6%、41.3%，规上高技术制造业增加值同比增长 8.9%，规上数字产品核心制造业、专精特新“小巨人”企业增加值分别增长 11.4%、9.5%，增速均高于制造业平均水平；浙江

① 数据主要来源于三省一市的统计公报，下同。

省装备、高新技术、数字经济等产业增加值分别增长 10.6%、8.7%、7.2%，服务机器人、新能源汽车、集成电路等的产量分别增长 87.9%、27.9%、25.4%；安徽省装备制造业和高技术制造业增加值分别增长 15.2%和 22.3%，增速分别比规模以上工业高 6.7 个和 13.8 个百分点，新能源汽车、集成电路、工业机器人等的产量分别增长 81.4%、69.9%、44%。根据工信部公布的国家先进制造业集群，约三分之一分布于长三角地区。此外，上海、江苏、浙江、安徽 2024 年上半年的信息传输、软件和信息技术服务业增加值分别同比增长 13.4%、11.7%、9.4%、10.0%。

表 1　2024 年上半年长三角三省一市现代化产业发展成效

省市	成效
上海市	• 三大先导产业制造业总产值同比增长 6.1%，其中集成电路产值增长 19.2% • 高技术制造业投资同比增长 19.3%
江苏省	• 高新技术产业、工业战略性新兴产业产值占规上工业产值比重分别达 50.6%、41.3% • 规上高技术制造业增加值同比增长 8.9% • 规上数字产品核心制造业、专精特新"小巨人"企业增加值分别增长 11.4%、9.5%
浙江省	• 装备、高新技术、数字经济等产业增加值分别增长 10.6%、8.7%、7.2% • 服务机器人、新能源汽车、集成电路产量分别增长 87.9%、27.9%、25.4%
安徽省	• 装备制造业和高技术制造业增加值分别增长 15.2%和 22.3% • 新能源汽车、集成电路、工业机器人产量分别增长 81.4%、69.9%、44%

（三）市场活力优势凸显

长三角地区民营经济较为活跃，各类企业分布密集，为新质生产力发展提供了坚实的基础。2024 年上半年，江苏省和浙江省民营企业工业增加值分别增长 10.1%和 9.0%，对全部规上工业增长的贡献率分别达到 62.1%和 81.5%；另外，上海市和安徽省民营企业进出口总值分别同比增长 3.2%和 12%。在市场主体培育方面，根据《长三角企业动态分析报告》，2024 年上半年，长三角地区新增企业数达到 878824 家。在 2023 年中国企业 500 强名单中，长三角地区企业占 27%。从全国上市公司、专精特新"小巨人"企业、独角兽企业的分布来看，长三角地区的占比都超过了 35%。

（四）一体化发展不断增强

长三角一体化发展不断深入，城市之间各类要素流动加快，产业链创新链的融合水平不断提升。结合长三角区域合作办公室公布的数据，立足于加强科技资源共享，长三角科技资源共享服务平台不断完善，集聚了大型科学仪器 46441 台；建立起企业、高校和科研机构等各类主体跨区域进行技术成果对接、交易和转化的平台机制，投资孵化了 117 项重大产业化创新成果；围绕关键核心技术开展联合攻关，加快推进长三角科技创新共同体联合攻关，实施两批 43 个项目，第三批 41 项需求任务清单也已对外发布，组建了首批 12 家长三角创新联合体；科技创新的“反向飞地”模式日益成熟，长三角科技创新券通用范围也不断拓展，支持企业购买创新服务超 7000 次，支持金额超 1.7 亿元。根据《2023 长三角区域协同创新指数》，[①] 长三角区域协同创新指数从 2011 年的 100 分增长至 2022 年的 262.48 分，2018 年以来年均增幅达 11.17%，其中科技成果共用、资源共享、创新合作等指数均实现较快增长。同时地区间产业联动不断增强，围绕行业龙头和主要链主企业开展分工协作，企业跨城市投资数量和金额不断增加。针对重点领域的创新和重点产业发展，各类区域联盟和基金的赋能效应凸显，长三角协同优势产业基金两期累计投资 47 只子基金、52 个直投项目，覆盖底层项目近 1000 个。

三　长三角促进产业与创新合作面临的主要问题

（一）政策协调不足阻碍跨区域产业协同创新

在推动一体化产业创新合作方面，各地在政策的顶层设计上有一定共识，但在政策执行过程中可能出现不一致，导致跨区域的产业协同创新受

① 指数由上海市科学学研究所、江苏省科技情报研究所、浙江省科技信息研究院、安徽省科技情报研究所共同发布。

阻，打造跨区域集群面临推进机制层级较低、沟通协调不顺、要素流通不畅、政策协同存在区域壁垒等问题。尤其是在财政税收、市场准入和资源共享方面，各地区在政策制定和执行上的协调性仍不足，削弱了跨区域企业间的协作效率，导致产业和创新资源错配，制约区域整体的创新产出效率。要打破这些壁垒，就需要进一步加强长三角一体化发展的顶层设计，同时建立更具操作性的跨省市协调机制，推动产业创新资源的自由流动和合理配置。

（二）创新资源不均衡限制区域整体创新

长三角地区的创新资源分布仍然存在一定的不均衡性，导致区域整体创新能力提升受到制约。长三角主要中心城市拥有顶尖的科研机构、高校和高新技术企业，吸引了大量的高端人才和资金流入，但与此同时一些城市在创新资源的基础设施、人才储备和资金投入方面还相对薄弱，这种发展的不均衡在一定程度上限制了长三角整体创新协同效应的发挥。此外，发展的不平衡也导致在创新生态建设上难以形成良性循环，产业结构升级和新质生产力培育滞后。需要通过政策引导和财政扶持，加大对创新资源相对薄弱地区的投资，鼓励高端科研机构和企业在这些地区设立分支机构或研发中心，推动创新资源在区域内的合理分布和共享利用。

（三）产业链整合与新兴产业协同发展不充分

长三角地区在高端制造业和新兴产业发展上具有较强的竞争优势，但在产业链的整合与协同发展方面仍需进一步提升，完善产业链上下游企业之间在信息共享、资源对接和技术标准等方面系统化的协同机制。如在半导体产业链中，长三角地区的芯片设计、制造和封测企业联动还需增强，集聚优势没有完全发挥。另外，产业重复建设、过度布局的情况仍然存在，脱离自身实际盲目追求新兴产业发展，这可能导致资源配置效率不高，制约产品和要素的合理流动，不利于区域内的产业分工合作，影响长三角地区经济高质量发展。对此，长三角要推动产业链的全要素联动和协同发展，建立统一的技术标准、信息共享平台和产业联盟。

（四）科技成果转化机制不完善影响新质生产力提升

长三角拥有强大的科技研发能力，但科技成果向实际生产力的转化效率仍需进一步提升。首先，科技成果与市场需求之间的对接不够紧密，不少科研项目在立项之初缺乏市场化的前瞻性，导致最终成果难以满足市场需求。此外，科研机构和企业在产学研合作中存在合作深度不够的问题，技术供需对接不畅，很多创新成果在转化过程中面临资金、人才、市场渠道等方面的瓶颈。其次，科技孵化器、加速器等创新平台的功能有待增强，部分平台缺乏市场化运作能力，难以为创新项目提供从技术支持到市场推广的全链条服务。这些问题限制了长三角新质生产力的快速培育和发展。为提升科技成果的转化效率，需要进一步加强政策引导，推动科研机构与企业的深度合作，建立以市场需求为导向的创新孵化体系，同时引导更多的社会资本和市场化力量参与创新成果转化过程。

四　长三角以高水平产业与创新合作发展新质生产力的思路举措

（一）强化政策协调，提升跨区域产业创新合作效率

为解决跨区域行政壁垒的问题，长三角地区应当全面推动政策协调，构建和完善跨区域创新合作机制。通过建立统一的政策标准和跨区域政策协调平台，减少政策执行中的摩擦力，提高跨区域创新效率，从而加快新质生产力的形成和发展，具体举措包括制定统一的政策标准、建立政策协调平台、推动区域政策联动等，确保各类创新资源和企业在跨区域经营和发展时享受同等政策待遇。

1. 建立统一的政策标准与跨区域协调平台

长三角三省一市需制定统一的政策标准，涉及科技创新、产业发展、财政激励、市场准入、税收优惠、研发费用加计扣除等方面，形成协调一致的

政策体系。具体来说，政策标准应包括多种形式的财政激励，如研发投入奖励、创新成果奖励、项目孵化支持等，以鼓励区域内企业和科研机构积极参与创新。此外，在法律法规框架下，通过政府间协商合作，将标准化政策纳入法治化范畴，确保其长效性和可执行性。

跨区域协调平台应由三省一市联合设立，并由各省市的相关科技、产业、财政部门共同参与。平台应具备信息共享、政策协调和效果评估的功能。信息共享方面，平台应定期发布各地最新政策信息，确保企业、科研机构和社会资本能够及时了解各地的政策实施动态。政策协调方面，平台应建立常态化的会议机制，定期举办跨区域的政策协调会，通过讨论和协商解决跨区域政策执行中的具体问题。效果评估方面，应通过第三方机构的介入，对政策的实施效果进行客观评估，确保政策的透明性和公平性。该平台还应支持企业和科研机构的在线申报和咨询功能，为创新主体提供便捷的政策申请和信息获取渠道。通过平台的数字化管理，推动政策执行的流程化、标准化和高效化。同时，平台应通过大数据分析，实时监控政策的实施情况，根据企业的反馈和需求调整政策标准和执行策略，确保政策能够真正落实到企业和科研机构的创新活动中去。

2. 推行跨区域政策联动与政策互认机制

为提升政策的跨区域一致性，长三角需探索多种形式的政策联动机制和政策互认措施。首先，在创新券、人才奖励政策、财税支持政策等方面实现跨区域互认，是当前的重点任务。具体来说，长三角应建立统一的创新券管理系统，各地企业和科研机构可以在不同省市间灵活使用创新券，实现“跨区域无障碍”。此外，针对不同类型的创新主体，政策互认应当具有差异性和灵活性。比如，对初创型企业和中小型高新技术企业的政策互认，应侧重于财税支持和创新资金补贴；而对大型企业和科研院所的政策互认，更多地集中在市场准入和研发投入奖励上。

在税收方面，应探索建立跨区域的税收结算机制，减少企业跨省市经营中的税负差异。税收互认应特别关注企业的研发费用、技术转让收入和创新产品的税收优惠，确保企业在长三角内的各城市享受到一致的税收待遇。此外，政府应设立快速反应机制，及时解决跨区域政策执行中的“中梗阻”问题。政策互认机制的实施需要通过跨区域协调平台的支持，应定期进行政策评估和效果反馈，具体措施包括建立“长三角政策实施联络员制度”，即在企业、科研机构和政府部门之间设立专职的政策联络员，负责对接企业的政策需求和申报事项，并及时将企业的情况反馈给政策协调平台。通过这种机制，实现政策信息的双向流动，提高政策执行的灵活性和精准性。

3. 加强政策培训、宣传与政策配套措施的实施

为提升政策的知晓率和使用效率，长三角地区应大力推进政策的宣传和培训工作。政府应通过多种渠道开展政策宣传活动，包括官方政策发布会、企业座谈会、专题研讨会等，确保政策信息能够准确、及时地触达企业和科研机构。在线上渠道方面，各地政府应设立统一的政策信息门户网站，发布政策动态、实施指南和企业案例等。

在政策培训方面，政府应定期组织专项培训会，邀请专家和政策制定者为企业和科研人员进行详细的政策解读和实操指导。培训内容应涵盖政策的申报条件、实施流程、注意事项等，同时辅以成功案例的分享和分析，帮助企业和科研人员更好地理解政策。特别是在新兴产业和高科技领域，提供专项培训，为企业的创新活动提供支持。在政策配套措施方面，政府应设立“政策落地专项基金”，为企业的政策申请、项目实施、创新成果转化等提供专项资金支持。此外，推出“绿色通道”政策，简化政策申请流程，缩短审批周期，提高政策的执行效率。通过建立多层次、多渠道的政策支持体系，确保政策能够顺利落地，并为区域内的创新主体提供全方位的支持。

（二）优化创新资源分布，实现创新成果共享

长三角应通过加强二、三线城市的创新资源布局，促进区域间的创新成果共享。通过引导高端科研机构和创新平台向欠发达地区延伸，促进创新资源共享，实现区域内创新能力的全面提升，具体举措包括科研机构的跨区域布局、建立科技创新资源共享平台、加强孵化器和加速器的协同发展，以及

增加对欠发达地区的资金投入和加强人才交流。

1. 推动创新资源的跨区域布局和共享

长三角应制定创新资源合理分布规划，明确各地在区域内创新资源配置中的角色和任务，重点关注二、三线城市的创新资源引入和布局。具体而言，应通过政策引导、财政激励和土地优先配置等措施，吸引高端科研机构、知名高校和创新平台在欠发达城市设立分支机构或合作基地。同时，政府应鼓励核心城市的科研机构向周边城市输出技术和人才，帮助欠发达城市加快基础设施建设，改善科研设备和实验条件。通过“区域创新网络”实现区域内科研设施、仪器设备、技术文献、专利信息等资源的共享。网络应覆盖各类高校、科研院所、创新企业和孵化器，建立统一的资源信息数据库和使用规则，并为创新主体提供便捷的资源对接和技术支持服务。此外，政府可通过政策和财政支持，引导企业和科研机构积极参与区域内的资源共享和合作项目，提升创新资源的使用效率和创新成果转化速度。

2. 加强区域性创新孵化器和加速器的协同发展

为提高创新成果的转化效率，长三角应在区域内建立跨省市的创新孵化器和加速器网络，形成“中心+基地”的创新孵化模式。政府应支持有实力的孵化器和加速器在不同城市设立分支机构或合作点，提供从技术开发、产品试制到市场推广的全方位服务。同时，应鼓励孵化器和加速器根据不同城市的产业特色和创新需求，提供差异化的孵化服务，帮助企业在区域内找到最合适的资源和市场。

在孵化器和加速器协同发展的过程中，应建立跨区域的“创新项目对接会”机制，通过定期举办创新项目展示、投资对接和成果分享等活动，实现区域内创新项目的快速孵化和资源对接。政府可通过政策支持和资金补贴，降低孵化器和加速器的运营成本，并通过市场化的手段吸引更多的优质项目落地，具体措施还包括：设立区域性专业孵化器和加速器，对接各地的产业特色，为创新项目提供专业的技术支持、市场推广和融资服务。

3. 加大对欠发达地区的资金投入与人才培养力度

联合设立长三角科技创新专项基金，专门用于支持欠发达地区的创新项目、初创企业和科技基础设施建设，重点支持欠发达地区的创新项目和中小企业发展。采用政府引导、市场化运作的模式，吸引社会资本共同参与，通过多种形式的资金支持提高欠发达地区的创新投入水平。对科技型中小企业的初创期和成长期提供无息贷款、风险投资和创新补贴，对基础设施和科研设施的建设提供专项拨款和优惠贷款支持。在人才培养方面，应制订“区域创新人才交流计划”，通过长三角范围内的联合培养和交流合作，提高欠发达地区科研人员的能力。定期组织创新人才培训和交流活动，邀请科研专家和企业家到欠发达地区开展讲座；推动高校与企业建立联合培养机制，促进产学研结合。为创新人才提供住房、医疗、子女教育等配套支持政策，提高欠发达地区对高端创新人才的吸引力。

（三）整合产业链资源，推动高端制造业协同发展

为了推动长三角高端制造业的协同发展，需要加强产业链上下游企业的联动，促进新兴产业的跨区域整合。通过建立跨区域的产业链协同机制、完善区域产业配套体系、加快共性技术平台建设，发展新质生产力，实现区域内产业链的一体化发展，提升区域整体竞争力。

1. 构建跨区域的产业链协同机制

长三角三省一市应围绕集成电路、生物医药、新能源汽车等重点领域建立产业链协同机制，通过制定跨区域产业链发展规划，明确各地在产业链中的角色和任务，推动上下游企业的深度合作，具体措施包括：建立跨区域的产业链对接平台，推动企业间的技术交流、信息共享和资源对接；鼓励上下游企业通过联合研发、技术转让、市场合作等方式加强协作，实现区域内的产业链闭环。为增强产业链的协同效应，政府应制定支持产业链协作的政策，包括财政激励、税收优惠、用地优先等措施，吸引上下游企业在区域内进行合作。同时，政府应引导企业、高校、科研机构共同参与重大项目的研发和生产，形成跨区域的“强链、补链”机制。此外，还应探索建立“长三角产业链联盟”，由龙头企业牵头，联合上下游企业、高校、科研机构，共同开展产业链的关键技术攻关。

2. 完善区域产业配套体系和共性技术平台

长三角应在区域内加快建设完善的产业配套体系，包括基础材料、核心零部件、装备制造等环节的技术升级和布局优化。通过建设区域性产业基地和配套设施，提升产业链的整体效率和稳定性；支持上下游企业在区域内进行就近配套和资源共享，降低产业链的运行成本。在共性技术平台的建设方面，应设立集成电路、智能制造、生物医药等领域的跨区域共性技术研发平台，为企业提供技术支持和协同研发服务。政府应通过政策、资金和人才的全面支持，确保共性技术平台的高效运作和创新成果的快速转化。共性技术平台应重点关注产业链中的关键技术，推动关键技术突破，提升区域内高端制造业的竞争力。

3. 推动跨区域产业园区合作和产学研协同创新

各地政府应共建跨区域产业园区，通过联合招商、共享资源、合作运营等方式，实现产业链的集群化发展。在重点产业领域探索“飞地经济”、联合开发等新型合作模式，打造具有竞争力的区域性产业集群。同时，政府应制定支持政策，吸引更多上下游企业在园区内集聚发展。在产学研协同创新方面，应推动企业、高校、科研机构建立联合研发中心和实验室，通过设立专项科研项目和产业基金，支持产学研合作项目的实施和成果转化。政府应制定配套政策，鼓励企业和科研机构在区域内开展技术攻关，实现技术创新和产业发展的有机结合。通过政产学研的深度融合，提升区域内的产业链技术水平和整体协作能力。

（四）加速科技成果转化，提升科技应用能力

长三角应加大科技成果转化力度，促进科技应用，推动新质生产力的快速培育和发展。通过建立健全成果转化机制、完善技术市场体系、鼓励科技成果的跨区域落地和产业化，确保科技成果能够迅速转化为生产力，并为区域经济高质量发展提供强大的动力。

1. 建立健全科技成果转化机制与跨区域技术市场

制定统一的科技成果转化机制，明确技术转让、技术许可、技术投资等

的具体路径，确保成果转化的顺畅性和市场化。设立“长三角科技成果转化基金”，为区域内的科技成果转化提供资金支持；通过建立跨区域的技术交易市场，推动技术供需双方的高效对接和合同签订。此外，还应通过政策扶持，鼓励企业和科研机构积极参与技术交易和成果转化。为提高技术交易的效率和成果转化的速度，政府应建设智能化的技术交易平台，通过大数据和人工智能技术实现技术供需的精准匹配。建立技术评估和知识产权保护机制，为企业和科研机构的技术交易提供法律保障，确保技术转化的安全性和可持续性。

2. 推动科技成果的跨区域落地和产业化应用

优先支持重大科技成果在不同省市的落地和产业化。政府应通过设立科技成果转化示范区，提供专项资金支持、税收减免和政策优惠，鼓励企业和科研机构积极参与科技成果的转化。设立技术成果转化专项基金，推动战略性新兴产业和前沿科技成果转化；鼓励企业在区域内进行成果转化和市场推广，提高科技成果的经济价值。政府应引导企业和科研机构通过联合开发、技术转让、市场合作等方式，将科技成果迅速应用于生产和市场。政府应加强对成果转化过程的管理，建立全过程的监督和评估机制，确保科技成果的转化效果和经济效益。

3. 推动科技金融的融合与成果转化人才培养

通过推动科技与金融的深度融合，为科技成果的转化提供全生命周期的资金支持。设立科技成果转化专项基金，吸引社会资本和风投机构共同参与成果的转化过程；鼓励金融机构开发适应科技企业需求的金融产品，如知识产权质押贷款、科技保险、风险投资等，降低科技成果转化的资金门槛。在人才培养方面，应实施“长三角科技成果转化人才培养计划”，通过高校、科研机构和企业的联合培训，提高成果转化的专业化水平。政府应为转化人才提供专项奖励和职业发展支持，激励更多优秀人才投身科技成果的转化过程。

B.12
G60科创走廊高科技产业融合发展的现状、问题与对策

吴　友*

摘　要：　长三角 G60 科创走廊高科技产业合作对于推动长三角高质量一体化发展、促进产业升级与转型、优化资源配置与要素流动、提升区域竞争力与影响力等方面都具有重要意义。本文从产业集聚、产业转移及产业关联三个层面系统梳理了 2017~2023 年 G60 科创走廊高科技产业协同发展现状，并提出了 G60 科创走廊存在产业转移区域不均衡、产业转移后企业质效不高以及部分城市和产业关联度不足等问题，为此，要从产业体系构建、协调融合制度完善、跨区域创新平台成立、公共基础设施建设等方面促进 G60 科创走廊高科技产业融合发展。

关键词：　G60　高科技企业　创新融合　产业转移　产业关联

G60 科创走廊以习近平新时代中国特色社会主义思想为指引，深入贯彻党的二十大精神，坚持新发展理念，推进创新驱动发展战略。G60 科创走廊缘起松江，2016 年起开始沿 G60 高速 40 公里布局，标志着科创走廊 1.0 版本的诞生；2017 年，沪嘉杭三地签约合作，标志着 G60 科创走廊进入 2.0 版；2018 年，九城市联席会议召开，G60 科创走廊覆盖长三角九城，步入“高铁时代”的 3.0 版。2019 年出台的《长江三角洲区域一体化发展规划纲

* 吴友，博士，上海社会科学院经济研究所助理研究员，主要研究方向为区域经济发展与创新创业。

要》及2020年出台的《长三角G60科创走廊建设方案》明确了G60科创走廊作为科技创新与制度创新高地、产城融合发展典范的战略定位，旨在推动中国制造转向中国创造。2021年，G60科创走廊被纳入国家“十四五”规划，成为长三角一体化战略的关键一环。G60科创走廊不仅促进了城市扩容和交通升级，更在科技创新、产业升级及区域协同等方面展现出强大潜力，成为中国制造向中国创造转型的生动实践。

G60科创走廊作为长三角发展活力最大、开放程度最高、创新能力最强的区域，总面积7.62万平方公里，以占全国1/24的人口、1/120的面积，贡献了全国1/15的GDP。据统计，截至2024年上半年，G60九城市生产总值为83236亿元，占全国的比重为6.66%；地方财政收入8517.6亿元，占全国的比重为7.69%；进出口总额为49479.72亿元，占全国的比重为23.37%；高新技术企业家数为54000家，占全国的比重为14.28%，其中科创板企业为115家，占全国的比重为20.07%。长三角G60科创走廊高科技产业合作对于推动长三角高质量一体化发展、促进产业升级与转型、优化资源配置与要素流动、提升区域竞争力与影响力等都具有重要意义。

目前G60科创走廊的高科技企业在产业跨区域合作上已取得了一些成绩，展现出一些特点，但在区域融合发展过程中也存在一些亟待解决的问题。本文旨在系统梳理2017~2023年G60科创走廊高科技产业发展现状，探究科创产业融合发展中存在的问题，提出进一步促进G60科创走廊高科技产业融合发展的对策建议，以期更好地发挥其在长三角地区的创新策源功能。

一　长三角G60科创走廊高科技产业发展现状

（一）G60科创走廊高科技产业集聚趋势明显

近年来，国家和地方政府出台了一系列政策支持长三角G60科创走廊创新发展，科创走廊的创新能力显著增强，科创生态得以优化，廊内高科技产业集聚趋势明显。

1. 新一代信息技术产业的集聚度最高

表 1 梳理了 G60 科创走廊八大高科技产业聚集情况。从 G60 城市的高科技产业所属行业来看，新一代信息技术产业和高端装备制造业集聚效应明显，其中新一代信息技术企业有 14137 家，约占 G60 城市高科技产业的半壁江山，上海、杭州、苏州、合肥的新一代信息技术企业数量显著高于其余高科技企业。高端装备制造企业数量排名第二，共落户 7272 家，第三大高科技产业为生物产业，集聚了 3290 家企业。新材料产业和节能环保产业的企业数量分别为 2406 家和 1328 家。数字创意产业、新能源产业和新能源汽车产业的企业数量分别为 621 家、508 家和 306 家。

2. 沪苏杭为 G60城市高科技企业主要集聚区域

从 G60 城市之间的横向对比来看，上海、苏州和杭州是高科技企业主要集聚的区域，落户的高科技企业均超过 6000 家，其中，上海高达 11020 家，苏州落户 7191 家，杭州落户 6111 家。省会城市合肥集聚了 2180 家高科技企业，排名第四，其次是嘉兴落户了 1316 家企业，湖州和芜湖分别落户了 766 家和 690 家高科技企业，金华和宣城的高科技企业数量最少，分别为 375 家和 219 家。值得一提的是，苏州的新材料行业有着极大的吸引力，其新材料行业的企业数量在 G60 城市中排名第一，高达 618 家，紧随其后的是上海市的 587 家。

表 1　2023 年 G60 城市高科技产业的企业数量

单位：家

类别	杭州	合肥	湖州	嘉兴	金华	上海	苏州	芜湖	宣城	合计
高端装备制造业	941	539	277	406	85	2413	2289	239	83	7272
节能环保产业	254	153	82	66	26	384	325	32	6	1328
生物产业	585	134	74	83	32	1298	1044	23	17	3290
数字创意产业	174	53	10	29	7	286	57	2	3	621
新材料产业	264	148	189	276	90	587	618	146	88	2406

续表

类别	杭州	合肥	湖州	嘉兴	金华	上海	苏州	芜湖	宣城	合计
新能源产业	57	37	9	47	31	180	122	19	6	508
新能源汽车产业	22	23	4	6	2	140	92	16	1	306
新一代信息技术产业	3814	1093	121	403	102	5732	2644	213	15	14137
合　计	6111	2180	766	1316	375	11020	7191	690	219	29868

注：表中统计的是上海的全市数据。

资料来源：新一线城市研究所。

（二）G60科创走廊高科技产业转移特征突出

1. G60科创走廊产业迁移量呈现先升后降趋势

从 G60 科创走廊整体的高科技企业迁移情况来看，2017～2023 年，迁出 G60 科创走廊的高科技企业共有 109 家，迁入 G60 科创走廊的高科技企业共有 547 家，净迁入 438 家高科技企业，2020～2021 年的净迁入量最多，分别净迁入 101 家和 272 家。迁出的企业数量较为平稳，2021 年迁出量达到最高，为 29 家，2022 下降至 19 家，2023 年上升至 26 家。迁入的企业数量从 2019 年的 6 家快速上升至 2020 年的 125 家，2021 年创新高，达到 301 家，其中迁入苏州的达到 286 家，迁入 G60 其余区域的较少。2021 年以来迁入量下降，2022 年共迁入 37 家，2023 年迁入 71 家。

2. 苏州成为G60科创走廊最具吸引力的城市

苏州是全国高科技企业向 G60 科创走廊迁移的热门目的地，2017～2023 年净迁入 452 家企业，廊内科创企业的内部迁移情况不多，总体平稳。表 2 展示了 2017～2023 年 G60 九城市的高新技术企业迁入和迁出的基本情况。

从迁出企业的发展规模来看，2017～2023 年，G60 城市共迁出 109 家高科技企业，其中仅 22 家迁出至 G60 城市，近乎 80%的企业迁移至非 G60 城市。从 G60 九城市之间的对比来看，合肥迁出的高新技术企业数量位居榜首，有 34 家企业，其中仅有 2 家高新技术企业迁至苏州，另外 32 家企业均迁出至非 G60 城市；迁出数量排名第二和第三的分别是苏州

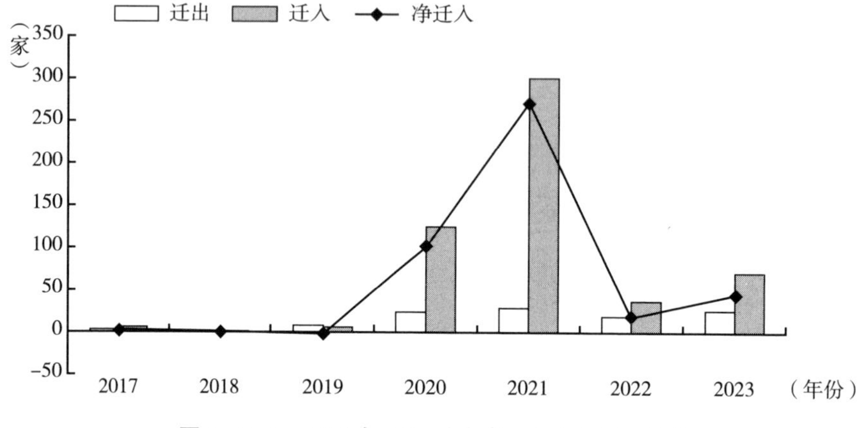

图 1　2017~2023 年 G60 城市高科技企业迁移趋势

资料来源：新一线城市研究所。

和杭州，企业迁出数量分别为 21 家和 19 家，两城市大部分企业均迁移至非 G60 城市。此外，湖州和宣城则没有高科技企业外迁。

从迁入企业的发展规模来看，2017~2023 年，G60 城市共迁入 547 家高科技企业，大部分迁入企业来源于非 G60 城市，仅有 22 家企业由 G60 城市迁入。苏州成为高科技企业迁入的热门城市，其中，由非 G60 城市迁入的企业数量高达 459 家；次热门的迁入城市分别为杭州和合肥，分别为 28 家和 21 家。

表 2　2017~2023 年 G60 科创走廊高科技企业迁移情况

单位：家

城市	迁出			迁入			净迁入
	总量	迁出至 G60 城市	迁出至非 G60 城市	总量	由 G60 城市迁入	由非 G60 城市迁入	
松江	8	6	2	4	0	4	-4
嘉兴	10	4	6	7	1	6	-3
杭州	19	4	15	32	4	28	13
金华	2	0	2	1	0	1	-1
苏州	21	5	16	473	14	459	452

续表

城市	迁出			迁入			净迁入
	总量	迁出至G60城市	迁出至非G60城市	总量	由G60城市迁入	由非G60城市迁入	
湖州	0	0	0	3	0	3	3
宣城	0	0	0	2	1	1	2
芜湖	15	1	14	4	2	2	-11
合肥	34	2	32	21	0	21	-13
总　计	109	22	87	547	22	525	438

资料来源：新一线城市研究所。

3. 科技服务是承接产业转移最热门领域

科技服务领域成为高新技术产业转移的热门领域。在迁入G60科创走廊的高科技企业中，排前4位的均属于科技服务业。表3展示了科技服务领域迁至G60城市的企业情况。2017~2023年，软件和信息技术服务业共有172家高科技企业迁入G60科创走廊。其中，25家由太原迁入，21家由上海（非松江地区）迁入，17家由西安迁入，16家由北京迁入。科技推广和应用服务业共有158家高科技企业迁入G60科创走廊。其中，66家由北京迁入，29家由上海（非松江地区）迁入，16家由太原迁入。研究和试验发展领域，共有30家高科技企业迁入G60科创走廊。其中，6家由大连迁入，4家由北京迁入。互联网和相关服务领域共有24家高新技术企业迁入G60科创走廊。其中，6家由海口迁入，4家由上海（非松江地区）迁入。

表3　2017~2023年G60科创走廊科技服务领域企业迁移情况

单位：家

类别	2017年	2018年	2019年	2020年	2021年	2022年	2023年	合计
软件和信息技术服务业	0	0	5	46	99	8	14	172
科技推广和应用服务业	1	0	0	34	88	7	28	158
研究和试验发展	1	0	0	5	17	3	4	30
互联网和相关服务	0	0	0	5	15	2	2	24

资料来源：新一线城市研究所。

4. G60九城市内部企业迁移态势整体平稳

从 G60 九城市内部企业的迁移情况来看，G60 科创走廊内部企业的迁移并不活跃，2017~2023 年仅 22 家企业进行了迁移，总体比较平稳。苏州成为 G60 九城市中高科技企业内部转移的热门城市，共有 14 家廊内企业迁入，其中嘉兴和松江区均有 4 家企业迁入苏州，合肥和杭州均有 2 家企业迁入苏州，芜湖迁移 1 家。松江成为廊内企业迁出最多的区域，共有 6 家高科技企业迁移至廊内其余城市。杭州则有 4 家高科技企业迁出至苏州、芜湖和宣城。湖州和金华两城无廊内迁入迁出情况。

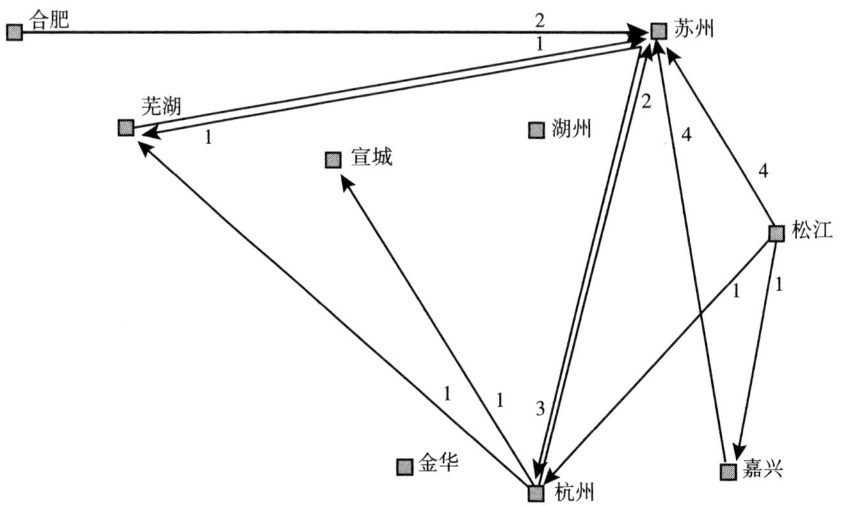

图 2　G60 城市廊内高科技企业迁移情况

注：苏州有 1 家企业属于内部迁移，在图中未体现。

资料来源：新一线城市研究所。

（三）G60科创走廊高科技产业关联密切

1. 各城市的新一代信息技术产业关联密切

从 G60 科创走廊高科技行业在全国的分支机构设立情况来看，新一代信息技术企业更加偏向于在全国设立分支机构。截至 2023 年底，G60 城市内新一代信息技术产业在全国范围内共设立了12422家分支机构，远远高于其他高科技行业；高端装备制造业在全国设立了6664家分支机构，排名第二；节能环保产业在全国设立了4793家分支机构，排名第三。数字创意产业设立的分支机构为2496家，新材料产业、生物产业、新能源产业和新能源汽车产业在全国设立的分支机构分别为1378家、876家、372家和139家。

从G60城市高科技行业在廊内的分支机构设立情况来看，新一代信息技术产业在廊内分支机构数量最多，为1676家，占比为13.49%。廊内分支机构数量排名第二的为高端装备制造业，为981家，占比为14.72%。排名第三的为节能环保产业，廊内分支机构数量为782家，占比为16.32%。数字创意产业和新材料产业在廊内分支机构数量分别373家和241家，占比分别为14.94%和17.49%。生物产业和新能源产业在廊内的分支机构数量分别为147家和48家，占比分别为16.78%和12.90%。新能源汽车产业在廊内设立的分支机构数量仅为32家，占比为23.02%。

2. 上海高科技企业在城市间扩散最强

从G60城市在全国范围内设立的分支机构情况来看，上海市的高科技企业更加偏向于在全国设立分支机构。截至2023年，上海在全国范围内共设立了10663家分支机构，远远高于G60其余城市；杭州高科技企业在全国设立了7350家分支机构，排名第二；合肥在全国设立了4636家分支机构，排名第三。苏州设立的分支机构为3965家，湖州、嘉兴、金华、芜湖和宣城高科技企业设立的分支机构分别为837家、778家、393家、342家和176家。

从G60城市在廊内设立的分支机构情况来看，上海市高科技企业在廊内设立的分支机构数量最多，为1736家，占比为16.28%。杭州在廊内设立的分支机构数量为1123家，排名第二，占比为15.28%。合肥在廊内设立的分支机构数量为420家，排名第三，占比为9.06%。苏州在廊内设立的分支机构数量为324家，排名第四，占比重最低，为8.17%。排在后位的湖州、嘉兴、金华、芜湖和宣城高科技企业在廊内设立的分支机构数量分别为249

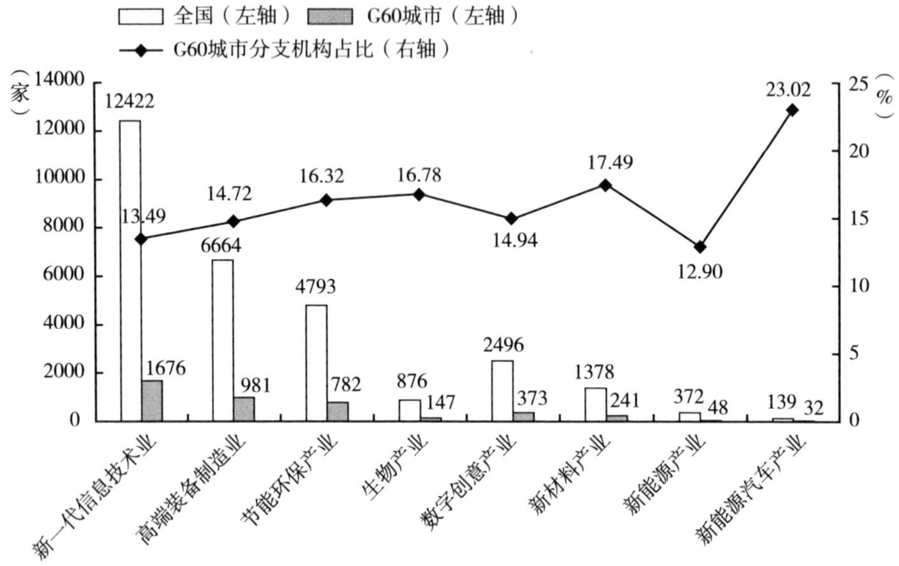

图 3　G60 科创走廊的高科技行业分支机构设立情况（按行业分）

注：上海统计的是全市的高科技企业。

资料来源：新一线城市研究所。

家、188 家、121 家、76 家和 43 家，占比分别为 29.75%、24.16%、30.79%、22.22%和 24.43%。

3. 九城市内部产业关联差异明显

横向比较 G60 城市，上海和杭州在不同行业的扩散效应明显。具体来看，上海主要行业在 G60 城市设立的分支机构数量均排名第一。其中，上海市的新一代信息技术产业在廊内设立了 798 家分支机构，高端装备制造业设立了 448 家分支机构，数字创意产业设立了 138 家，新材料产业设立了 100 家，新能源汽车产业设立了 16 家。杭州市的节能环保产业在廊内设立了 312 家分支机构，生物产业设立了 59 家分支机构，新能源产业设立了 18 家。

纵向比较各行业，新一代信息技术产业、高端装备制造业和新材料产业的扩散效应明显。在新一代信息技术产业方面，上海在 G60 城市设立了 798 家分支机构，杭州设立了 447 家分支机构，合肥设立了 165 家分支机构，嘉兴设立了 48 家分支机构，金华设立了 30 家分支机构，芜湖设立了 25 家分

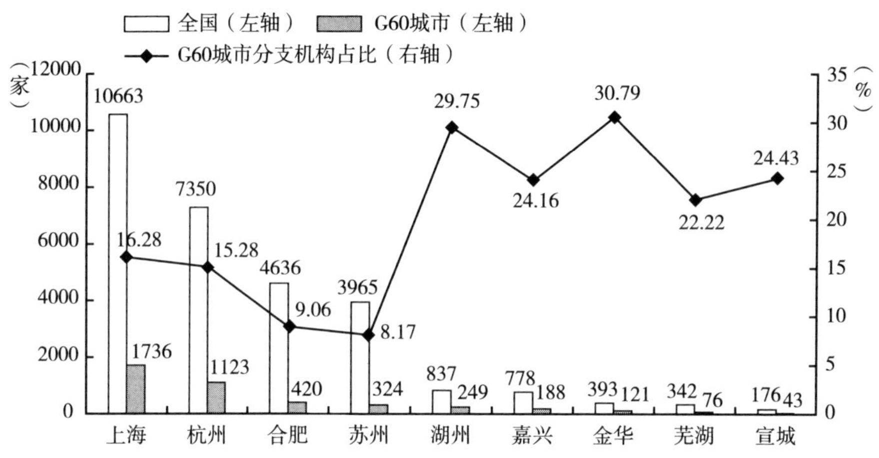

图 4 G60 城市的高科技行业分支机构设立情况（按城市分）

注：上海统计的是全市的高科技企业数据。

资料来源：新一线城市研究所。

支机构。在高端装备制造业方面，苏州在 G60 城市设立了 122 家分支机构，湖州设立了 121 家。在新材料产业方面，宣城在 G60 城市设立的分支机构数量为 17 家。

表 4 2023 年 G60 城市高科技企业在廊内的分支机构分布

单位：家

类别	杭州	合肥	湖州	嘉兴	金华	上海	苏州	芜湖	宣城	总计
高端装备制造业	133	61	121	39	28	448	122	21	8	981
节能环保产业	312	110	45	43	27	177	40	19	9	782
生物产业	59	3	16	2	6	47	11	2	1	147
数字创意产业	123	55	7	21	11	138	15	3	0	373
新材料产业	28	12	18	32	17	100	12	5	17	241
新能源产业	18	11	2	1	1	12	1	1	1	48
新能源汽车产业	3	3	1	2	1	16	6	0	0	32
新一代信息技术产业	447	165	39	48	30	798	117	25	7	1676
总　计	1123	420	249	188	121	1736	324	76	43	4280

注：不包含科技服务业，其中上海为全市数据。

资料来源：新一线城市研究所。

4. 各企业城市在省内抱团关联趋势显著

表 5 列示了 G60 城市战略性新兴产业设立分支机构的城市矩阵的情况。从各城市设立的分支机构总量来看，截至 2023 年底，上海和杭州在 G60 城市设立的分支机构数量高达上千家，属于第一梯队，其中上海市在 G60 其余城市设立了 2146 家分支机构，杭州在 G60 其余城市设立了 1936 家。合肥和苏州在 G60 城市设立的分支机构数量为 500~1000 家，属于第二梯队，其中苏州市在 G60 其余城市设立了 945 家分支机构，合肥在 G60 其余城市设立了 685 家分支机构。湖州和嘉兴在 G60 城市设立的分支机构数量为 200~500 家，属于第三梯队，湖州和嘉兴在 G60 其余城市的分支机构大致相当，分别为 403 家和 404 家。金华、芜湖和宣城在 G60 其余区域设立的分支机构数量均在 200 家以下，分别为 186 家、110 家和 60 家。

从城市之间的关联来看，浙江省和安徽省的 G60 城市更愿意选择在省内城市设立分支机构，省内占比在 60%及以上，且省会城市是首选，其余省内城市为次选。从浙江省的具体数据来看，仅考虑 G60 九城市，剔除上海非松江区域的数据，杭州在 G60 城市设立的总分支机构数量为 1544 家，其中，湖州设立 337 家，嘉兴设立 313 家，金华设立 406 家，合肥设立 236 家，苏州设立 136 家；湖州在 G60 城市设立的总分支机构数量为 340 家，其中，杭州设立 192 家，嘉兴设立 35 家，金华设立 38 家，合肥设立 33 家，苏州设立 25 家；嘉兴在 G60 城市设立的 297 家分支机构中，160 家位于杭州，53 家位于湖州，24 家位于金华，27 家位于苏州，15 家位于合肥；金华在 G60 城市共设立了 154 家企业分支机构，其中，121 家位于杭州，12 家位于嘉兴，5 家位于湖州，8 家位于苏州。

同理，从安徽省的合肥、芜湖和宣城 3 个城市来看，呈现出与浙江省城市同样的特征。合肥、芜湖和宣城在安徽省内设立的分支机构占比较高。苏州更倾向于选择在上海设立分支机构，据统计，苏州在闵行设立 87 家，嘉定设立 61 家，浦东新区设立 91 家，长宁设立 53 家，在松江仅设立 22 家分支机构；其次是选择合肥和杭州这一类省会城市设立分支机构，其中合肥 129 家，杭州 111 家。

表 5　2023 年 G60 城市战略性新兴产业设立分支机构的城市矩阵

单位：家

分支机构所在城市		浙江				安徽			江苏	上海
		杭州	湖州	嘉兴	金华	合肥	芜湖	宣城	苏州	上海
浙江	杭州	0	192	160	121	74	14	10	111	660
	湖州	337	0	53	5	7	2	0	32	49
	嘉兴	313	35	0	12	11	0	1	34	93
	金华	406	38	24	0	14	1	0	17	65
安徽	合肥	236	33	15	3	0	46	18	129	553
	芜湖	52	7	3	2	227	0	10	32	66
	宣城	33	7	3	1	152	18	0	8	27
江苏	苏州	136	25	27	8	61	9	6	0	633
上海	上海	423	66	119	34	139	20	15	582	0
	松江区	31	3	12	2	6	3	0	22	无统计
合计（包含非松江区域）		1936	403	404	186	685	110	60	945	2146
合计（仅包含松江区域）		1544	340	297	154	552	93	45	385	无统计

资料来源：新一线城市研究所。

二　长三角 G60科创走廊高科技产业发展存在的问题

（一）产业转移区域不均衡

1. 产业转移区域不均衡

近年来，江苏出台一系列高科技企业迁入支持政策，形成了“省+市+区”三级财政支持政策。以江苏为例，苏州为吸引和支持高科技企业迁入而制定的一系列优惠政策，包括财政资助、税收优惠、研发支持等，为高科技企业提供了良好的发展环境和条件。其中财政资助内容包括迁入奖励、认定奖励和培育库奖励，如吴江区对首次获得高科技企业认定的给予 30 万元奖励，再次获得认定的给予 15 万元奖励。而省级财政同时设有认定培育奖励和入库培育奖励，对于本省当年度入库的高科技企业，有相应额度的奖励。因此，在迁移高峰时段，如果一家高科技企业迁入江苏苏州吴江区可获得三级财政累计上百万元的奖励。在此类政策刺激下，江苏成为企业转移的热门地。

2. 合肥、芜湖产业承接优势不明显

在遵循传统产业转移的逻辑下，企业倾向于从生产成本高的地区迁移至成本更为低的地区，以优化资源配置，提升竞争力。然而，在 G60 科创走廊沿线的城市中，合肥与芜湖作为区域内的经济重镇，理论上应是周边及更广泛地区产业转移的重要承接地，然而实际上却呈现出反向趋势。这两座城市非但未能承接其他城市的大规模产业转移，反而面临高科技企业外流的挑战。这一现象揭示了在区域经济合作与竞争的新格局下，单一的成本优势已不再是吸引企业入驻的唯一或决定性因素。企业，尤其是高科技企业，在选址时愈发看重营商环境，如政策支持力度、创新资源集聚度、人才储备情况、产业链配套完善程度以及城市未来的发展潜力等。

（二）产业转移后企业质效不高

1. 产业转移“重服务轻制造”

高科技企业的转移趋势显著偏向于“软性”科技服务领域，如软件与信息服务、科技推广与应用以及互联网与相关服务等，这些领域因其高附加值、轻资产及强创新性而备受青睐。相比之下，生物医药、高端装备制造等“硬性”产业的转移则显得不够活跃。这一现象也间接地导致企业迁入后发展的不可持续。调研发现，在探索飞地经济的实践中，部分城市的“飞地”楼宇在运营中陷入了亏损困境，这不仅影响了项目的可持续性，也暴露了在项目规划、运营管理及后续产业培育等方面存在不足。

2. 企业转移后的成长性不足

调研结果显示，部分城市通过相关政策吸引高科技企业入驻后，迁入企业的整体成长性不强，主要原因是后期政策断层和政策执行不力。比如，部分城市为吸引高科技企业入驻，往往提供一系列优惠政策，如税收减免、资金补贴等。然而，当企业完成迁移并开始运营后，这些优惠政策的效力可能逐渐减弱，导致企业在后续发展中缺乏必要的政策支持。有些城市即便有持续性的政策支持，但政策执行不力或存在的“打折扣”现象，也会严重影响企业的成长。同时，迁入城市的市场需求变化和供应链整合难度增加，也会导致企业运营成本增加，进而市场竞争力降低。

3. 产业合作利益共享机制尚未建立

调研发现，高科技初创企业在属地孵化、异地转化的现象十分普遍，尤其是对于上海这样的大都市而言，上海集聚的创新资源和宽松的创新环境有助于初创企业的创新萌芽和技术研发。当企业逐步成长壮大、需要实现规模和业务扩张时，囿于成本考虑，便会迁移至周边城市的工业园区，一方面可享受迁入地的支持政策，另一方面也临近上海这一大市场。这种模式有助于实现区域一体化，促进不同地区的研发和分工协作，实现资源的优化配置和科技成果的高效转化，但也会引发资源要素投入与最终收益分配不均的问题。G60 九城市廊内的产业跨城转移利益共享和成本共担机制尚未建立。多年来，苏州借助飞地园区模式开展产业跨区转移探索，但就相关经济指标跨区共享机制仍没有形成成熟的模式，仍然停留在园区开发公司合作经营阶段。就 G60 九城市内的产业转移，需要持续探索利益共享机制。

（三）部分城市和产业关联度不够

1. 产业关联缺乏“因城制宜”

不同城市在地理位置、自然资源、人力资源、技术基础等方面存在显著差异。G60 九城市在产业关联政策设计上还没有做到因城制宜、因产制宜。比如苏州、湖州的高端装备制造业，杭州、金华、芜湖、合肥的新一代信息技术产业，宣城的新材料产业等，这些城市的特定产业对外扩张能力强，企业跨区合作的意愿高，但目前这些产业的关联度并不高。同时，在实际的产业关联过程中，部分城市未能充分考虑自身的资源禀赋和比较优势，盲目引进与本地产业基础不匹配的产业，导致产业关联度低，难以形成产业集群。

2. 浙江、安徽企业"行政关联重"，松江吸引力不够

企业设立分支机构不仅有利于拓展业务，而且有利于推动人才、资金等各类要素的跨区流动。从行政区划来看，浙江、安徽企业向 G60 科创走廊中非省内城市扩张的积极性不高，两地企业在设立分支机构时，跨省设立分支机构的数量非常有限。据统计，浙江省和安徽省的 G60 城市在省内城市设立分支机构占比均在 60%及以上，并且省会城市是首选，省内其余城市为次选。苏州企业更倾向于选择 G60 科创走廊的合肥和杭州这一类省会城市设立分支机构。相较于上海市其余区域，松江区对 G60 其余城市的企业吸引力明显不足。

三　长三角 G60科创走廊高科技产业健康发展的对策建议

长三角 G60 科创走廊高质量发展离不开区域之间产业合作模式的创新，近年来 G60 科创走廊在培育创新主体、推动创新要素流动等方面已取得了实质性进展，未来还要从根本上解决阻碍产业跨区域合作的体制机制等深层次问题。

（一）完善 G60区域协同融合的体制机制

协同创新是提升创新整体效能的重要手段，建立支持 G60 科创走廊全面创新的协同融合制度，构建集创新资源、研发载体、产业需求于一体的产业技术创新体系，大力提升科技成果转化效率，推动科技资源优势转化为产业发展优势。就制度协同而言，形成常态化 G60 九城市人大工作交流合作机制和政协共商共建协作机制，组建九城市人大代表企业和政协委员企业联盟，推动开展全方位深层次交流合作。就产业协同而言，九城市依据自身优势，实现城市之间重点产业协同、错位发展，以产业联盟和合作产业示范园区为载体，形成紧密的产业纽带、高效的分工协作。

（二）完善区域优势产业协同错位发展的产业体系

G60九城市在紧密结合“1+2+1”[①] 具体要求的同时，要立足九城市产业实际发展情况，共同编制产业协调规划，完善区域优势产业协同错位发展体系。共同编制产业规划不仅有助于各城市产业链条的优化，更有助于围绕产业链布局创新链，促进跨领域、跨行业的协同创新生态形成，打破传统壁垒，加速技术、人才、资金等要素的流动。构建产业体系时要充分考虑G60九城市产业、区位、要素优势和资源禀赋等情况，通过实施关键技术联合攻关，加大区域整体研发投入，提升区域创新能力，加快科技成果转化，推动创新链、产业链、资金链深度融合，着力打造量子科技、类脑芯片、第三代半导体、下一代人工智能、靶向药物等科研高地。

（三）组建跨区域的创新研发联合体

强化创新策源功能，加强九城市高水平研究型大学、应用型大学的共研共享共通。依托长三角研究型大学联盟等，围绕重点产业需求和前沿技术领域优化学科设置，推进学科交叉融合和跨学科研究。加快G60九城市高水平实验室建设，打造联合研发平台和实验室。跨区域组建创新联合体，围绕区域重点产业、企业共性技术，优化科技领军企业“出题”、跨区域“揭榜挂帅”的联合攻关机制，在若干重要领域合力突破一批关键核心技术。

（四）加快公共基础设施建设

构建互联互通的综合交通体系，加快沪苏湖高铁、沪乍杭铁路、嘉兴机场等工程建设，放大“同城效应”，建设空铁复合、海陆通达的综合交通枢纽。加快建设松江国际多式联运枢纽，推动中欧班列、“中老班列-G60号”

① “1+2+1”指“1方案+2意见+1体系”，其中，“1方案”指《长三角G60科创走廊建设方案》，“2意见”指《关于推动长三角G60科创走廊产业（园区）联盟建设发展的指导意见》《关于推动长三角G60科创走廊产业合作示范园区建设发展的指导意见》，“1体系”指“1+7+N”产业联盟体系。

形成发展合力。扎实推进网络基础设施建设，有序推进 G60 科创走廊城市区域 5G 网络布局建设，重点推进核心产业园区与城市 6G 网络基础设施建设，确保重点应用区域和场景实现连片优质覆盖，扎实推进网络基础设施建设。优化数据中心布局，构建全国一体化算力网络国家枢纽节点。打造建设高效便捷的现代物流体系，合理规划 G60 科创走廊的物流产业布局，培育一批数字化商业模式创新、供应链整合能力强的平台型第三方物流企业，引导物流设施资源集聚集约发展，提高物流行业的标准化水平，提高 G60 科创走廊商贸往来的效率。

参考文献

金爱民、朱学彦、曲洁：《长三角 G60 科创走廊协同创新机制与实践》，《科技中国》2023 年第 6 期。

《上海市松江区：凝心聚力打造长三角 G60 科创走廊》，《中国人才》2023 年第 3 期。

程兴瑞：《G60 科创走廊打造长三角更高质量一体化发展重要引擎》，《中国经贸》2019 年第 3 期。

《"一廊九地"向未来 长三角 G60 科创走廊加速培育新质生产力》，"新华财经客户端"百家号，https：//baijiahao. baidu. com/s? id = 1800012315754090075&wfr = spider&for = pc，2024 年 5 月 25 日。

后 记

《上海经济发展报告》已走过 26 个年头。它紧抓上海经济发展形势，跟踪、观察上海经济运行轨迹，从理论高度总结上海经济发展实践经验，预测展望上海经济发展前景，较全面地反映上海经济发展总体状况及经济运行的特点、难点和重点。它是上海社会科学院经济研究所青年科研人员成长的学术平台之一，促使科研人员更加关注现实问题，以自己的知识为上海经济建设和经济发展服务，同时其自身也在鲜活的现实生活中汲取营养，获得智慧和启迪。它也是上海社会科学院蓝皮书成果品牌的重要组成部分。

习近平总书记关于新质生产力的重要论述，丰富和发展了马克思主义政治经济学的生产力理论，把党对社会主义经济发展规律的认识上升到新的高度，为新征程上推动高质量发展提供了科学指引和根本遵循。培育发展新质生产力，与上海建设“五个中心”、强化“四大功能”相耦合，是推动城市经济高质量发展的重大任务和迫切需要。上海要抢抓数字化、智能化、绿色化机遇，坚持因地制宜，完善创新布局，深化数实融合，强化金融支撑，厚植人才基础，加快培育发展新质生产力。重点围绕建设“（2+2）+（3+6）+（4+5）”现代化产业体系、增强科技创新策源功能，上海要构建更为成熟的产业生态，抓好基础研究领域、交叉前沿领域、重点产业领域的前瞻性、引领性布局，加快发展集成电路、生物医药、人工智能三大先导产业，促进数字经济和实体经济深度融合，加大全面数字化转型力度，更好地激发数据要素活力。同时要立足于长三角一体化发展，通过加强跨区域的合作联动释放新质生产力的新动能。在此背景下，《上海经济发展报告

（2025）》的主题确定为“发展新质生产力”，重点围绕现代化产业体系构建、科技创新能力提升和长三角一体化三个方面，对上海大模型产业发展、数据要素流通和数字经济发展、优化外资营商环境、文旅产业和现代都市农业高质量发展、人工智能赋能基础研究、国资创投促进科技成果转化、整合海内外创新资源、强化创新财税政策支持、加强长三角产业与创新合作、G60科创走廊高科技产业融合发展等问题进行了分析。

在《上海经济发展报告（2025）》付梓之际，课题组真诚地感谢支持本书出版的上海社会科学院领导和院科研处等相关部门负责人，感谢为本书的写作和出版付出辛勤努力的所有研究和工作人员。另外感谢李培鑫副研究员在本书统稿过程中所付出的时间和精力。

沈开艳

2024 年 12 月

Abstract

Annual report of economic development of Shanghai (2025) takes "Developing New Quality Productivity" as its theme and consists of 12 reports.

New quality productivity is an inherent requirement for high-quality development. It is distinct from traditional factor input and economic growth models and mainly driven by revolutionary technological breakthroughs, innovative allocation of production factors, and deep transformation and upgrading of industries. Its basic connotation lies in the leap of laborers, means of labor, objects of labor, and their optimal combination, with the core indicator being the improvement of total factor productivity. As the central city, Shanghai's cultivation and development of new quality productivity is crucial for high-quality urban development and its leading role. It is necessary to leverage the advantages of the "five centers" for coordinated development, coupled growth, and mutual empowerment, promoting the deep integration of the innovation chain, industrial chain, capital chain, and talent chain. On one hand, Shanghai is focusing on building a modern industrial system of " (2+2) + (3+6) + (4+5) ", promoting the deep integration of advanced manufacturing and modern services, driving the digital and green low-carbon transformation of industries, accelerating the development of the three leading industries, developing the six key industrial clusters, and laying out new tracks to seize the opportunities of future industrial development. On the other hand, Shanghai is further strengthening its function as a source of scientific and technological innovation, promoting the deep integration of technological innovation and industrial innovation, deepening cross-disciplinary basic research, advancing key core technology breakthroughs, enhancing the strength of innovation subjects and strategic scientific and technological forces, continuously optimizing the allocation of innovation resources, and enhancing the overall efficiency of the innovation system. Moreover, the development of new quality productivity inherently requires strengthening regional linkage and cooperation. Shanghai's development should be placed within the context of the integrated development of the Yangtze River Delta, cultivating new quality productivity across regions with coordinating the leading role and the strengths of each region, making full use of local conditions and complementary advantages.

Based on the background, the theme of this book focuses on the development of new quality productivity in Shanghai. The general report mainly revolves around the macro theme of further optimizing Shanghai's business environment. The sub-reports conduct in-depth analyses on the construction of Shanghai's modern industrial system, the enhancement of scientific and technological innovation, and the cooperation of the integrated development of the Yangtze River Delta from the perspective of the connotation and requirements of new quality productivity. Among them, the modern industrial system section consists of five reports, focusing on the analysis of the development of Shanghai's artificial intelligence large model industry, digital transformation and digital economy, as well as promoting the development of new quality productivity in the cultural tourism industry and modern urban agriculture. The scientific and technological innovation section consists of four report, conducting research on the enabling role of artificial intelligence in basic research, the promotion of technology transfer by state-owned venture capital, the integration of domestic and overseas innovation resources, and the optimization of innovation fiscal and tax policies. The Yangtze River Delta integration section has two reports, analyzing the internal logic and main paths of coordinated development of productivity through strengthening scientific and industrial cooperation in the Yangtze River Delta, and focusing on the integrated development of high-tech industries along the G60 Science and Technology Corridor.

Keywords: New Quality Productivity; Modern Industrial System; Scientific and Technological Innovation; Shanghai

Contents

Ⅰ General Report

Abstract: Shanghai shoulders an important mission in the process of new industrialization. The necessity and importance of optimizing the business environment for foreign investment in Shanghai cannot be ignored. Shanghai needs to further optimize the business environment for foreign investment, which is not only an urgent need to attract foreign investment and promote new industrialization, but also a strategic requirement for building an international metropolis. Shanghai has made significant progress in attracting foreign investment and optimizing the business environment, but in the current context of intensified international competition and economic structural transformation, there are still complexities in foreign investment policies and a need to improve government service levels in further optimizing the business environment; There are market access restrictions in some areas; High operating costs such as land and manpower; The innovation ecosystem still needs improvement and other issues. This article proposes to improve the transparency of policy implementation and optimize the approval process; Relaxing market access for specific industries and promoting fair competition; Optimize resource allocation and reduce operating costs; Optimize the allocation of technological innovation resources and improve the innovation service system.

Keywords: Foreign Investment; Business Environment; New Industrialization; Shanghai

Ⅱ Modernization of the Industrial System Reports

B.2 Main Bottlenecks and Policy Recommendations for The Development of Shanghai's Massive Model Industry

Zhang Bochao, *Chen Shu* / 020

Abstract: As an important development direction of artificial intelligence industry and technology, massive model is an important lever for Shanghai to cultivate new quality productivity. This article focuses on summarizing the current development status and related technological trends of the massive model industry of the world, and analyzing the economic and social effects of massive model technology. It is believed that it has a positive role in promoting the acceleration of industrial development into the intelligent era, greatly improving the efficiency and quality of people's livelihood services, promoting the prosperity of cultural industries through integrated development with culture, and further accelerating the modernization process of social governance. At the same time, it brings three risks and challenges: "content supervision and compliance use, process reshaping and job restructuring, technological innovation and infrastructure". The current development of massive model enterprises in Shanghai is facing bottlenecks such as high independent research and development costs, low financing levels, difficulty in obtaining high-quality corpora, slow commercialization of technology, and lack of industry communication and exchange. Based on a systematic analysis of the above problems, this special report aims to build a full chain equity investment system and a public technology service platform; Strengthen data circulation and cross regional cooperation; Carry out innovation in large-scale model technology and scenarios; From the perspectives of creating a multi-level communication platform and " multi park convergence " industrial formats, propose policy recommendations for Shanghai's 1 massive model industry to overcome development bottlenecks and achieve high-quality development.

Keywords: Large Model; New Quality Productivity; Shanghai City

B.3 The Current Development Status, Challenges and Advices of Shanghai's Data Factor Circulation Market

Abstract: This report focuses on the current development status and challenges of Shanghai's data factor circulation market while drawing on international experience to provide a reference model and practical guidance for Shanghai's digital economy development and the national data factor marketization. The report highlights that Shanghai's data factor market is rapidly advancing in policy refinement, trading model innovation, and infrastructure development, forming a robust industrial cluster effect. However, challenges such as low market participation, insufficient standardization, inefficient trading mechanisms, and limited data assetization continue to constrain its potential. By referencing best practices from Europe and the United States, the report proposes systematic recommendations spanning standard system construction, market mechanism optimization, and data assetization pathways. These efforts aim to enhance the data factor circulation ecosystem, improve allocation efficiency, and drive high-quality development of the digital economy.

Keywords: Data Factor Market; Data Circulation; Shanghai

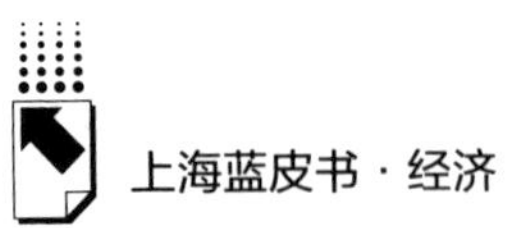

B.4 The Current Status, Challenges, and Solutions of New Employment in Shanghai's Digital Economy

Wang Hongxia, Jia Bin and Gu Jinming / 052

Abstract: The emergence of new economic forms, such as the digital economy, continues to generate a diverse array of new employment sectors, providing a significant vitality to Shanghai's labor market. With a focus on the changes in new employment within the digital economy, this paper outlines the current development of Shanghai's digital economy and its new employment, estimates the employment scale of the digital economy in Shanghai, and summarizes the characteristics of new digital economy jobs based on market survey data. On this basis, the paper analyzes the challenges faced by the new employment sectors in Shanghai's digital economy and proposes feasible solutions to promote the integrated development of Shanghai's digital economy and new employment. The conclusions show that the development of new employment in Shanghai's digital economy is progressing rapidly, with its share of total employment exceeding 40%. The potential for job absorption in new employment sectors of the digital economy is vast. However, there is an urgent demand to overcome the constraints imposed by traditional employment concepts and institutional mechanisms to facilitate the mutually beneficial development of the new economy and new employment sectors, thereby accelerating the achievement of high-quality and full employment in Shanghai.

Keywords: Digital Economy; New Employment; Shanghai

B.5 Develop Unique Tourism Brands and Promote the Development of New Quality Productivity in Shanghai's Tourism Industry

Xie Chao / 080

Abstract: Promoting the development of new quality productivity in

Shanghai's tourism industry can effectively drive the integrated development of diverse industries including culture, commerce, tourism, and sports, as well as the high-quality development of Shanghai's economy, society and urban construction. It is an integral part of promoting the overall development of new quality productivity in Shanghai. The core issue in promoting the development of new quality productivity in the tourism industry is to create and maintain influential and distinctive tourism brands. Currently, the overall development of Shanghai's tourism industry is positive, and various districts have made significant progress in building tourism brands based on their A-level scenic spots. Next, this report takes Xuhui Binjiang as a sample and conducts a detailed case study. By fully summarizing the current status of Xuhui Binjiang's tourism development and its aspects to be improved, this report suggests that promoting the development of new quality productivity in Xuhui Binjiang's tourism industry can be approached from four aspects. Firstly, by deeply excavating and integrating various tourism resources along the riverbank, and actively innovating the communication methods of the Binjiang tourism brand, we can further enhance the influence of the Xuhui Binjiang tourism brand. Secondly, we should focus on optimizing transportation conditions, related supporting facilities and services, and other aspects to maintain the Xuhui Binjiang tourism brand. Thirdly, we should promote the interactive development of the tourism industry in Xuhui Binjiang and surrounding areas, and build a cross-block tourism brand with a wider reach. Fourthly, we should further improve the tourism market management system and mechanisms to safeguard the development of new quality productivity in Xuhui Binjiang's tourism industry.

Keywords: Tourism Industry; New Quality Productivity; Unique Tourism Brands; Xuhui Binjiang

Abstract: The key of the modernization of agriculture is the modernization of agricultural science and technology. Promote the modernization of agriculture lies in continuously deepening the innovation and application of digital, ecological, and biotechnological technologies so as to give birth to and cultivate the new quality productivity of agriculture. Ii is the core and key path to achieving high-quality development. Facing the new stage of development, the rural areas of Shanghai's suburbs should take the new agricultural productivity as the lead, actively take on the role pioneers in agricultural technological innovation, and strive to be the main force in agricultural technological innovation, so as to achieve modernization of agriculture and rural areas.

Keywords: New Quality Productivity of Agriculture; Modernization of Agriculture and Rural Areas; Shanghai

Ⅲ Technological Innovation Reports

Abstract: With the development of artificial general intelligence, the paradigm of scientific research is undergoing profound changes, and the pace of technological R&D has significantly accelerated. Strengthening the core function of driving technological innovation is central to Shanghai's goal of building a world-class science technology innovation center with global influence. Shanghai focuses on "algorithm innovation + scenario empowerment" and is accelerating the construction of the "Shanghai AI Highlands" with global influence by concentrating on key aspects such as innovation origination, application demonstration, institutional support, and talent aggregation. In the field of basic research, Shanghai is actively promoting the development of AI empowerment platforms to enhance scientific discovery across various disciplines. These platforms help propose new scientific hypotheses, master complex knowledge, analyze experimental results, and predict future scientific phenomena. This report reviews the current status and characteristics of AI-enabled basic research in Shanghai, explores pathways and practices for enhancing the momentum of AI-enabled research, and provides policy recommendations to address key bottlenecks in data, computing power, algorithms, ethics, and regulation. The goal is to fully harness the empowering potential of AI to accelerate technological innovation and transformative progress.

Keywords: Artificial Intelligence; Basic Research; Technological Innovation

Abstract: In the process of establishing itself as a science and technology innovation center, Shanghai places great emphasis on the role of equity investment, especially state-owned venture capital, in supporting the commercialization of scientific and technological achievements. In recent years, policies have supported the high-quality development of venture capital in Shanghai, with government investment funds playing a leading role. The state-owned venture capital sector in Shanghai has expanded steadily, providing strong momentum for fostering new quality productivity. This has led to significant success in promoting the commercialization of technological achievements in Shanghai's three major pioneering industries. However, Shanghai's state-owned venture capital generally operates with greater caution, and there remains substantial potential for state-owned early-stage venture capital to play a stronger counter-cyclical role in supporting the commercialization of technological results. The study recommends establishing a minimum investment threshold for state-owned venture capital funds in early-stage companies, creating a distinctive Shanghai state-owned venture capital fund brand focused on seed-stage investments, and developing more flexible evaluation and exit mechanisms.

Keywords: State-Owned Venture Capital; Commercialization of Scientific and Technological Achievements; Science and Technology Innovation Center; Pioneering Industries

B.9 Research on the Integration of Domestic and International Innovation Resources to Foster New Quality Productivity in Shanghai

Abstract: It contributes to fostering the new quality productivity in Shanghai to integrate domestic and international innovation resources. Based on the research conducted by the Shanghai Federation of Returned Overseas Chinese in 2024, this paper identifies several common challenges in introducing overseas innovation projects, such as difficulties in project implementation, mismatches in funding from investment institutions and inefficiencies in resource integration, stemming from weak key nodes in innovation networks, underdeveloped innovation ecosystems and institutional barriers. In the new era, it is suggested to strengthen innovation network nodes, integrate innovation resources, establish government investment funds and enhance innovation services which will favor breaking institutional barriers to the cultivation of the new quality productivity and promoting the coordinated development as an international financial and technology innovation center of Shanghai.

Keywords: Innovation Resource Integration; Overseas Innovation Projects;

Investment and Financing Institutions; New Quality Productivity; "Five Centers" Initiative

Abstract: As an important means for the government to guide and support the development of scientific and technological innovation, fiscal and tax policies are playing an increasingly prominent role. Fiscal and tax policies can, through various incentive measures, increase the innovation investment of enterprises and research institutions, support original innovation and basic research, promote the optimal allocation of innovation elements, drive the transformation and application of innovation achievements, and foster a favorable innovation ecological environment. Therefore, on the basis of sorting out the national fiscal and tax policies and Shanghai's fiscal and tax policies, this report summarizes the achievements of Shanghai's fiscal and tax support for scientific and technological innovation, analyzes the existing problems, draws on the experiences of countries and cities such as Singapore, New York and Tokyo, and proposes to optimize fiscal and tax policies, strengthen the incentives for scientific and technological innovation, enhance Shanghai's ability to continuously strengthen its scientific and technological innovation capabilities, inject strong impetus into the realization of new quality productive forces, and thus provide powerful support for building a scientific and technological innovation center with global influence.

Keywords: Scientific and Technological Innovation; Fiscal Policy; Tax Preferences

Ⅳ The Yangtze River Delta Reports

Abstract: The development of New Quality Productive Forces is primarily driven by continuous improvements in technological innovation and resource allocation efficiency. Based on the fundamental connotation and core characteristics of New Quality Productive Forces, it inherently requires the release of new growth drivers through regional coordination and collaboration. The Yangtze River Delta, as one of the most dynamic, open, and innovative regions in China, has maintained a robust growth trajectory. Economic transformation continues to advance, market vitality is accelerating, and integrated development is deepening progressively. Leveraging its own strengths, the Yangtze River Delta should further strengthen cross-regional coordination of scientific and technological innovation and industrial innovation, promote the optimal layout of innovation resources, effective transformation of scientific and technological achievements, and accelerated integration of industrial resources, improve the efficiency of regional cooperation, optimize the allocation of factor resources, cultivate and develop New Quality Productive Forces, and better play a leading and exemplary role in Chinese modernization.

Keywords: New Quality Productive Forces; The Yangtze River Delta; Regional Integration; Industrial and Innovation Cooperation

Abstract: The collaboration within the high-tech industry sector along the G60 Science and Innovation Corridor of the Yangtze River Delta holds paramount importance in driving the region towards high-quality integrated growth, facilitating industrial upgradation and transformation, optimizing the allocation of resources and factor flows, and bolstering its regional competitiveness and influence. This paper delves into the current landscape of coordinated high-tech industrial development within the G60 region, spanning from 2017 to 2023, examining it through the lenses of industrial agglomeration, industrial transfer, and industrial correlation. This analysis reveals several challenges hindering the coordinated and innovative development of the G60 region, including but not limited to, the regional disparity in industrial transfers, the suboptimal quality and efficiency of enterprises post-transfer, and the insufficient interdependence between certain cities and industries. To address these issues and foster the innovative and integrated growth of high-tech enterprises along the G60 Science and Technology Corridor, this paper proposes a multifaceted approach encompassing the strengthening of industrial systems, enhancing the coordination and integration mechanisms, fostering cross-regional innovation platforms, and upgrading public infrastructure. These strategies aim to pave the way for a more cohesive and dynamic high-tech ecosystem within the G60 region, ultimately contributing to the overall prosperity and progress of the Yangtze River Delta.

Keywords: G60; High-tech Enterprises; Innovation Integration; Industrial Transfer; Industrial Correlation

皮书

智库成果出版与传播平台

皮书定义

皮书是对中国与世界发展状况和热点问题进行年度监测，以专业的角度、专家的视野和实证研究方法，针对某一领域或区域现状与发展态势展开分析和预测，具备前沿性、原创性、实证性、连续性、时效性等特点的公开出版物，由一系列权威研究报告组成。

皮书作者

皮书系列报告作者以国内外一流研究机构、知名高校等重点智库的研究人员为主，多为相关领域一流专家学者，他们的观点代表了当下学界对中国与世界的现实和未来最高水平的解读与分析。

皮书荣誉

皮书作为中国社会科学院基础理论研究与应用对策研究融合发展的代表性成果，不仅是哲学社会科学工作者服务中国特色社会主义现代化建设的重要成果，更是助力中国特色新型智库建设、构建中国特色哲学社会科学“三大体系”的重要平台。皮书系列先后被列入“十二五”“十三五”“十四五”时期国家重点出版物出版专项规划项目；自 2013 年起，重点皮书被列入中国社会科学院国家哲学社会科学创新工程项目。

S 基本子库
UB DATABASE

中国社会发展数据库（下设 12 个专题子库）

紧扣人口、政治、外交、法律、教育、医疗卫生、资源环境等 12 个社会发展领域的前沿和热点，全面整合专业著作、智库报告、学术资讯、调研数据等类型资源，帮助用户追踪中国社会发展动态、研究社会发展战略与政策、了解社会热点问题、分析社会发展趋势。

中国经济发展数据库（下设 12 专题子库）

内容涵盖宏观经济、产业经济、工业经济、农业经济、财政金融、房地产经济、城市经济、商业贸易等12个重点经济领域，为把握经济运行态势、洞察经济发展规律、研判经济发展趋势、进行经济调控决策提供参考和依据。

中国行业发展数据库（下设 17 个专题子库）

以中国国民经济行业分类为依据，覆盖金融业、旅游业、交通运输业、能源矿产业、制造业等 100 多个行业，跟踪分析国民经济相关行业市场运行状况和政策导向，汇集行业发展前沿资讯，为投资、从业及各种经济决策提供理论支撑和实践指导。

中国区域发展数据库（下设 4 个专题子库）

对中国特定区域内的经济、社会、文化等领域现状与发展情况进行深度分析和预测，涉及省级行政区、城市群、城市、农村等不同维度，研究层级至县及县以下行政区，为学者研究地方经济社会宏观态势、经验模式、发展案例提供支撑，为地方政府决策提供参考。

中国文化传媒数据库（下设 18 个专题子库）

内容覆盖文化产业、新闻传播、电影娱乐、文学艺术、群众文化、图书情报等 18 个重点研究领域，聚焦文化传媒领域发展前沿、热点话题、行业实践，服务用户的教学科研、文化投资、企业规划等需要。

世界经济与国际关系数据库（下设 6 个专题子库）

整合世界经济、国际政治、世界文化与科技、全球性问题、国际组织与国际法、区域研究 6 大领域研究成果，对世界经济形势、国际形势进行连续性深度分析，对年度热点问题进行专题解读，为研判全球发展趋势提供事实和数据支持。

法律声明